应用型本科院校"十二五"规划教材/思想政治教育类

Ideological and Moral Cultivation and Legal Basis Learning Guidance Book

思想道德修养与法律基础
学习辅导用书

主 编 杨 楠 宋婷婷
副主编 王曼青 隋向萍 范 帆

 哈尔滨工业大学出版社
HARBIN INSTITUTE OF TECHNOLOGY PRESS

内 容 简 介

当前,随着科学技术的进步和社会多元化的发展,大学的学习生活和社会需求之间的矛盾给大学生带来许多困扰。本书从大学新环境的适应入手,从思想道德和法律两个方面,对大学生如何培养良好的思想意识进行分析,以理性思维帮助新生了解大学,端正态度,顺利开始大学学习生活。

本书是为哈尔滨剑桥学院一年级学生编写的辅导教材。

图书在版编目(CIP)数据

思想道德修养与法律基础学习辅导用书/杨楠,宋婷婷主编.—哈尔滨:哈尔滨工业大学出版社,2014.8(2015.6重印)

应用型本科院校"十二五"规划教材

ISBN 978-7-5603-4751-6

Ⅰ.①思… Ⅱ.①杨… ②宋… Ⅲ.①思想修养—高等学校—教学参考资料②法律—中国—高等学校—教学参考资料 Ⅳ.①G641.6②D920.4

中国版本图书馆 CIP 数据核字(2014)第 117579 号

策划编辑	杜 燕 赵文斌
责任编辑	苗金英
出版发行	哈尔滨工业大学出版社
社　　址	哈尔滨市南岗区复华四道街10号 邮编150006
传　　真	0451-86414749
网　　址	http://hitpress.hit.edu.cn
印　　刷	黑龙江省委党校印刷厂
开　　本	787mm×960mm 1/16 印张13 字数278千字
版　　次	2014年8月第1版 2015年6月第2次印刷
书　　号	ISBN 978-7-5603-4751-6
定　　价	23.80元

(如因印装质量问题影响阅读,我社负责调换)

《应用型本科院校"十二五"规划教材》编委会

主　　任　修朋月　竺培国

副主任　王玉文　吕其诚　线恒录　李敬来

委　　员　（按姓氏笔画排序）

丁福庆　于长福　马志民　王庄严　王建华

王德章　刘金祺　刘宝华　刘通学　刘福荣

关晓冬　李云波　杨玉顺　吴知丰　张幸刚

陈江波　林　艳　林文华　周方圆　姜思政

庹　莉　韩毓洁　臧玉英

序

哈尔滨工业大学出版社策划的《应用型本科院校"十二五"规划教材》即将付梓,诚可贺也。

该系列教材卷帙浩繁,凡百余种,涉及众多学科门类,定位准确,内容新颖,体系完整,实用性强,突出实践能力培养。不仅便于教师教学和学生学习,而且满足就业市场对应用型人才的迫切需求。

应用型本科院校的人才培养目标是面对现代社会生产、建设、管理、服务等一线岗位,培养能直接从事实际工作、解决具体问题、维持工作有效运行的高等应用型人才。应用型本科与研究型本科和高职高专院校在人才培养上有着明显的区别,其培养的人才特征是:①就业导向与社会需求高度吻合;②扎实的理论基础和过硬的实践能力紧密结合;③具备良好的人文素质和科学技术素质;④富于面对职业应用的创新精神。因此,应用型本科院校只有着力培养"进入角色快、业务水平高、动手能力强、综合素质好"的人才,才能在激烈的就业市场竞争中站稳脚跟。

目前国内应用型本科院校所采用的教材往往只是对理论性较强的本科院校教材的简单删减,针对性、应用性不够突出,因材施教的目的难以达到。因此亟须既有一定的理论深度又注重实践能力培养的系列教材,以满足应用型本科院校教学目标、培养方向和办学特色的需要。

哈尔滨工业大学出版社出版的《应用型本科院校"十二五"规划教材》,在选题设计思路上认真贯彻教育部关于培养适应地方、区域经济和社会发展需要的"本科应用型高级专门人才"精神,根据黑龙江省委书记吉炳轩同志提出的关于加强应用型本科院校建设的意见,在应用型本科试点院校成功经验总结的基础上,特邀请黑龙江省9所知名的应用型本科院校的专家、学者联合编写。

本系列教材突出与办学定位、教学目标的一致性和适应性,既严格遵照学科体系的知识构成和教材编写的一般规律，又针对应用型本科人才培养目标及与之相适应的教学特点，精心设计写作体例，科学安排知识内容，围绕应用讲授理论，做到"基础知识够用、实践技能实用、专业理论管用"。同时注意适当融入新理论、新技术、新工艺、新成果，并且制作了与本书配套的PPT多媒体教学课件，形成立体化教材，供教师参考使用。

《应用型本科院校"十二五"规划教材》的编辑出版，是适应"科教兴国"战略对复合型、应用型人才的需求，是推动相对滞后的应用型本科院校教材建设的一种有益尝试，在应用型创新人才培养方面是一件具有开创意义的工作，为应用型人才的培养提供了及时、可靠、坚实的保证。

希望本系列教材在使用过程中，通过编者、作者和读者的共同努力，厚积薄发、推陈出新、细上加细、精益求精，不断丰富、不断完善、不断创新，力争成为同类教材中的精品。

前　　言

大学是什么？山东大学校长徐显明曾经说过：大学就是一群有经验、有理性、有既定观点的人和一群有热情、有理想、有冲动而缺乏经验的人相互激荡思想与学术的地方。前一种人是老师，后一种人是学生。在这里，他们共同探求未知，探究学术，追求真理，这就是大学的生活方式，也是大学精神一个很重要的内涵。这样的精神来源于洪堡大学。洪堡大学对人类高等教育最大的贡献，不在于她创造了新的人才培养模式，而在于她贡献了当今几乎所有著名大学都共同采用的现代大学制度，即确立了大学的教学和科研两大职能，并把科研看作是大学的生活方式。这就是现代大学精神的一个来源，即把自由地探求未知和养成人们探求未知的习惯作为大学的生活方式。

当你满怀憧憬来到了大学，新的生活对你来说充满一切的未知和可能，你准备如何度过你的大学生活呢？你眼中的大学是什么样子的呢？大学究竟对你来说意味着什么呢？在大学里我们究竟应该怎样学习，学习什么呢？有怎样的思考就会有怎样的行动，让我们一起走进"思想道德修养与法律基础"的课堂，一起来解答这些疑问，一起成长吧！

参加本书编写的人员均为长期从事思想政治理论教学的一线教师，具有丰富的教育教学经验。全书各章编写人员及分工如下：杨楠编写绪论、第一章；宋婷婷编写第二章、第三章；王曼青编写第四章、第五章；隋向萍编写第六章、第七章。范帆、张伟伟两位老师也对本书的编写做出了重要贡献，在此表示感谢。

本书参考和借鉴了国内相关学术著作和考试辅导材料，在此向这些著作和辅导材料的作者表示感谢。

由于编者水平有限，书中难免有不足之处，欢迎广大同学、读者批评指正，以待进一步完善。

编　者
2014 年 3 月

目 录

绪　论　珍惜大学生活　开拓新的境界 …………………………………… 1

第一章　追求远大理想　坚定崇高信念 …………………………………… 15

第二章　继承爱国传统　弘扬中国精神 …………………………………… 29

第三章　领悟人生真谛　创造人生价值 …………………………………… 48

第四章　学习道德理论　注重道德实践 …………………………………… 74

第五章　领会法律精神　理解法律体系 …………………………………… 106

第六章　树立法治理念　维护法律权威 …………………………………… 131

第七章　遵守行为规范　锤炼高尚品格 …………………………………… 159

参考文献 …………………………………………………………………… 196

绪 论
Exordium

珍惜大学生活　开拓新的境界

学习目标

在本章的学习当中，同学们将和老师一起对即将正式到来的大学生活进行理性的认知。如今，"上大学"究竟有什么意义，已经成了一个备受争议的话题：有人说上大学无用，有钱不如去做生意、学本领，在社会这个"大学堂"中顺其自然地学习；有人说要想出人头地，还是要上大学、拿学位，将来才能改变自己的命运；也有人说，上大学就是例行公事，完成家长的心愿……时代在发展，社会在变迁，大学也在变化，你想了解大学的真正意义吗？你想未来的四年过得有意义吗？那么就请大家进入本章的学习！

核心问题解析

第一节　适应人生新阶段

1. 对于你来说，大学生活与你过去的生活相比有什么样的变化？
学习要求的变化——变被动接受为主动学习。
生活环境的变化——变呵护备至为独立生活。
社会活动的变化——变两点一线为丰富多彩。
2. 为了在大学里能顺利地进行学习和生活，我们应该怎样做？
确立独立生活意识——摆脱依赖、等待和犹豫。

提高明辨是非的能力——政治上的大是大非；日常工作、生活中的是非问题。

虚心求教，细心体察——没接触过的人、没做过的事、没有遇到过的问题。

大胆实践，不断积累生活经验——"生活是最好的老师"。

3. 大学中的学习理念有哪些？学习成绩优异依靠的是什么？

自主学习的理念——根据专业特点，合理确定学习目标，科学安排学习时间，掌握正确的学习方法。

全面学习的理念——学什么：学会知识技能，学会动手动脑，学会生存生活，学会做人做事。

创新学习的理念——树立创新学习的理念，不断提高和拓展自己的创新能力。

终身学习的理念——在大学期间要为今后继续学习、终身学习奠定良好的基础。

学习成绩优异依靠的是：勤奋、严谨、求实和创新。

4. 一个人的成才目标应该是什么？

德是人才的灵魂——促进思想道德素质、科学文化素质和健康素质协调发展。

智是人才素质的基本内容——提高学习能力、实践能力和创新能力。

体是人才素质的基础——身心健康、体魄强健、意志坚强。

美是人才素质的综合体现——养成高尚的审美情趣和良好的人文素养。

5. 新时期的大学生要塑造什么样的形象？

理想远大，热爱祖国——以国家富强、民族振兴和人民幸福为己任。

追求真理，善于创新——树立科学的世界观，掌握正确的方法论，培养追求真理的科学精神。

德才兼备，全面发展——用"德"来统帅"才"，用"才"来支撑"德"。

视野开阔，胸怀宽广——把个人的"小我"融入国家和集体的"大我"之中。

知行统一，脚踏实地——应该做的事情要去做，应该改正的错误要去改。

第二节 提高思想道德素质和法律素质

1. 怎样理解社会主义思想道德与社会主义法律的作用？

二者同是调节人们思想行为、协调人际关系、维护社会秩序的重要手段：社会主义思想道德集中体现精神文明建设的性质和方向，对经济社会的发展具有巨大的能动作用；社会主义法律是工人阶级领导下的广大人民意志的体现，是由国家制定或认可并由国家强制力保证实施的行为规范的总和。

2. 怎样理解大学生应该具备的思想道德素质与法律素质的内容？

思想道德素质是人们的道德认识和道德行为水平的综合反映，包含着一个人的道德修养和道德情操，体现一个人的道德水平和道德风貌。

法律素质是指人们学法、遵法、守法、用法的素养和能力。掌握必备的法律知识,树立必需的法律观念,拥有必要的用法、护法能力,构成了法律素质的基本要素。

3.怎样理解社会主义核心价值体系?

社会主义核心价值体系回答了我国意识形态领域的根本问题,体现了我国最广大人民的根本利益,是一个完整、逻辑缜密的科学体系。

马克思主义指导思想——解决举什么旗的问题,是理论基础。

中国特色社会主义共同理想——解决走什么道路、实现什么目标的问题。

民族精神和时代精神——解决应当具备什么样的精神状态和精神风貌的问题。

社会主义荣辱观——解决人们行为规范的问题。

第三节 学习"思想道德修养与法律基础"(以下简称"基础")课的意义和方法

1.怎样理解和认识学习"基础"课的重要意义?

有助于大学生认识立志、树德和做人的道理,选择正确的成才之路。

有助于大学生掌握丰富的思想道德和法律知识,为提高思想道德和法律素养打下知识基础。

有助于大学生摆正"德"与"才"的位置,做到德才兼备、全面发展。

2.掌握学习"基础"课的基本方法

注重学习科学理论——马克思主义基本原理。

注重学习和掌握思想道德与法律的基本知识——人生哲学、伦理道德和法律知识。

注重联系实际——学习的实际、生活的实际。

注重学以致用——知行合一,注重"内化"。

案例共享

案例1

大学是人生新的起点和转折点

大学,是信息的海洋,是知识的殿堂,是栋梁的摇篮,良师的故乡,是成才的沃土,是精神的家园,是青春的舞台,是年轻的天堂……每一名即将步入大学校园的学生,都曾有过一系列关于大学生活的美好想象。李月也不例外,她带着新奇和喜悦,带着父母的期望,带着亲友的祝福,进入了自己理想的大学。可是这种高兴和喜悦在李月的心中很快就消失了,随之而来的是失落和自卑。因为开学没几天,李月知道了自己是班级30名同学中的最后一名,要知道,自己在高中阶段可是全年级第一名啊。李月就读的高中是在一个非常偏僻的小县城里,教学条件和师资力量都比较薄弱,但是李月非常用功,高中三年一直保持着全年级第一名的成绩,是整个学校的希望,当然李月不负众望,终于考取了自己所在省份第一批录取中的一所省属大学。但是她没想到自己现在竟然是所属班级的最后一名。而且她还了解到,班主任和全班同学都知道录取的这个名次。曾经在众人注视的目光中的学习上骄傲的佼佼者,仿佛从珠穆朗玛峰的顶端一下子跌到了谷底,她甚至开始怀疑自己的智商,开始怀疑自己曾经的好成绩。生活的窘迫和学习的压力让她开始变得沉默寡言,她此时最想做的事情就是回到家乡,回到亲人的身边,回到曾经的高中时代,她无比地思念自己的亲友,怀念高中时候的老师和同学。

在苦闷、自卑、彷徨和孤独中,时间并没有因此而停止,相反,很快上大学一个月了,一次班会,班主任让每个同学总结自己一个月来对大学生活的所思、所想、所感。李月做了认真的准备,稿纸写了满满两页,但是曾经开朗的她,因为怀疑自己比别人差,怀疑别人觉得她家境和学习差而瞧不起她,当她站起来发言的时候,她结结巴巴,语无伦次,手和腿都在颤抖,满脸通红,无比紧张。从此,她更加自卑了,她不参加集体活动,只是偶尔和同寝室的同学说几句话,每次上课总是坐在最后一排,是班上最默默无闻的一个,除了上课、吃饭和睡觉以外,她所做的唯一的事情就是给亲人、以前的老师和同学写信,倾诉她孤独和苦闷的心声。

她觉得在这个大学里没有人会注意到她,直到有一次中国革命史课结束以后,任课老师黄老师走到她面前,拿起她记的笔记认真地看起来,她都没敢抬头多看老师一眼。看完她记的笔记,董老师亲切和蔼地和她交谈起来,董老师夸奖她的笔记记得详细,重点和难点把握得很好,而且字体非常优美,字迹也很工整,等等。她没想到老师会主动和她交谈,一个多月以来积压在心头的难过和郁闷一下子爆发出来,她竟然哭了。董老师问明事情的原委后,耐心安慰和劝导她,帮她分析了自身的优势和不足。经过董老师一个小时的开导和鼓励,她好像一下子又看到了希望。

那天夜晚,天空的月亮格外明亮,李月躺在床上翻来覆去无法入睡,耳边总是浮现出董老师的话语:"大学是一个新的起点和转折点,同学们来自全国各地,都是成绩上的佼佼者。原来的不管是成功还是失败,过去的都已经过去了,过去不代表现在,更不代表将来,每个人都是从头开始,谁是真正的佼佼者,要看大学四年毕业的时候或者是更远的将来。相信自己,一定可以和其他同学做得一样好,甚至更好。"仔细地咀嚼着董老师的这些话语,李月想了很多很多。

接下来的日子,李月开始试着和同学们交往,开始参加班集体的活动,她觉得同学们并不像她想象的那样瞧不起她,同学们都愿意和她交流,喜欢听她说家乡话,喜欢听她讲家乡的各种趣事和风俗习惯。渐渐地,李月的脸上开始有了笑容,学习也更加勤奋。因为家境贫困,李月需要利用周末的时间出去做家教,所以她特别珍惜平时的学习时间,不断摸索大学学习的方法,而且经常向老师和同学请教。第一学期期末考试,李月的成绩已经上升到班级的第10名,这给了李月极大的信心和鼓舞,原来自己并不比别人笨。

从此,李月学习的劲头更大了,自信再次在她身上展现,她的学习成绩不断进步,班级活动也表现得很踊跃,成了班上的生活委员,在班级活动中,李月不仅提高了自己的各种能力,而且加深了和同学们的了解、沟通和交流,同学们发现她非常乐于助人,在班上年龄也是最大,因此,很多同学亲切地称呼她为月月姐姐。一学年下来,她的成绩已经跃居班级第二,被评为校三好学生。大二第一学期,她又以班级第一的成绩通过了英语四级考试。此时,她对自己的要求更高了,希望自己成为一名中共党员,因此,她向党组织提交了入党申请书,各方面更严格要求自己,在各种严格地考察之后,她光荣地加入了中国共产党。

生活在继续,努力也在继续,大学的生活对于李月来说,尽管艰苦依然,压力依然,但是梦想更高,理想更远。她想考研究生,这个想法一旦产生,就如一股巨大的力量推动着她更加勤奋、更加踏实。功夫不负有心人,2000年,她考取了本校的研究生。此时,她已经是一个成熟、懂事的大姑娘了。学习、生活、工作安排得有条不紊,而且她有了更明确的奋斗目标。研究生三年的生活愉快而充实,研究生毕业她没有选择参加工作,而是选择了继续深造,2003年,她成了一所名牌大学的博士研究生。

2006年6月30日,李月激动而兴奋地从校长手中接过博士研究生毕业证书。她知道,这张毕业证书对她来说意味着什么。曾经的失落、自卑、彷徨、苦闷,此时想想又算得了什么。给一生难忘的董老师打完报喜的电话,李月迎着希望的光芒,踏上了新的征程,再次向着梦想的地方进发。现在,李月已经是一所高校的一名思想政治理论课教师。

——本文选自华东师范大学陈正桂副教授2008年教育部思政理论课优秀获奖教学案例

【思考讨论】
1. 如何理解案例主人公进入大学时的感受?
2. 进入大学之初如何重新认识自己?
3. 结合自身实际,谈谈如何更好地适应大学生活。
4. 结合案例谈谈如何认识大学是人生新的起点和转折点。

案例2

关于大学的思考

关于大学的思考之一:好铁 + 好炉 = 好钢

"一流大学、一流科研院所好像是一个旺盛的炉子,好学生就如好铁。好铁进了这样的炉子就会被炼成好钢,有了这样的炉子,有了好铁,我们离诺贝尔奖就不远了。"对于大学和学生的关系,杨福家做了一个形象的比喻。

他认为,一流大学必须要有优秀的学生,还要能激励他们去创业、去创新、去发现。"2004年诺贝尔物理学奖的最终归属,再次证明了诺贝尔奖的历史是年轻人的创业史,许多科学家的重要发现和发明都是产生于风华正茂、思想最敏锐的青年时期。这是一条普遍性规律。"杨福家介绍说,2004年诺贝尔物理学奖为美国三位科学家所得,获奖的依据是1973年发表的两篇论文,其中一篇由当时在普林斯顿大学任助理教授的32岁的葛洛斯和他的博士生、22岁的威塞克所写,另一篇为当时在哈佛大学做研究生的24岁的普利泽所写。

"这三名获奖者在做出关键成果时都很年轻,其中两位是研究生。至今获奖者最年轻纪录保持者是英国的小布拉格,在1915年获奖时仅25岁,是剑桥大学学生……"杨福家说,世界上的一流大学,之所以称为一流,除了有大师外,最重要的是有一批从世界范围挑来的优秀博士生。他们在充满好奇与激情、充分发挥民主的欢乐集体中,沉醉于科学前沿,日夜奋斗,才得以做出一流的成果。

关于大学的思考之二:人数多+面积大+专业全 ≠ 一流大学

对于国内许多大学不断合并、不断扩招、不断增设专业,杨福家并不认同。有报道说,某某大学的研究生人数超过本科生,正在向一流大学迈进,他认为这很可笑:并不是人数多了,面积大了,专业全了,就能成为一流大学。

"2004年三位诺贝尔物理学奖得主,涉及的大学共五所:哈佛大学、普林斯顿大学、麻省理工学院、加州理工学院、加州大学圣达巴勃拉分校,它们都是世界一流大学,前四所更是世界顶尖大学。含医学院的综合大学只有哈佛大学。学生人数均在2万人以下,其中三所更不到1万人,普林斯顿大学6 500人,麻省理工学院9 500人,加州理工学院才2 100人。其中研究生人数有比大学生多的,也有少的。"

"这五所大学的占地面积也不大,除圣达巴勃拉由于地理环境因素而圈入较多面积(近6 000亩)外,其余四校均少于2 500亩。高楼也稀少,更没有超高层建筑。但不论哪个学院,都人才济济。"杨福家以加州圣达巴勃拉分校为例:这所学校现有诺贝尔奖获得者7名,还有美国科学院、工程院等院士71名。

(注:杨福家,中国科学院院士,中国科协副主席,中央文史研究馆馆员,享誉海内外的著名核物理学家。1958年毕业于复旦大学物理系。1991年当选为第三世界科学院院士。他曾任丹麦哥本哈根尼尔斯-玻尔研究所博士后研究员,中国科学院上海原子核研究所所长,复旦大学教授、校长;现任英国诺丁汉大学校长兼宁波诺丁汉大学校长,成为出任英国著名院校校长的第一位在籍中国人。)

——本文摘编自《杨福家、杨振宁:一流大学并非"巨无霸"》,赵亚辉、贺广华,人民日报,2004年11月22日

【思考讨论】

1. 你认为什么样的大学才是"一流名校"?
2. 现实中,不是人人都能进名校,那么,在非"名校"中应该怎样成长成才?

案例 3

充满回忆与感慨的姐姐来信

亲爱的妹妹：

　　大学生活如何？社团，舞会，联谊寝室，学校周边小吃，还没有玩够吧。姐姐在大学的第一学期，也玩得不亦乐乎。可你说有些不开心，你发现大学生活并不是事事顺着你的心。你和寝室里的同学处得不好。你抱怨说，你对A很好，什么话都告诉她，但是发现A把这些话都说给了别人听。你对B不错，但是B怎么都不想搭理你，你甚至觉得她在处处为难你。

　　你一早有课，可是你睡得忘记了，没有人叫你，她们自顾自地上课去了，你醒来时她们已经回到了寝室，兴高采烈地议论着老师的新发型，没有人对你感到抱歉。

　　在班里，你也有些失落。你一如既往地参加很多活动，可是谁都那么优秀。你得不到名次、掌声和肯定。

　　后来你甚至和门口复印店的老板都会吵架，因为他不理解你想双面复印，害得你重新再来。

　　回到寝室，没有人注意到你哭过。你忘记了打水，熄灯后你只能用冷水洗脚，冰冰凉。于是你在被窝里冷得辗转反侧。

　　怎么办？和这样的室友还要相处四年。你说你想搬出来一个人住。这确实是一种解决方式。可是你一辈子都想搬来搬去吗？

　　你觉得同学之间虚伪冷漠，你想念你的高中同学。你想给自己找人际失败的借口，于是归结在别人的虚伪上面。其实虚伪是正常的人生，你要学会与这样的人相处，而不是逃避。

　　我不是要你也学会虚伪，而是希望你可以辨别虚伪，并且不被虚伪伤害。并不是每一个人都值得你付出友情，可是如果一开始你就不真诚，那么你会失去更多的好朋友。

　　你除了看到他们的虚伪，有没有看到他们的长处？你的学校是藏龙卧虎的地方，没有两把刷子是进不去的。他们骄傲，那么一定有骄傲的道理。你是否能够看到，你是否能够向他们学习？

　　另外，他们是否知道你值得他们尊敬，如果你足够好，那么对你不好的人，损失更大，因为损失了你这么好的朋友。

　　我相信日久见人心，也相信道不同不相为谋。你要做的，就是打开自己的小世界。你的世界不是只有一个小小的寝室或班级。你可以加入社团，可以加入垒球队，那里会有你志同道合的朋友，如果你真诚，且懂得沟通。

　　"怎么可以不理解我！怎么可以不按照我的意思去做！怎么可以不让我失望！"世界并不是为你造的，你得适应它。

　　你从前的人生太顺利、太温暖。你以前做的只是读书，并没有学会如何处理事情，可现在，You have to learn to grow and be strong(你得学会成长和变得坚强)。

成长是——明白很多事情无法顺着自己的意思，但是要努力用恰当的方式让事情变成最后自己要的样子。坚强是——如果最后事情实在无法实现，那么也能够接受下来，不会失控，而是冷静理智地去想下去。承认很多人比自己优秀，那是值得高兴的事情。那些比你优秀的人，其实都是上天给你的养分，你得汲取过来，否则你就白见到他们了。

比如说，承认无法取悦每一个人。你不可能和每个人都做好朋友，就是会有人不喜欢你，会有偏见，别理睬他们。做好你该做的，口舌是别人的，优秀是你自己的。

最后你会发现，成为你好友的，还是你的同类。但是如果你自己不够好，那么你也交不到足够棒的朋友。

再比如说，失败的时候，你要学会说"这是我的错"，不要试图把责任推卸掉。责任感，你得开始拥有。没有这个东西，你最多不过是聪明，而不是优秀。

再比如说，得不到的东西就忘记它。例如奖学金。如果你尽到了150%的努力，这学期仍然有人比你更优秀，那么就去赢取下个学期的奖励，不要去加入那些关于同学的亲戚是辅导员之类的闲言碎语。

世界上有很多不公平的地方，的确。正因为如此，你得加倍努力。如果五个名额中只有一个是不依靠背景的，就应该是你的。记住，要用恰当的方式。

关于寝室的问题，你要足够宽容，足够坚强。"人不知而不愠"，孔子说的。所以你要让她们看到，你是值得尊敬的朋友，而且失去你是他们的损失。

有个妹妹在给我的信里送我一句话，我很喜欢，也送给你："一念之间，海阔天空。"我期望你的生活，因为宽容而盛大。宽容别人对你的不理解，宽容别人的缺点，宽容自己的一些力不能及，当然，之前你得尽力，而后你会看见海阔天空。

——本文摘编自《一念之间，海阔天空》，沈奇岚，《女友·校园》，2005年第11期

【思考讨论】
1. 你对你的大学生活满意吗？理由是什么？
2. 怎样理解姐姐对妹妹的"温馨提示"？

思想精华

人生在世，幼时认为什么都不懂，大学时以为什么都懂，毕业后才知道什么都不懂，中年又以为什么都懂，到晚年才觉悟一切都不懂。

——林语堂

大一的时候很绝望，到处拽着人胳膊问："有没有什么东西是让你觉得还有希望的？"现在不会了：既然没希望，那自己就要当希望。

——蒋方舟

大学应当是充满光明、自由和知识的地方。

——迪斯雷利

我们应该赋予子女勇气和自信,还要帮助他们加以发展,正如牛津大学巴利奥学院院长史密斯1919年给英国首相的信中所写的那样:"心胸开阔,目光敏锐,热爱真理,就能抵制无理诡辩,陈腐信仰,哗众取宠和伪善之言"。

——甘地夫人

古今之成大事业、大学问者,必经过三种之境界:'昨夜西风凋碧树。独上高楼,望尽天涯路'。此第一境也。'衣带渐宽终不悔,为伊消得人憔悴。'此第二境也。'众里寻他千百度,蓦然回首,那人却在,灯火阑珊处。'此第三境也。

——王国维

为什么大学生现在找工作没有农民工好找?因为大学生没有放下架子,都认为自己了不起,就像去年我招聘了一个博士生,给他八千块钱一个月,没干满两个月就跑了,怎么跑了呢?我就是偶尔的让他倒了一杯水,他说:"陈总你只是个小本科,我是一个博士生,让我给你倒水?"

——陈光标

大学可能有真实的爱情,但只是可能。很多时候他们是因为别人都谈恋爱而羡慕或者别的原因而在一起。

在大学里就开始训练自己的冷静力,这是一种能力,有大事时,能安静并能快速想出办法的人很厉害。

如果把上课不睡觉当作一种锻炼并且你做到了,那么,你将会很强。

不论男人还是女人,如果在大学里还把容貌当作重要的东西而过分重视的话,可能不会吃亏,但是早晚会吃亏。

尊严是最重要的,但在大学里,要懂得利用这个空间锻炼自己,让自己的尊严有足够大的承受力。除了你自己,没人会为你保留它。社会是一个最喜欢打碎人的尊严的地方。

经常给家里打个电话。

——选编自《一位大学老师写给大学新生的100条肺腑之言》,三峡在线,中国教育网,2009年12月29日

辅助练习

一、单项选择题

1. 当前,在深化改革、扩大开放、建立和发展社会主义和市场经济的历史条件下,加强大学生的( )比以往更显得重要和紧迫。
    A. 文化修养　　　　　　　　B. 思想道德修养
    C. 价值取向　　　　　　　　D. 政治修养

2. ( )是大学生思想道德修养的基础,是推动成才和思想修养的根本动力。
    A. 理论　　　　　　　　　　B. 实践
    C. 文化　　　　　　　　　　D. 政治

3. ( )是主导,是社会主义大学生的本质特征,他决定着社会主义大学教育的方向和成败。
    A. 体育　　　　　　　　　　B. 德育
    C. 文化教育　　　　　　　　D. 心理素质的培养教育

4. 高等学校的培养目标可以分为两个层次:( )。
    A. 社会主义建设者和社会主义接班人
    B. 社会主义高级管理人才和社会主义高级技术人才
    C. 社会主义建设者和社会主义捍卫者
    D. 社会主义全才和社会主义专业人才

5. 大学与中学相比,最大的不同是( )。
    A. 学习上的变化　　　　　　B. 生活上的变化
    C. 人际交往的变化　　　　　D. 心理适应的变化

6. 大学生心理尚未成熟的状况尤其突出地表现在他们对待( )问题上。
    A. 社会经济　　　　　　　　B. 社会政治
    C. 祖国统一　　　　　　　　D. 和平与发展

7. 善于组合、加工、消化已有的知识,力求有所发现、发明和创造,是大学生( )的体现。
    A. 学习能力　　　　　　　　B. 创新能力
    C. 活动能力　　　　　　　　D. 竞争能力

8. 社会主义核心价值体系的基础是( )。
    A. 坚持马克思主义指导思想

B. 树立共同理想
C. 弘扬民族精神和时代精神
D. 树立和践行社会主义荣辱观

9. ( )是我们民族进步的灵魂,它居于时代精神的核心地位。
   A. 改革创新   B. 解放思想
   C. 实事求是   D. 艰苦奋斗

10. 学会宽容,善于原谅他人,这是( )。
    A. 好坏不分   B. 一种美德
    C. 有失体面   D. 不讲原则

11. 思想道德修养与法律基础课对大学生进行( )为主要内容的教育。
    A. 人生观、价值观、世界观   B. 道德观
    C. 法制观   D. 以上三点都是

12. 思想道德修养与法律基础课是一门( )。
    A. 道德修养课   B. 法律基础课
    C. 道德知识和法律知识的传授课   D. 思想政治理论课

13. 从事某种社会活动所需要的自身基础和内在条件的素质取决于( )。
    A. 先天的遗传   B. 后天的培养
    C. 学习的能力   D. 先天的遗传和后天的经验

14. 大学阶段,大学生们面临的首要问题是( )。
    A. 多交一些新朋友   B. 多接触一些新鲜的事物
    C. 学会赶时髦   D. 尽快适应大学新生活

15. "业精于勤,荒于嬉;行成于思,毁于随。"这句话说明了学习必须做到( )。
    A. 严谨   B. 勤奋
    C. 求实   D. 创新

16. 当代大学生在确立成才目标的时候,必须明确( )是人才素质的灵魂。
    A. 德   B. 智
    C. 体   D. 美

17. 社会主义荣辱观是对( )在发展社会主义市场经济条件下的基本要求。
    A. 共产党员   B. 大学生
    C. 每个公民   D. 先进分子

18. 当代大学生应追求( )。
    A. 主动发展   B. 健康发展
    C. 和谐发展   D. 以上三点都是

19. 一个真正的大学应是（　　）。
    A. 知识传播、创新和运用的基地　　B. 培养创新精神的摇篮
    C. 接受人文精神和科学精神陶的园地　D. 以上三点都是
20. 我国的发展还面临着一系列挑战：（　　），这也对我们当代大学生提出了挑战。
    A. 世界科技文化发展的挑战　　B. 复杂多变的国际环境的挑战
    C. 新世纪新阶段我国发展任务的挑战　D. 以上三者都是

二、判断题
1. 每个人只有成为他人的手段才能达到自己的目的，并且只有达到自己的目的才能成为他人的手段。　　　　　　　　　　　　　　　　　　　　　　　　　　　（　）
2. 在人的素质中，思想道德素质起着主导作用。　　　　　　　　　　　　（　）
3. 学习和实践社会主义荣辱观，是大学生提高思想道德素质和法律素质的基本要求。
　　　　　　　　　　　　　　　　　　　　　　　　　　　　　　　　　（　）
4. 大学是人生的奋斗目标。　　　　　　　　　　　　　　　　　　　　　（　）
5. 社会上都瞧不起三表生、高职生，三表生、高职生是没有前途的。　　　（　）
6. 就掌握知识而言，掌握获取知识的本领，学会在知识海洋畅游的方法，是大学阶段的主要任务。　　　　　　　　　　　　　　　　　　　　　　　　　　　　　（　）
7. 在今天，立志做大事就是献身于中国特色社会主义伟大事业。　　　　　（　）
8. 军事实力固然重要，但当今国际竞争是以经济和科技为基础的综合国力竞争。（　）
9. 学习思想道德修养与法律基础课不仅要注重理论学习，更要加强实践锻炼。（　）
10. 社会主义荣辱观是对公民的高标准要求。　　　　　　　　　　　　　（　）

三、材料分析题
1. 小A，某高职学院学生。新生入学后两个月，就准备退学回家复读，原因是：这所学校不像大学，寝室又小又挤，还经常停水；食堂伙食很差，价格又贵，买饭要排很长时间，去晚了还没有；同学之间不坦诚、难以沟通；很少见到老师，他们一下课就走了，就连辅导员也很少来；校园也小，没有山山水水、参天大树，这一切实在让人失望。
请帮助这位同学，分析他的问题出在哪里？他该怎样尽快适应大学新生活？
2. 11月1日，在南京大学的一个公告栏上贴了一封署名为"辛酸的父亲给大学儿子的信"。信的开头是这样的——"尽管你伤透了我的心，但你终究是我的儿子。虽然，自从你考上大学，成为我们家几代里出的唯一一个大学生之后，心里已分不清咱俩谁是谁的儿子了。从扛着行李陪你去大学报到，到挂蚊帐缝被子买饭菜票，甚至教你挤牙膏，这一切，在你看来是天经地义，你甚至感觉你这个不争气的老爸给你这位争气的大学生儿子服务，是一种特沾光特荣耀的事。"父亲的信中还提到儿子在读大学的第一学期，一共给父母亲写过三封信，加起来比一封电报长不了多少，还是为了要钱。信中诉说了妈妈下岗、爸爸工资微薄的困难之后，还

说:"不知在大学里,你除了增加文化知识和社交阅历之外,还能否增长一点善良的心?"

大学是培养未来社会栋梁的神圣殿堂。你认为大学生应该具备哪些素质?上述资料中的现象出现的原因有哪些?

3. 有人曾给大学生列出了"九大不足":学术精神失落、道德素质低下、生理心理缺憾、政治冷漠投机、理性的侏儒、寄生依赖、沉迷网络、堕落傍款以及追求档次、崇尚名牌等。结合实际谈一谈,你如何看待这种评价,你认为当代大学生应怎样塑造健康向上的崭新形象?

4. 2006年3月27日《天府早报》报道,在成都某高校东一食堂对面的公告栏里,赫然出现一张招聘启事,上写道:"我是××大学的一名在校学生,因为平时事务繁忙,需要聘一名'生活助理',包括洗衣服、煮饭等,工资每月300元以上,联系人小李,贫困生优先。"学生要聘生活助理,同学们对此议论纷纷。

请结合案例分析大学生社会主义荣辱观教育的必要性。

【参考答案】

一、单项选择题

1. B 2. B 3. B 4. A 5. D 6. B 7. B 8. D 9. A 10. B 11. D 12. D 13. D 14. D 15. B 16. A 17. C 18. D 19. D 20. D

二、判断题

1. √ 2. √ 3. √ 4. × 5. × 6. √ 7. √ 8. √ 9. √ 10. ×

三、材料分析题

1. (1)大学生要尽快认识大学生活的特点。
   (2)大学生要尽快培养独立生活的能力。

2. (1)政治素质、思想道德素质、科学文化素质和身心素质等。
   (2)原因:①中华传统美德教育的缺失。②学校教育重智轻德。③家庭教育的失误:过分溺爱。

3. 首先要对上述"九大不足"做客观的评价。其次要有结合所学理论的分析。再次论述当代大学生塑造健康向上的崭新形象的途径与方法,包括:理想远大、善于创新;德才兼备、全面发展;视野开阔、胸怀宽广;知行统一、脚踏实地。具体分析和个人见解略。

4. 首先要对上述"聘生活助理"做客观的评价。其次要有结合所学理论的分析。再次论述"八荣八耻"社会主义荣辱观的意义:强化了大学生社会责任感;拓展了大学生了解社会及社会主义道德的空间。

实践活动方案

1. 请给你的思修老师写一封信,谈一谈你对大学生活的感受,并谈谈你对思修课的认识。也可以对课程提出希望与建议。

2. 请以《我的校园生活》为题,拍一组照片,寻找校园生活中的精彩瞬间。整理并制作PPT,在实践教学课时间与同学们分享。

第一章
Chapter 1

追求远大理想　坚定崇高信念

学习目标

在日常的学习生活中,同学们是否有过这样的疑问:人为什么活着?人生在世的意义何在?人活一世,往往需要经历喜悦和幸福的瞬间,同时也需要面对问题和挑战,甚至生死攸关的考验。很多人难以承受如过山车一般的人生起伏,精神崩溃者有,暗自消沉者有,当然更加不乏奋起坚定者。本章正是要帮助同学们解答人生的重大问题:应该有什么样的理想、坚定什么样的信念,遇到问题时应该怎样面对。

核心问题解析

第一节　理想信念与大学生成长成才

1. 怎样理解理想信念的含义和特征?

理想:人们在实践中形成的、有实现可能性的、对未来社会和自身发展的向往与追求,是人们的世界观、人生观和价值观在奋斗目标上的集中体现。

理想的特征:理想是一定社会关系的产物;理想源于现实又超越现实;理想是多方面和多类型的;理想不仅具有现实性而且具有预见性。

信念:认知、情感和意志的有机统一体,是人们在一定的认识基础上确立的对某种思想或事物坚信不疑并身体力行的心理态度和精神状态。

信念的特征：信念具有高于一般认识的稳定性，某种信念一旦形成就不会轻易改变；信念有不同的内涵，也有不同的层次。

理想与信念的关系：信念是对理想的支持，使人们追求理想目标的强大动力。

（反思：一个人通常都有理想，但是并不是每个人都能实现，关键在于：没有把理想和信念联系在一起。）

2. 理想信念对大学生成长成才有什么样的重要意义？

理想信念的作用：指引人生的奋斗目标；提供人生的前进动力；提高人生的精神境界。

理想信念与大学生：引导大学生做什么人；指引大学生走什么路；激励大学生为什么学。

（反思：为什么在课程的起始要谈理想和信念？因为理想和信念是我们面对挫折与失败时能够坚持自己的前进方向、勇于挑战挫折与失败的强大精神动力。）

第二节 树立科学的理想信念

1. 怎样理解大学生肩负的历史使命？

人在社会中生活，总要担当各种各样的任务和责任。其中，人们担负的重大历史任务和责任就是历史使命。大学生将要承担的是建设和发展中国特色社会主义、实现中华民族伟大复兴的历史使命。具体来说，我们要做到以下两点：

（1）在新的起点上继往开来：大学生是我国社会主义事业的建设者和接班人，要继承前辈开创的伟大事业，在新的历史起点上推动中国特色社会主义航船不断破浪前进。

（2）在现实的基础上迎接挑战：世界科技文化发展的挑战；复杂多变的国际环境的挑战；我国改革发展新任务的挑战。

2. 在新时期为什么要确立马克思主义的科学信仰？

马克思主义是科学的又是崇高的——揭示人类社会发展规律，维护、发展人民的根本利益。

马克思主义具有持久的生命力——与本国国情结合、与时代发展同步、与人民共命运。

马克思主义以改造世界为己任——重视理论与实践相结合。

3. 怎样树立中国特色社会主义共同理想？

"三坚定"：坚定对中国共产党的信任、坚定中国特色社会主义信念、坚定实现中华民族伟大复兴的信心。

第三节　架起通往理想彼岸的桥梁

1. 如何理解个人理想与社会理想及其相互关系？

个人理想：指处于一定历史条件和社会关系中的个体对于自己未来的物质生活、精神生活所产生的种种向往和追求（包括具体的社会政治理想、道德理想、职业理想和生活理想等）。

社会理想：指社会集体乃至社会全体成员的共同理想，指在全社会占主导地位的共同奋斗目标。

二者的关系：社会理想决定、制约着个人理想；社会理想又是个人理想的凝练和升华。

2. "立志高远"与"始于足下"有什么关系？

立志，就是确立理想和信念。因此：

立志当高远——就是要放开眼界，不满足于现状，也不屈服于一时一地的困难与挫折，更不要斤斤计较于个人私利的多少与得失。

立志做大事——在今天，做大事就是献身于中国特色社会主义伟大事业。

立志须躬行——实现崇高的理想，要从我做起，从现在做起，从平凡的工作做起。

3. 为什么说理想具有长期性、艰巨性和曲折性？

理想变为现实不是一蹴而就、一帆风顺的，往往会遭遇波澜和坎坷。理想的实现是一个过程（实现过程复杂），理想过程中既有顺境也有逆境，要正确对待。

4. 怎样在实践中化理想为现实？

（1）正确认识理想与现实的关系是实现理想的思想基础。

（2）坚定的信念是实现理想的重要条件。

（3）勇于实践、艰苦奋斗是实现理想的根本途径。

案例共享

案例1

信念的价值

美国诺必塔小学的董事兼校长皮尔·保罗对所有的学生都是一视同仁的，在他的心目中根本没有什么"优生"和"差生"之别。因而，他对所有学生都给予热忱的鼓励，从而在他们心中树起一面旗帜，而孩子确实是需要鼓励、需要有一面旗帜的。在他的学生中，有一位叫罗杰·罗尔斯的学生后来成为美国纽约州历史上第一位黑人州长。

罗杰·罗尔斯出生在纽约的大沙头贫民窟。那里环境恶劣，充满暴力。罗杰·罗尔斯所在的诺必塔小学的学生不与老师合作，旷课、斗殴，甚至砸烂教室黑板。皮尔·保罗想了很多办法来引导他们，可是没有一个是奏效的。后来他发现这些孩子都很迷信，于是在他上课的时候就多了一项内容——给学生看手相。他用这个办法来鼓励学生。

有一天，当罗尔斯从窗台上跳下，伸着小手走向讲台时，皮尔·保罗说："我一看你修长的小拇指就知道，将来你是纽约州的州长。"当时，罗尔斯大吃一惊，因为长这么大，只有他奶奶让他振奋过一次，说他可以成为五吨重的小船的船长。这一次，皮尔·保罗先生竟说他可以成为纽约州的州长，着实出乎他的预料。他记下了这句话，并且相信了它。

从那天起，"纽约州州长"就像一面旗帜飘在罗尔斯的心中，他的衣服不再沾满泥土，说话时不再夹杂污言秽语。他开始挺直腰杆走路，在以后的40多年间，他没有一天不按州长的身份要求自己。51岁那年，他终于成了州长。

在就职演说中，罗尔斯说："信念值多少钱？信念是不值钱的，它有时甚至是一个善意的欺骗，然而你一旦坚持下去，它就会迅速升值。"信念，可以成为所有奇迹的萌发点；鼓励，能够成为一个人一生的动力。

——《别让自己的提醒晚到一步》,厉尊,中国纺织出版社,2004年.

【思考讨论】

在我们的社会中，一些学校、校长和教师总喜欢在学生中分出优的、差的，并给予不同的态度——对所谓的"优的""好的"当然是锦上添花；而对所谓的"差的""坏的"，则往往是"雪上加霜"，这样的教育方法其实是与教育的宗旨相悖的。

请结合自身实际谈一谈：

1. 是什么力量使得罗尔斯终于在51岁那年成为美国纽约州的州长的？
2. 这些力量是如何发挥作用的？

案例2

相信年轻人

12月16日电 "2014年两岸企业家台北峰会"15日在台北登场，阿里巴巴集团董事局主席马云出席并演讲。台湾《中时电子报》报道说，短短30分钟，马云直白论述为什么要重视年轻人、相信年轻人，并分享曾经彷徨的心路历程。

该网站还摘录了马云谈话的10个重点：

1. 相信年轻人，你才能说未来是美好的。

15年前，阿里巴巴还是小得不能再小的企业，从没有想过会有今天，我从没有想过今天能在台湾跟这么大的企业家进行沟通和交流，是时代给我们机会，是社会给我们机会，是国家给我们机会，更是同事、朋友给我们机会。

如果你相信未来,你就要相信年轻人,如果你相信年轻人,你才会真正觉得未来是美好的。

2. 金庸小说里说"年纪越大武功越高",这是违背规律的。

我跟金庸探讨过,我在他的武侠小说里,看到"年纪越大武功越高",我认为这是违背规律的,我们应该把机会给年轻人。

过去15年间,台湾听不见什么新的年轻企业家,这是值得反思的问题。

3. 成功人士,多反思自己;失败的人,不要埋怨别人不给机会。

每个人都要经过自己的挫折,如果没有这么多年的痛苦和彷徨,不可能有今天。所以年轻人痛苦彷徨很正常,重点是要思考:自己该做些什么。

4. 如果老板看不上你,要学会欣赏自己。

我跟很多名牌大学毕业的人讲,你要用欣赏的眼光,看看那些非名牌大学毕业的人。如果你毕业于像我这样的学校(杭州师范学校),甚至连我这样的学校都不是的话,请你用欣赏的眼光看看自己。

如果有跟别人不一样的话,是我们这些人看世界的角度和看问题的深度不一样。我自己觉得每一代、每一个人都有自己的机会,只是你是否能把握。

5. 人有三层机会,最后一层是给别人机会。

人生一般有三层机会。第一层,年轻的时候你啥都没有,其实这个时候都是机会,因为你满手都是空的时候,想做什么就做什么。

第二层机会呢,你刚刚有点成功的时候,你觉得到处都是机会。有人跟我说,马云,现在互联网到处都是机会。是啊,你没钱时你骗别人,你有钱时别人骗你。你自己觉得都是机会的时候,反而要想清楚,你有什么、你要什么、你放弃什么,而其实真正属于你的机会并不多。

最后一层机会,是给别人机会。30岁跟别人干,40岁为自己干,50岁要给别人干,要给别人机会,给年轻人机会。

6. 未来的经济一定是利他主义。

未来世界是从IT(Information Technology)向DT(Data Technology)转移、向数字技术转移。DT是让别人更强大,未来的经济是讲求利他主义,讲求分享、透明及担当。昨天的IT是自我思想,利我为主,并且封闭,自己掌握资源,不让别人知道这时代已经发生天翻地覆的变化。

7. 啥机会都没有,就是到处都是机会。

当世界全是抱怨和不满时,其实机会就在其中,只要将这些抱怨变成创业的理想,就是未来成功的时候。

8. 完善小人物的需求,才有今天。

你每天盯着李嘉诚、比尔盖茨、马云,你不会有机会的。我那时候也一样,每次看到比尔盖茨、郭台铭火气就大,他们把我的机会都拿走了,我啥时候可以成为比尔盖茨?我啥时候可以超越李嘉诚?

但是我放下这些东西,去看到旁边的这些人,看到小王小李(的需求),然后再一点一点完善(这些需求)的时候,才开始有今天。

你今天看到的大人物,是大人物他们想让你看到他们的东西。但你要看到他们背后的辛酸与努力,以及付出的巨大代价。我自己刚过50,现在讲话有点哲理,讲话有哲理的人,一般是吃苦多的人。

9. 只有改变自己才能改变世界。

只有我们改变了,才能改变世界,因为改变世界其实很难,轮不到你,但改变自己却是每个人都可以做到的。

多想想,自然就会成功起来。但最关键的是,我们不要"晚上想想千条路,早上起来走原路"。我们很多年轻人,晚上想要干这干那,早上起来就骑车去上班了。我觉得改变从现在开始,行动是一切真正所在。

10. 今天很残酷,明天更残酷,才能看到后天的太阳。

最后,我还是想讲,鼓励大家创业是容易的,但坚持创业理想、完善自己,是很艰难的。

创业这条路,我每天都在提醒自己:今天很残酷,明天更残酷,但后天很美好。但大部分人都死在明天晚上,他不可能看到后天的太阳。所以你要不断改变自己,让自己今天活得好活得强,才能看到后天的太阳。

——转自中国新闻网新闻中心 2014 年 12 月 16 日

【思考讨论】

阅读上述内容,结合本章关于理想信念的理论,谈一谈马云成功的原因是什么。

案例 3

能吃苦的大学生吃香了

最近,在湖北经济学院招生与就业网上,美尔雅服饰有限公司在招收应届毕业生的要求中明确指出,应聘毕业生须来自农村,能吃苦。据该校就业指导处的俞主任介绍,现在企业招聘行情显示:学历不再是用人单位首选,能否吃苦耐劳越来越受到重视。(7月7日武汉晨报)

像这样把吃苦耐劳作为"选才要求"的并非独此一家。越来越多的用人单位,重视实际工作能力和优秀品质,而不是"唯学历是用"。这不仅是因为企业竞争激烈,工作节奏快,怕招进的大学生吃不了这番辛苦,同时也表明"实用"思想已成为人才市场的主导,企业人才定位趋于合理化。

事实上,意志坚强、不怕困难、百折不挠、开拓进取是一个人优秀的品质,这种品质是经过艰苦锤炼形成的,什么时候都不会过时。世上的任何事情要想获得成功,实现任何一种理想,必须经过奋斗和努力,克服这样那样的困难,有时要付出很大的代价,没有吃苦的精神是不能到达胜利的彼岸的。一个人要实现自己的理想,成就一番事业有所建树,历经磨难吃一点苦是必要的。就是有真才实学,如果不肯吃苦耐劳,也难以保持良好的竞技状态,不仅适应不了激烈的竞争形势,还极容易被困难吓倒,被挫折击垮,更谈不上理想的实现。

吃苦耐劳受宠，给我们两点启发，一方面说明了面对日趋激烈的社会竞争，大学生除了要在科学知识、职业技能方面有所储备外，还应多参与一些力所能及的劳动。只有乐于吃苦，自觉地向学习中、生活中、劳动中、体育锻炼中的困难做斗争，向自我挑战，将来才能战胜自我，勇挑重担。

另一方面，只要调整择业心态，肯吃苦耐劳，愿到基层一线，仍有很多的就业机会。大学生不应把自己看成是所谓的"天之骄子"，只能"劳心"，不能"劳力"，应适时调整自己的心态，勇于到艰苦的地方去，为个人赢得更广阔的发展空间。

——摘编自《能吃苦的大学生吃香了》，锦州晚报，2003年7月25日

【思考讨论】
1."能吃苦"这样一个"优势"究竟有多重要？
2.这一"优势"尤其对于三表本科院校的学生来说意味着什么？

思想精华

人，只要有一种信念，有所追求，什么艰苦都能忍受，什么环境也都能适应。

——丁玲

人的强烈愿望一旦产生，就很快会转变成信念。

——爱·杨格

一个人的信仰或许可以被查明，但不是从他的信条中，而是从他惯常行为所遵循的原则中。

——萧伯纳

信念是鸟，它在黎明仍然黑暗之际，感觉到了光明，唱出了歌。

——泰戈尔

一切都靠一张嘴来谈理想而丝毫不实干的人，是虚伪和假仁假义的。

——德漠克利特

走得最慢的人，只要他不丧失目标，也比漫无目的地徘徊的人走得快。

——莱辛

希望是在风雨之夜所现的晓霞。

——歌德

现实是此岸，理想是彼岸。中间隔着湍急的河流，行动则是架在川上的桥梁。

——克雷洛夫

只有向自己提出伟大的目标并以自己的全部力量为之奋斗的人，才是幸福的人。

——加里宁

辅助练习

一、单项选择题

1. 理想是人类特有的一种(　　)。
   A. 物质现象　　　　　　　　B. 精神现象
   C. 文化现象　　　　　　　　D. 经济现象

2. 处在不同社会发展阶段的人们,对社会发展规律认识和把握的深度与广度不同,所形成的理想也必然不同。这体现了理想具有(　　)。
   A. 阶级性　　　　　　　　　B. 预见性
   C. 时代性　　　　　　　　　D. 主观性

3. 理想是多方面和多类型的。从不同的角度审视,可以把理想划分为许多类型。从理想的性质上划分,理想可分为(　　)。
   A. 崇高理想和一般理想　　　B. 个人理想和社会理想
   C. 长远理想和近期理想　　　D. 科学理想和非科学理想

4. 下列有关人们对未来的向往和追求中,属于社会理想的是(　　)。
   A. "三十亩地一头牛,老婆孩子热炕头"
   B. "富贵不能淫,贫贱不能移,威武不能屈"
   C. 谋一个合适的职位,干一番有益于人民的事业
   D. 把我国建设成为富强、民主、文明、和谐的社会主义现代化国家

5. 理想与现实的关系是(　　)。
   A. 理想等同于现实
   B. 理想源于现实,又超越现实
   C. 理想是人们的世界观、人生观、价值观在奋斗目标上的集中体现
   D. 理想是人们的主观意志和想当然

6. 一定社会的阶级、政党或个人对未来社会制度、政治经济结构和社会意识形态的追求向往和设想,即(　　)。
   A. 道德理想　　　　　　　　B. 职业理想
   C. 生活理想　　　　　　　　D. 社会政治理想

7. 现阶段我国各族人民的共同理想是(　　)。
   A. 人民生活达到小康水平

B. 实现按劳分配的社会主义社会

C. 实现各尽所能按需分配的共产主义社会

D. 在中国共产党的领导下,走中国特色社会主义道路,实现中华民族的伟大复兴

8. 下列关于理想的认识,错误的是( )。

   A. 理想作为一种精神现象,是人类社会实践的产物

   B. 理想是对未来的美好设想,不受现实条件的限制

   C. 理想必须通过实践才能实现,实践是连接理想与现实的桥梁

   D. 理想是多方面和多层次的,从不同的角度可以分为许多类型

9. 下列说法正确的是( )。

   A. 生死由命、富贵在天

   B. 金钱不是万能的,但没有钱是万万不能的

   C. 个人就是目的,社会只是达到个人目的的手段

   D. 追求共产主义远大理想与坚定中国特色社会主义共同理想是统一的

10. 邓小平指出:"我们过去几十年艰苦奋斗,就是靠用坚定的信念把人民团结起来,为人民的利益而奋斗。没有这样的信念,就没有凝聚力。没有这样的信念,就没有一切。"这段话表明( )。

    A. 信念是认识事物的基点　　　　B. 信念是人们前进的强大动力

    C. 信念是评判事物的标准　　　　D. 信念是人生的行为准则

11. 信念是( )。

    A. 人们在一定认识基础上确立的对某种思想或事物坚信不疑并身体力行的心理态度和精神状态

    B. 没有正确与错误之分,信仰不能被改变

    C. 世界观、人生观和价值观

    D. 人们对特定事物的选择与判断

12. 理想信念是一个思想认识问题,更是一个实践问题。如果说,现实是此岸,理想是彼岸,那么,联系两者的桥梁是( )。

    A. 智慧　　　　　　　　　　　B. 实践

    C. 能力　　　　　　　　　　　D. 勤奋

二、多项选择题

1. 在社会主义初级阶段,人们的理想是多方面的和多种类型的。从内容来说,理想可概括为( )。

   A. 生活理想　　　　　　　　　B. 职业理想

   C. 道德理想　　　　　　　　　D. 社会理想

   E. 个体理想

2. 个人理想和社会理想是辩证统一的,其主要表现在(　　)。
   A. 社会理想决定、制约着个人理想　　B. 个人理想决定、制约着社会理想
   C. 社会理想体现着个人理想　　　　　D. 个人理想体现着社会理想
   E. 社会理想与个人理想的矛盾不可调和

3. 理想与现实的关系表现为(　　)。
   A. 理想可以转化为现实　　　　　　　B. 理想立足于现实,指向未来
   C. 理想高于现实,是现实的升华　　　D. 理想来源于现实,是对现实的反映
   E. 理想来源于现实,是与奋斗目标相联系的未来的现实

4. 下列有关理想与信念的表述正确的是(　　)。
   A. 信念是人们在一定认识基础上确立的对某种思想或事物坚信不疑的精神状态
   B. 信念是人的认识、情感、意志的有机统一体
   C. 理想来源于现实又超越现实,而且能够变为现实
   D. 信仰是信念最集中最高的表现形式
   E. 信念是理想的根据和前提

5. 树立中国特色社会主义的共同理想,就要(　　)。
   A. 坚定对中国共产党的信任
   B. 坚定中国特色社会主义道路的信念
   C. 坚定实现中华民族伟大复兴的信心
   D. 坚信全面建设小康社会的奋斗目标一定能够实现
   E. 坚信到2050年,中国达到世界中等发达国家水平

6. 下列说法正确的是(　　)。
   A. 马克思主义指导思想是社会主义核心价值体系的灵魂
   B. 马克思主义是科学理想信念的基础
   C. 马克思主义是指导工人阶级和广大劳动人民群众实现自身解放的强大思想武器
   D. 马克思主义具有与时俱进的理论品格和持久的生命力
   E. 马克思主义是认识世界、改造世界的科学理论

7. 理想的实现是一个过程,有顺境也有逆境,会遇到各种各样的困难和挫折,甚至充满艰辛和坎坷。因此说,理想的实现过程具有(　　)。
   A. 长期性　　　　　　　　　　　　　B. 艰巨性
   C. 曲折性　　　　　　　　　　　　　D. 可预见性
   E. 不可预测性

8. 无数的事实证明,人们有了科学崇高的理想信念,才能在人生的追求上不断去攀登,最大限度地实现人生价值;若没有理想信念,就会像没有舵的小船,在生活的大海中迷失方向,甚至搁浅触礁。这说明了(　　)。

A. 理想信念能指引人生的奋斗目标
B. 理想信念能提供人生的前进动力
C. 理想信念能成为人生成败的标准
D. 理想信念能架起人生辉煌的桥梁
E. 理想信念能揭示人生发展的规律

9. 当代大学生应该自觉确立马克思主义的科学信仰。下列属于对于马克思主义的科学认识的是(　　)。
A. 马克思主义深刻揭示了人类历史的发展规律
B. 马克思主义反映了无产阶级的革命本质和博大胸怀
C. 马克思主义以解放全人类为己任
D. 马克思主义为人类的进步和解放指明了正确的方向
E. 马克思主义为人们认识世界和改造世界提供了科学的立场、观点与方法

10. 建设中国特色社会主义、实现中华民族伟大复兴,是现阶段我国各族人民的共同理想。这个共同理想(　　)。
A. 是社会主义核心价值体系的主题,具有鲜明的中国特色和突出的时代感
B. 把党在社会主义初级阶段的目标、国家的发展、民族的振兴与个人的幸福紧密联系起来
C. 把各个阶层、各个群体的共同愿望有机结合在一起,有着广泛的社会共识
D. 具有令人信服的必然性、广泛性和包容性,具有强大的感召力、亲和力和凝聚力
E. 是保证全体人民团结奋斗、克服困难、争取胜利的强大精神武器

三、判断题

1. 理想是人们对未来的一种向往与追求。　　　　　　　　　　　　　(　　)
2. 信念是一种观念。　　　　　　　　　　　　　　　　　　　　　　(　　)
3. "千里之行始于足下",实现崇高理想要从平凡工作做起。　　　　　(　　)
4. 人生信念按照其性质可以分为有信仰与没有信仰。　　　　　　　　(　　)
5. 理想是否合理、进步与科学的判断标准就是理想能否为多数人所认同。(　　)
6. 理想在实现以前就是空想和幻想。　　　　　　　　　　　　　　　(　　)
7. 信念都是科学的。　　　　　　　　　　　　　　　　　　　　　　(　　)
8. 有理想一定成功,没有理想一定失败。　　　　　　　　　　　　　(　　)
9. 人生在世"吃喝"二字。　　　　　　　　　　　　　　　　　　　(　　)
10. 理想是人们的主观意志和想当然。　　　　　　　　　　　　　　(　　)

四、材料分析题

放飞理想

"到西部去,到基层去,到祖国和人民最需要的地方去",2003年的夏天,6 100名应届大学生志愿者高唱着这句嘹亮的口号开始了他们的"西部之行"。

莫锋——6 100名应届大学生志愿者之一,今年22岁,是来自广东省清远县的北京大学医学部公共卫生学预防医学专业的一名应届本科毕业生。他说:"如果我在东部,施展拳脚的舞台不会那么大,但到了西部,能够真正做一个有用的人,能够尽情地放飞我的理想。"可以说,他的这句话代表了相当一部分决心在西部这个更大舞台上施展才华的青年学子的志向。

在竞争空前激烈的大学生就业争夺战中,莫锋并不费劲地找到了一个福利待遇很好的工作单位:深圳疾病预防控制中心。然而,他放弃了这份待遇优厚的工作,报名参加了大学生志愿服务西部计划。听到这个消息后,他的同学们惊住了,随即向他投去诧异、问询的目光。莫锋解释道:"深圳居民生活水平、城市医疗水平都比较高,深圳疾病预防控制中心硕士、本科生一大堆,我去那里,作用不是很大。但去西部工作,我能做很多实际有效的工作,比如帮助当地建设疾病预防控制中心,帮助当地群众改变落后的观念和生活习惯。我要最大限度地做一个对社会有用的人。"听到这肺腑之言和斩钉截铁的口气,看着身材瘦小的莫锋,钦佩之情在大家心中油然而生。

其实,去西部地区工作,是莫锋的夙愿。1998年9月,刚入大学校门的莫锋,就对祖国版图上那幅员辽阔的西部产生了浓厚兴趣。此后3年,他曾经拿出许多时间和精力钻研经济学知识,了解时事政治,搜集有关西部地区的信息,随着对西部的了解每增加一分,去西部工作的愿望就强烈一分。

2003年5月中旬,目睹非典肆虐,莫锋心里难受极了:广东、北京等经济发达地区疾病预防控制系统都不健全,中西部可能就更差了!当他听说国家出台公共卫生应急机制,并拨巨款用于建设西部地区疾病预防控制机构的消息时,才转忧为喜。但是,喜悦只是暂时的:"钱是有了,人呢?人才都集中在东部地区,西部地区乡镇一级医院很少有学公共卫生专业的人才。国家能不能提供相应的信息和渠道,让我和像我一样想去西部工作的大学生找到人尽其才的岗位?"

思前想后,莫锋决定给中央领导同志写信,表达自己和许多与自己一样有志于西部的同学们的愿望、心声,提出有关中西部之间畅通人才供需信息、健全人才管理机制的建议。他在信中写道:"我欣喜地看到国家在这次非典危机中更加重视公共卫生,特别是对中西部地区和农村地区,在财政上加大了投入,这为中西部地区的疾病预防事业提供了坚实的物质资源。""但是,我更清楚地认识到,中西部地区最缺乏的是人才,是人才资源。我愿意到那里去。哪里最需要我,我就去哪里。我也敢肯定,还有很多人和我一样,愿意到中西部贡献自己的青春!""只有全中国——不只是东部,还应该有中西部;不只是城市,还应该有农村——实现共同富裕,才意味着祖国的真正强大,这是每一个中华儿女的共同愿望!"

就在莫锋给中央领导同志写信,建议采取措施、畅通人才西进渠道的同时,团中央、教育部、财政部、人事部正在联合酝酿大学生志愿服务西部计划。6月10日下午,团中央、教育部在北京召开新闻发布会,宣布"大学生志愿服务西部计划"启动。当晚8时,莫锋在互联网上看到这一消息,久久抑制不住兴奋,毫不犹豫地决定放弃去深圳疾病预防控制中心工作的机会,报名参加该计划。

父母得知儿子的决定后,惊讶了好一阵,但他们没有太多劝阻儿子:"西部地区条件艰苦,但你既然决定去,而且决心有所作为,我们也拦不住。你的前途交给你自己,爸爸妈妈相信你的选择!"父亲在电话里对儿子说。来自家庭的支持使莫锋深受鼓舞。

接下来的日子,深知"一个人的能力非常有限"的莫锋,"尽量说服自己的同学,去西部放飞自己的理想"。来京准备参加大学生志愿服务西部计划工作会的西部12个省市区团委书记,听说莫锋的事迹,纷纷与他联系,希望莫锋到他们所在的地区工作。他们表示,将为像莫锋这样的志向远大、胸怀祖国的年轻人,尽最大可能提供一个发展的舞台,创造一个发展的空间,实现他们的理想。

——摘自《思想道德修养与法律基础典型案例解析》,杨志武,林刚,中国矿业大学出版社,2007年10月

问题:

1. 你认为到底是什么吸引着莫锋"西行"?面对"西行",你会如何选择?
2. 众多的大学生志愿服务西部说明了什么?

【参考答案】

一、单项选择题

1. B 2. C 3. D 4. D 5. B 6. D 7. D 8. B 9. D 10. B 11. A 12. B

二、多项选择题

1. ABCD 2. AD 3. ABCD 4. BD 5. ABC 6. ABCDE 7. ABC 8. AB 9. ABCDE
10. ABCDE

三、判断题

1. √ 2. × 3. √ 4. × 5. × 6. × 7. × 8. × 9. × 10. ×

四、材料分析题

1. 奉献社会、服务西部、发挥才能的理想要求。

2. 说明当前大学生对于理想和现实的关系理解得越来越深刻,明确实现理想需要努力付出,积极进取。

实践活动方案

组织一场题为"理想信念伴我成长"的演讲会,畅谈同学们对于理想信念的理解。

第二章 Chapter 2

继承爱国传统 弘扬中国精神

学习目标

在当下,国家与民族利益面临诸多挑战,国人的思想不断受到来自各方的冲击。因此,有必要通过本章的学习,让学生系统地了解什么是中华民族的爱国精神,理解爱国主义的深刻内涵。从理论的角度,要求学生掌握爱国主义的科学内涵和基本要求。从实践的角度,要求学生通过自己的具体行动践行如何做一名合格的爱国者。

核心问题解析

第一节 中华民族的爱国主义传统

1. 怎样理解爱国主义的科学内涵?

爱国主义体现了人民群众对自己祖国的深厚感情,反映了个人对祖国的依存关系,是人们对自己的故土家园、民族和文化的归属感、认同感、尊严感和荣誉感的统一。

2. 爱国主义的基本要求是什么?

爱祖国的大好河山是爱国主义的重要内容。祖国,从来都不是一个抽象的概念,她首先就是我们脚下这块世代生息、繁衍的广袤土地,就是我们生于斯、长于斯的故土家园,我们对祖国的爱就源于对这片哺育自己的土地的最朴素而真挚的爱。

爱自己的骨肉同胞是爱国主义的集中表现。我们的祖国之所以可爱,不仅因为她拥有辽阔的土地、壮丽的河山、丰富的物产,更因为她拥有世世代代生息在这片美丽的国土上勤劳、勇敢、善良、智慧的亿万各族人民。各族人民是伟大祖国的根本所在,是伟大祖国的创始者,祖国和人民是不可分割的。因此,热爱各族人民是爱国主义的集中表现。

爱祖国的灿烂文化是爱国主义的必然要求。爱国主义是一个历史范畴,在不同的历史条件和制度下,有着不同的社会基础、历史主题和具体内容。当前,新时期中华民族的爱国主义既继承了历史上爱国主义的优良传统,又吸纳了时代的新鲜精神。

爱自己的国家是爱国主义的必然政治要求。我们在谈论爱国主义时,常常把祖国与国家当作相同的概念使用。实际上,在阶级社会,两者是既有联系又有区别的概念。"祖国"更突出民族性和自然属性,指居住在一定疆域内的单个或多个民族的人民经过长期共同生活、劳动,进行物质文化交往,形成的集自然、政治、经济、文化、历史和心理关系于一体的社会共同体,主要包括国土、国民和国家机器等基本要素。

3. 如何理解爱国主义的时代价值?

爱国主义是中华民族继往开来的精神支柱——在爱国主义的伟大旗帜下,建立最广泛的爱国统一战线,集中整个民族的智慧和力量,谋求国家的发展和民族的振兴。

爱国主义是维护祖国统一和民族团结的纽带——什么时候团结统一,国家就强盛安宁;什么时候分裂内乱,国家就积贫积弱;维护国家主权和领土完整,是国家的核心利益。

爱国主义是实现中华民族伟大复兴的动力——要深切理解"伟大复兴"的含义。

爱国主义是个人实现人生价值的力量源泉——祖国给个人的成长发展创造条件,对个人创造的成果做出评价,为个人实现人生价值提供舞台、指明方向。

第二节　新时期的爱国主义

1. 理解新时期爱国主义的主要内容

国家的整体利益是新时期爱国主义的基本内容。在新的历史条件下,社会的主要矛盾是人民内部矛盾,尽管个人利益和祖国利益之间还存在着各种矛盾,但都是国家利益和个人利益基本一致基础上的矛盾。维护国家利益是广大公民应尽的义务,是新时期爱国主义的基本内容。

2. "爱国主义"与"民族主义"的关系

民族主义是个人对自己民族的忠诚和奉献。特别是指一种特定的民族意识,即认为自己的民族优越于其他的民族,从而产生一种优越感,特别强调本民族的文化和利益,以对抗其他民族的文化、利益的思想。从民族主义概念的历史发展来看,尽管民族主义在不同时期、不同国家具有不同的内涵,但其基本点在于强调本民族国家利益的至上性,因此以民族主义为特征的爱国主义思想是一把双刃剑,一方面,它是团结本民族国家的重要精神力量,另一方面,由于强调本民族利益的至上性,有可能无视其他民族的利益,甚至采取损害其他民族利益的行动。

第三节　做忠诚的爱国者

爱国主义包含着情感、思想和行为三个基本方面。其中,情感是基础,思想是灵魂,行为是体现。爱国情感是人们对祖国的一种直接的感受和情绪体验;爱国思想是人们对祖国的理性认识;爱国行为是指人们身体力行、报效祖国的实际行动,是爱国主义精神的落脚点和归宿。每一名合格的公民都应该具有民族的自尊心、自信心、自豪感。每一个爱国者都应自觉维护国家利益、促进民族团结、维护国家统一、增强国防意识和国家安全意识,这样才能成为一名忠实的爱国者。

案例共享

案例1

普通人如何爱国

张华刚

说到爱国,有人会说,我没有超人的天分、过人的才能,没有做人的财富、显赫的地位,我只是一个普通人,我没有能力爱国。我想说,爱国当然需要杰出人物的砥柱中流,但更需要普通民众的无私奉献。只要心怀一颗赤诚的爱国之心,每个人都可以用自己的方式爱国。

普通人到底该如何爱国?我认为,首先,干好本职工作,做好自己的事就是爱国。近几年,针对钓鱼岛和南海一些岛礁的争端,许多人主张国家在与日本、菲律宾和越南的斗争中采取强硬姿态,以武力解决问题,认为只有这样做才是爱国。那么,是不是只有这样做才叫爱国呢?显然不是,爱国不能盲目,爱国需要理智,在这个问题上,我们相信,以习近平总书记为核心的党中央,一定会站在维护中华民族核心利益、有利于实现中华民族伟大复兴的"中国梦"的战略高度,审时度势,在综合考量国际国内各种因素的基础上做出最正确的决断,作为普通公民,我们只需要支持党和国家的决策,这就是爱国。在前两年的"保钓运动"中,国内一些城市发生了大规模的游行活动,让我们深切感受到了我们中国人浓浓的爱国情,但在这中间,有个别人的行为却逾越了法律的鸿沟,他们通过打砸自家人的"日本货"来证明自己有多爱国,我们扪心自问一下,他们这样做能够改变什么?又能得到什么?这是在表达自己的爱国主义情怀,还是在发泄对社会、对现实的不满?我认为,真正的爱国、真正的正义绝不是靠这些非理性的暴力、偏激行为来实现的。爱国不是光靠打仗,也不是光靠抵制"日货",还要靠每个国民都做好自己的事情,尽好自己的本分。堵枪眼的是爱国,大刀砍鬼子的是爱国,但我们大部分人没那个机会,我们普通人的爱国,还是要从把手边的事情做好开始。如果你是一名教师,能够为国家培养出更多的栋梁之才,这就是爱国;如果你是一名医生,能够挽救更多人的生命,让他们去为国家做贡献,这就是爱国;如果你是一个企业家,能够多创造就业机会,多为国家纳税,这就是爱国……众人拾柴火焰高!只有每个人都从我做起,增强主人翁意识,干好自己的本职工作,做好自己的事情,我们的国家才会更加富强,才会有更多的钱去造更先进的武器,让那些对我们怀有敌意的国家不敢轻举妄动,这才叫真正的爱国。

其次,作为普通人,做一个好公民就是爱国。作为一名中国人,我们每个人的心都和伟大祖国一起跃动,尽管我们的国家现在还有许多不完善的地方,但是我们在不断进步、不断完善,特别是以习近平总书记为核心的新一届党中央正以亲民、务实之举大刀阔斧地推进各项改革,让我们看到了实现"两个一百年"奋斗目标和中华民族伟大复兴"中国梦"的曙光。作为祖国的儿女,我们每个人都应为实现梦想而努力,做好每个公民应尽的职责。那么,我们应该如何做一个好公民呢?其实大家心里都有一杆秤,遵纪守法、诚实守信、团结互助、辛勤劳动、崇尚科学、艰苦奋斗、服务人民等,凡是大家能想到的做人的美德,都是我们做一个好公民应有的品质。有人或许会问,这些与爱国有什么关系?是的,在我们的现实生活中,将这些品质与爱国直接对等也许不易,然而却有着千丝万缕的联系。假如你是个地产商,一个以服务人民为荣、为人民着想的地产商,自然不会建造出劣质房、天价房,你会想着让人人都能住得起房,这自然是在为国家减轻负担,是最具人性的爱国方式;假如你是一个个体商户,你不哄抬物价,不扰乱市场秩序,这也是一种爱国;假如你是一个乐于助人的人,你的善行义举会带给别人温暖,增加社会的和谐度,这也是爱国;假如你是一个遵纪守法的公民,自然会为降低犯罪率提高安全度做出贡献,这是最容易做到的爱国方式;还有,你外出就餐不剩饭、节约粮食,你在公共场所不大声喧哗,在服务窗口和商场电梯前自觉排队、维护良好的公共秩序,你走在大街上不乱扔果皮纸屑、不随地吐痰、自觉维护环境卫生,等等,这些我们大家每个人都能做到的生活细节都可以折射出我们的爱国精神。所以,爱国并不是一件高不可攀、遥不可及的事,爱国其实是人人可做、处处可为的事。爱国对于我们普通人来说,就体现在一件件身边小事之中。在我们宝鸡市岐山县,就有一位用自己最朴素的方式表达爱国之情的老大妈。77岁高龄的苏丽贞老人十岁时被解放军从胡宗南部队的马蹄下解救,后来刚结婚就送丈夫参军,上世纪80年代丈夫去世后,她又先后收养了6名被遗弃的孤儿,并且连续十多年为驻地部队做好事,先后为子弟兵送去亲手纳的鞋垫近三千双,被当地驻军亲切地称为"拥军大妈"。再比如,眉县杨家村、渭滨区石咀头村农民面对挖出的国宝青铜器不为所动、主动上交国家的事迹,等等。在我们宝鸡,有许许多多普通民众用看似不起眼的行动,通过自己力所能及的方式,为我们演绎了普通公民的爱国情怀。所以说,只要我们每个人都能做一个好公民,不断提高自身素质,多做有利于国家、有利于社会、有利于他人的好事善事,其实就是爱国。

再次,作为普通人,爱家乡就是爱国。国家是由许许多多的地方和千千万万个小家组成的。作为普通人,我们的爱国不一定要做惊天动地的大事,我们的爱国,首先要从爱自己的小家、爱自己的家乡做起。我们很难想象,一个不孝敬父母、不爱自己家人的人会爱国;同样,一个不热爱自己家乡,不愿为家乡做点事情的人,你能指望他爱国吗?

爱国是我们每个普通中国人都应具有的最基本的品格,爱国不是体现在口头上,而是体现在实实在在的行动中。有些人整天批评社会浮躁,自己却热衷于浇灭别人心中的正直;批评社会黑暗,自己却热衷于鼓吹厚颜无耻的做法;批评别人做得不好,自己却不肯跳出来一起做。浇灭别人心中正直的何尝不是社会浮躁的参与者?提倡厚颜的人何尝不是社会黑暗的助威者?所以,我们每一个人都应从我做起,从身边小事做起,从一点一滴做起,脚踏实地,认真干好本职工作,做好自己的事情,在家做个好儿女,在单位做个好员工,在社会上做个好公民,这样就算真正做好了普通的爱国。

——转载自中国文明网·文明评论2014年8月12日

【思考讨论】
阅读文章,归纳作为一名普通人应当如何爱国。

案例2

阳光下的无奈与悲哀

贵屿镇,一个位于广东省汕头市潮阳区的边陲小镇,因电子垃圾而暴富,被称为"电子垃圾第一镇",也因此饱受污染之苦,成为"血铅镇"和"癌症区"。

近日,有外媒驻华记者发表博文称,一些来自惠普、三星和松下等公司几乎全新但有部分缺陷的产品,也被作为电子垃圾运往贵屿镇。《每日经济新闻》记者近日赴贵屿调查发现,虽然当地政府已经禁止电子垃圾交易,但走私暗流依然猖獗。当地于2005年试图进行的"电子拆解行业产业化"的产业升级计划也几近胎死腹中。

家庭作坊饮鸩止渴

贵屿镇得到这样一个既非赞美亦非贬低的绰号,是因为自上世纪90年代初期,废旧五金电器拆解行业在贵屿镇开始生根发芽,至今仍是当地人的主业。由于地处低洼,这里是一个严重的内涝地区,农业生产无法解决当地居民的生计。上世纪五六十年代开始,当地人遂以回收废旧物品进行转卖为生。改革开放以后,来自欧美等地区的电子垃圾大规模进口到我国,善于经商的潮汕人从中"嗅到"了商机,进行电子垃圾的回收、拆解、转卖就成为当地人的主业,并使当地人获利颇丰。《贵屿镇建设再生资源专业镇实施方案》显示,仅2010年,全镇废旧电子电器、五金、塑料回收加工利用达220万吨,创行业产值就达到了50亿元。

今天,穿行于贵屿镇的每一条街道,都可以看到堆积如山的电子垃圾、塑料废品等,生产模式以家庭作坊为主,几个工人,一些小型器械,就可以开工。据当地人介绍,大多数家庭作坊采用极简单的工艺,工人只需用螺丝刀等工具将电子垃圾上的塑料、铜、铁等不同零部件拆解开,然后分类转卖,即可从中获利。较为复杂的工序则是,通过烧烤、酸洗等方式提取镀金、锡焊料、铜骨架等金属,常见的电线可以剥皮取铜。与简单拆解不同的是,通过酸洗等方式提取的金属，利润之高令人无法想象。当地工人介绍，一斤英特尔的芯片，可以提取超过3克的金，除去成本，一斤可以赚100多元。

与这些小作坊相比，那些拥有所谓"尖端技术"的大型电子垃圾再生企业则几乎没有竞争力。一些工人称，无论是生产成本还是人工成本，小作坊都比大企业低很多，因此，小作坊通常以较高的价格收购电子垃圾，大型企业常常面临原料短缺的难题。

但电子垃圾的简单拆解带来的环境污染问题让人惊心。走在贵屿镇的街道上，充斥着各种难闻的气味，几乎让人窒息，虽然露天焚烧已不常见，污染问题却没有得到有效解决。一位年长的当地居民对《每日经济新闻》记者说，很多人发家之后就迁出了贵屿，搬到潮阳区或汕头市城区生活，因为贵屿已经不再适宜生活。一名超市工作人员对记者说，这里的桶装矿泉水很好卖，因为外地人几乎不敢喝本地自来水。

据了解，电子垃圾中含有多种对人体有害的元素。以电脑为例，制造一台电脑需要700多种化学原料，其中50%对人体有害。而电视机显像管、电脑元器件中还含有大量汞、铅、铬等有毒化学物质。记者在贵屿镇看到，当地大多数工人只身着简单的工作服，并无相应的防护措施，从业者中不乏年龄仅10岁左右的孩子。早在2004年，汕头大学医学院对当地儿童进行了血铅检测，结果显示，超过80%的儿童铅中毒，而当地妇女的流产率和癌症发病率也高于其他地区。

日益暴露的污染问题让当地政府不得不采取措施，但大多数从业者选择了缄默。面对记者的询问，他们三缄其口。据统计，在贵屿这个有13万多人口的小镇上，共有21个村参与了电子垃圾拆解行业，从业人员超过6万人，对于从事了近20年电子垃圾拆解的大多数家庭来说，通过这种方式获取可观的收入几乎已经渗入血液，贵屿人的缄默，无异于一种无言的反抗。对于当地政府整治电子垃圾拆解产业的诸多做法，不少私营老板表示不满，认为这样做是断了他们的"财路"。

电子垃圾走私禁而不止

"现在已经禁止我们进货了。"当地一些电子垃圾拆解行业的从业者向《每日经济新闻》记者透露，目前当地政府已经禁止从外地输入电子垃圾。该信息并未得到贵屿镇政府的确认，不过，政府办公室一名工作人员表示确有其事。

一个在汕头从事电子垃圾回收生意的私营老板表示，近期已经很少去贵屿，因为当地对电子垃圾等废品的交易监管很严，当地企业近期也很少再来进货。但据记者了解，即便如此，私下里仍在进货的也不在少数。每天，都有一辆辆轰隆开过的大货车载着一批新的电子垃圾进入贵屿。问及这些电子垃圾的来源，当地从业者讳莫如深，一些人则称大多数来自香港。

此前，美国CBS电视台《60分钟》栏目曾通过跟踪调查了解到贵屿镇电子垃圾的来源。该节目称，来自美国的电子垃圾通过集装箱运往中国香港维多利亚港，然后进入贵屿镇。前述私营老板也向记者透露，这些电子垃圾大多数通过走私的方式，经香港、深圳或者广东南海运往内地，现在相关的产业链条已转向了广东韶关地区。

根据我国《废弃电气电子产品回收处理管理条例》规定,进口电子洋垃圾最高罚款5万元。虽然有这道"紧箍咒",但一些业内人士表示,与电子垃圾拆解获得的丰厚利润相比,区区几万元的罚款基本起不到震慑作用。

最为致命的是,由于国内流入正规回收渠道的电子垃圾极少,从事电子垃圾拆解的企业必须寻找其他原料来源,于是,贵屿人选择了国外流入的电子垃圾。

中投顾问环保行业研究员盘雨宏向《每日经济新闻》记者表示,从上世纪80年代开始,西方国家开始强调对环境的保护,出台了许多要求厂家对垃圾进行回收以减少环境污染的法律法规,一些不法商家出于减少回收成本的目的,开始向非洲、亚洲、拉丁美洲等发展中国家出口垃圾。盘雨宏透露,目前,美国每年产生的电子垃圾达300万吨,其中大多数流向了发展中国家。反观国内,目前我国每年产生的电子垃圾已经高达230万吨,仅次于美国。盘雨宏表示,数量如此庞大的电子垃圾进入循环利用体系的还不足10%,大部分都进入了二手市场、小商小贩及非法回收企业。因电子垃圾而暴富,也因电子垃圾遭受污染之苦,遍布贵屿镇的家庭式作坊继续着他们的忙碌。

电子垃圾处理场仍是荒地

贵屿镇华美公路的东南方向,一个国家循环经济示范园区已经初具规模。为了解决电子垃圾带来的环境污染,贵屿镇地方政府在2005年之前就开始了产业转型升级的探索,这个"贵屿国家循环经济示范园"就是重点项目之一。2005年,贵屿镇正式成为全国循环经济试点单位。2006年10月20日,贵屿电子市场正式落成开业,当时,这被认为是"家庭作坊式的电子拆解行业开始向产业化生产方式转变"的标志。

2010年12月,一个名为"废弃电气电子产品集中处理场"的项目奠基,项目就位于循环经济示范园。官方资料显示,项目总占地面积2 500亩,其中首先开发的一期项目位于贵屿镇华美片区,占地500亩。4月21日,《每日经济新闻》记者前往该处理场,看到的情景却出人意料。处理场入口,矗立着一块"项目示意图"。但是,除了被泥土填平的土地,以及零星的垃圾堆以外,这里看不到任何动工的迹象。当时的资料显示,处理场奠基之初向外界宣告,贵屿的3 200多家废弃电气电子产品加工企业将逐步入驻,以解决环境污染、产业提升、资源高效利用等问题。对此,贵屿镇政府并未作出解释。政府办公室的一位工作人员表示,镇长和相关负责人这些天都很忙,外出了,不能回答记者的问题。

平静的电子垃圾处理场只是一个缩影,即便是初具规模的循环经济示范园,入驻的企业也寥寥无几。记者根据路边广告牌上的电话号码试图联系一家企业,却被告知是空号。示范园区外面的街道上,空气中弥漫着塑料焚烧的味道,呼啸而过的大型货车掀起的尘埃,腐烂发臭的河道,以及脸被熏得发黑的工人,在这个占地面积52平方公里的镇上,数不清的小作坊仍然在日夜拆解。

《每日经济新闻》记者在贵屿镇采访期间,发现传说中的垃圾露天焚烧情况已不多见,一位从业人员告诉记者,"这段时间查得很严,都被禁止了"。据其介绍,无论是当地政府还是上级环保部门,都已经在镇区设点监督上述行为。

与一个个收购电子废弃物品的广告牌共存的,是当地政府树起的多个"发展循环经济,打造生态贵屿"的宣传牌,这传达出某种微妙的意味。

——选自《探访广东贵屿"电子垃圾第一镇":家庭作坊饮鸩止渴电子垃圾处理产业升级或成泡影》,徐学成,每日经济新闻,2012年4月26日

【思考讨论】
1. 对于贵屿镇的现状,你有何感想?
2. 结合材料说明,怎样才能做一名忠诚的爱国者?

案例3

《七子之歌》的思乡情

1925年3月,身在美国纽约的著名诗人闻一多有感于时事,把被帝国主义掠走的澳门、香港、台湾、威海卫、广州湾、九龙岛、旅顺大连,比喻为七个与祖国母亲离散的孤儿,并写出了七块土地对祖国母亲的眷恋,澳门便是七子之首。

澳门
你可知"妈港"不是我的真名姓,
我离开你的襁褓太久了,母亲,
但是他们掳去的是我的肉体,
你依然保管着我内心的灵魂,
三百年来梦寐不忘的生母啊!
请叫儿的乳名,叫我一声"澳门",
母亲,我要回来,母亲!

香港
我好比凤阙阶前守夜的黄豹,
母亲呀,我身份虽微,地位险要。
如今狞恶的海狮扑在我身上,
啖着我的骨肉,咽着我的脂膏;
母亲呀,我哭泣号啕,呼你不应。
母亲呀,快让我躲入你的怀抱!
母亲!我要回来,母亲!

台湾
我们是东海捧出的珍珠一串,
琉球是我的群弟,我便是台湾。
我胸中还氤氲着郑氏的英魂,

精忠的赤血点染了我的家传。
母亲,酷炎的夏日要晒死我了,
赐我个号令,我还能背城一战。
母亲! 我要回来,母亲!

威海卫
再让我看守着中华最古的海,
这边岸上原有圣人的丘陵在。
母亲,莫忘了我是防海的健将,
我有一座刘公岛作我的盾牌。
快救我回来呀,时期已经到了。
我背后葬的尽是圣人的遗骸!
母亲! 我要回来,母亲!

广州湾
东海和硇州是我的一双管钥,
我是神州后门上的一把铁锁。
你为什么把我借给一个盗贼?
母亲呀,你千万不该抛弃了我!
母亲,让我快回到你的膝前来,
我要紧紧地拥抱着你的脚踝。
母亲! 我要回来,母亲!

九龙岛
我的胞兄弟在诉他的苦痛,
母亲呀,可记得你的幼女九龙?
自从我下嫁给那镇海的魔王,
我何曾有一天不在泪涛汹涌!
母亲,我天天数着归宁的吉日,
我只怕希望要变作一场空梦。
母亲! 我要回来,母亲!

旅顺大连
我们是旅顺,大连,孪生的兄弟。
我们的命运应该如何地比拟?——
两个强邻将我来回地蹴蹋,
我们是暴徒脚下的两团烂泥。
母亲,归期到了,快领我们回来。

你不知道儿们如何的想念你！

母亲！我们要回来，母亲！

——摘自百度百科关于"七子之歌"的注解

【思考讨论】

1. 从闻一多先生的《七子之歌》中你体会到了什么？
2. 你认为什么是爱国主义？

案例4

习总书记阐释中国梦　提三个"共同享有"

3月17日，人大举行闭幕会，中华人民共和国主席习近平发表讲话。

中华人民共和国主席习近平：各位代表，这次大会选举我担任中华人民共和国主席，我对各位代表和全国各族人民的信任，表示衷心的感谢！

我深知，担任国家主席这一崇高职务，使命光荣，责任重大。我将忠实履行宪法赋予的职责，忠于祖国，忠于人民，恪尽职守，夙夜在公，为民服务，为国尽力，自觉接受人民监督，决不辜负各位代表和全国各族人民的信任和重托。

各位代表！中华人民共和国走过了光辉的历程。在以毛泽东同志为核心的党的第一代中央领导集体、以邓小平同志为核心的党的第二代中央领导集体、以江泽民同志为核心的党的第三代中央领导集体、以胡锦涛同志为总书记的党中央领导下，全国各族人民勠力同心、接力奋斗，战胜前进道路上的各种艰难险阻，取得了举世瞩目的辉煌成就。

今天，我们的人民共和国正以昂扬的姿态屹立在世界东方。

胡锦涛同志担任国家主席10年间，以丰富的政治智慧、高超的领导才能、勤勉的工作精神，为坚持和发展中国特色社会主义建立了卓越的功勋，赢得了全国各族人民忠心爱戴和国际社会普遍赞誉。我们向胡锦涛同志，表示衷心的感谢和崇高的敬意！

各位代表！中华民族具有5 000多年连绵不断的文明历史，创造了博大精深的中华文化，为人类文明进步作出了不可磨灭的贡献。经过几千年的沧桑岁月，把我国56个民族、13亿多人紧紧凝聚在一起的，是我们共同经历的非凡奋斗，是我们共同创造的美好家园，是我们共同培育的民族精神，而贯穿其中的、最重要的是我们共同坚守的理想信念。

实现全面建成小康社会、建成富强民主文明和谐的社会主义现代化国家的奋斗目标，实现中华民族伟大复兴的中国梦，就是要实现国家富强、民族振兴、人民幸福，既深深体现了今天中国人的理想，也深深反映了我们先人们不懈奋斗追求进步的光荣传统。

面对浩浩荡荡的时代潮流，面对人民群众过上更好生活的殷切期待，我们不能有丝毫自满，不能有丝毫懈怠，必须再接再厉、一往无前，继续把中国特色社会主义事业推向前进，继续为实现中华民族伟大复兴的中国梦而努力奋斗。

实现中国梦必须走中国道路。这就是中国特色社会主义道路。这条道路来之不易，它是在改革开放30多年的伟大实践中走出来的,是在中华人民共和国成立60多年的持续探索中走出来的,是在对近代以来170多年中华民族发展历程的深刻总结中走出来的,是在对中华民族5 000多年悠久文明的传承中走出来的,具有深厚的历史渊源和广泛的现实基础。中华民族是具有非凡创造力的民族,我们创造了伟大的中华文明,我们也能够继续拓展和走好适合中国国情的发展道路。全国各族人民一定要增强对中国特色社会主义的理论自信、道路自信、制度自信,坚定不移沿着正确的中国道路奋勇前进。

实现中国梦必须弘扬中国精神。这就是以爱国主义为核心的民族精神、以改革创新为核心的时代精神。这种精神是凝心聚力的兴国之魂、强国之魄。爱国主义始终是把中华民族坚强团结在一起的精神力量,改革创新始终是鞭策我们在改革开放中与时俱进的精神力量。全国各族人民一定要弘扬伟大的民族精神和时代精神,不断增强团结一心的精神纽带、自强不息的精神动力,永远朝气蓬勃迈向未来。

实现中国梦必须凝聚中国力量。这就是中国各族人民大团结的力量。中国梦是民族的梦,也是每个中国人的梦。只要我们紧密团结,万众一心,为实现共同梦想而奋斗,实现梦想的力量就无比强大,我们每个人为实现自己梦想的努力就拥有广阔的空间。生活在我们伟大祖国和伟大时代的中国人民,共同享有人生出彩的机会,共同享有梦想成真的机会,共同享有同祖国和时代一起成长与进步的机会。有梦想,有机会,有奋斗,一切美好的东西都能够创造出来。全国各族人民一定要牢记使命,心往一处想,劲往一处使,用13亿人的智慧和力量汇集起不可战胜的磅礴力量。

中国梦归根到底是人民的梦,必须紧紧依靠人民来实现,必须不断为人民造福。

我们要坚持党的领导、人民当家做主、依法治国有机统一,坚持人民主体地位,扩大人民民主,推进依法治国,坚持和完善人民代表大会制度的根本政治制度,中国共产党领导的多党合作和政治协商制度、民族区域自治制度以及基层群众自治制度等基本政治制度,建设服务政府、责任政府、法治政府、廉洁政府,充分调动人民积极性。

我们要坚持发展是硬道理的战略思想,坚持以经济建设为中心,全面推进社会主义经济建设、政治建设、文化建设、社会建设、生态文明建设,深化改革开放,推动科学发展,不断夯实实现中国梦的物质文化基础。

我们要随时随刻倾听人民呼声、回应人民期待,保证人民平等参与、平等发展权利,维护社会公平正义,在学有所教、老有所得、病有所医、老有所养、住有所居上持续取得新进展,不断实现好、维护好、发展好最广大人民根本利益,使发展成果更多更公平惠及全体人民,在经济社会不断发展的基础上,朝着共同富裕方向稳步前进。

我们要巩固和发展最广泛的爱国统一战线,加强中国共产党同民主党派和无党派人士团结合作,巩固和发展平等团结互助和谐的社会主义民族关系,发挥宗教界人士和信教群众在促进经济社会发展中的积极作用,最大限度团结一切可以团结的力量。

各位代表!"功崇惟志,业广惟勤。"我国仍处于并将长期处于社会主义初级阶段,实现中国梦,创造全体人民更加美好的生活,任重而道远,需要我们每一个人继续付出辛勤劳动和艰苦努力。

全国广大工人、农民、知识分子,要发挥聪明才智,勤奋工作,积极在经济社会发展中发挥主力军和生力军作用。一切国家机关工作人员,要克己奉公,勤政廉政,关心人民疾苦,为人民办实事。中国人民解放军全体指战员,中国人民武装警察部队全体官兵,要按照听党指挥、能打胜仗、作风优良的强军目标,提高履行使命能力,坚决捍卫国家主权、安全、发展利益,坚决保卫人民生命财产安全。

一切非公有制经济人士和其他新的社会阶层人士,要发扬劳动创造精神和创业精神,回馈社会,造福人民,做合格的中国特色社会主义事业的建设者。

全国广大青少年,要志存高远,增长知识,锤炼意志,让青春在时代进步中焕发出绚丽的光彩。

香港特别行政区同胞、澳门特别行政区同胞,要以国家和香港、澳门整体利益为重,共同维护和促进香港、澳门长期繁荣稳定。广大台湾同胞和大陆同胞要携起手来,支持、维护、推动两岸关系和平发展,增进两岸同胞福祉,共同开创中华民族新的前程。广大海外侨胞,要弘扬中华民族勤劳善良的优良传统,努力为促进祖国发展、促进中国人民同当地人民的友谊作出贡献。

中国人民爱好和平。我们将高举和平、发展、合作、共赢的旗帜,始终不渝走和平发展道路,始终不渝奉行互利共赢的开放战略,致力于同世界各国发展友好合作,履行应尽的国际责任和义务,继续同各国人民一道推进人类和平与发展的崇高事业。

各位代表!中国共产党是领导和团结全国各族人民建设中国特色社会主义伟大事业的核心力量,肩负着历史重任,经受着时代考验,必须坚持立党为公、执政为民,坚持党要管党、从严治党,全面加强党的建设,不断提高党的领导水平和执政水平、提高拒腐防变和抵御风险能力。全体共产党员特别是党的领导干部,要坚定理想信念,始终把人民放在心中最高的位置,弘扬党的光荣传统和优良作风,坚决反对形式主义、官僚主义,坚决反对享乐主义、奢靡之风,坚决同一切消极腐败现象作斗争,永葆共产党人政治本色,矢志不移为党和人民事业而奋斗。

各位代表!实现伟大目标需要坚忍不拔的努力。全国各党派、各团体、各民族、各阶层、各界人士要更加紧密地团结在中共中央周围,全面贯彻落实中共十八大精神,以邓小平理论、"三个代表"重要思想、科学发展观为指导,始终谦虚谨慎、艰苦奋斗,始终埋头苦干、锐意进取,不断夺取全面建成小康社会、加快推进社会主义现代化新的更大的胜利,不断为人类作出新的更大的贡献!

——选自新华网,2013年3月17日

【思考讨论】

如何领会"中国梦"的精神实质?

思想精华

爱国主义就是千百年来巩固起来的对自己祖国的一种深厚的感情。

——列宁

为中华崛起而读书。

——周恩来

我是中国人民的儿子。我深情地爱着我的祖国和人民。

——邓小平

中国唯有国魂是最可宝贵的。唯有他发扬起来,中国人才真有进步。

——鲁迅

人民不仅有权爱国,而且爱国是个义务,是一种光荣。

——徐特立

天下兴亡,匹夫有责。

——顾炎武

常思奋不顾身,而殉国家之急。

——司马迁

科学没有国界,科学家却有国界。

——巴甫洛夫

为祖国而死,那是最美的命运啊!

——大仲马

爱祖国高于一切。

——肖邦

人类最高的道德是什么?那就是爱国之心。

——拿破仑

纵使世界给我珍宝和荣誉,我也不愿离开我的祖国。因为纵使我的祖国在耻辱之中,我还是喜欢、热爱、祝福我的祖国。

——裴多菲

热爱祖国,这是一种最纯洁、最敏锐、最高尚、最强烈、最温柔、最无情、最温存、最严酷的感情。一个真正热爱祖国的人,在各个方面都是一个真正的人……

——苏霍姆林斯基

辅助练习

一、单项选择题

1. 新时期爱祖国主义的主题是（　　）。
   A. 保卫祖国，抵抗侵略　　　　B. 维护国家主权和领土完整
   C. 维护国家根本利益　　　　　D. 建设中国特色社会主义

2. 中华民族精神的核心是（　　）。
   A. 团结统一　　　　　　　　　B. 自强不息
   C. 爱国主义　　　　　　　　　D. 勤劳勇敢

3. 我国时代精神的核心是（　　）。
   A. 爱国主义　　　　　　　　　B. 与时俱进
   C. 改革创新　　　　　　　　　D. 求真务实

4. 中华民族爱国主义优良传统内涵极为丰富，"报国之心，死而后已"体现了下列哪种精神（　　）。
   A. 热爱祖国，矢志不渝　　　　B. 天下兴亡，匹夫有责
   C. 维护统一，反对分裂　　　　D. 同仇敌忾，抗御外侮

5. 下列说法错误的是（　　）。
   A. 爱国主义是调节个人与祖国之间关系的道德要求、政治原则和法律规范
   B. 爱国主义是中华民族的传统美德，在不同历史时代和文化背景下所产生的爱国主义具有相同的内涵
   C. 爱国主义是实现中华民族伟大复兴的动力
   D. 爱国主义是实现人生价值的力量源泉

6. （　　）常常被称为国家和民族的"胎记"，是一个民族得以延续的"精神基因"。
   A. 大好河山　　　　　　　　　B. 骨肉同胞
   C. 灿烂文化　　　　　　　　　D. 国家

7. 在经济全球化条件下，（　　）是民族存在的最高形式、国际社会活动中的独立主体。
   A. 国际组织　　　　　　　　　B. 国家
   C. 个人　　　　　　　　　　　D. 社会

8. 两千多年前的《诗经》提出"夙夜在公"，西汉的贾谊提出"国而忘家，公而忘私"，宋代的范仲淹提出"先天下之忧而忧，后天下之乐而乐"，明代的顾炎武提出"天下兴亡，匹夫有责"等，这些都体现了中华传统美德中（　　）。
   A. 爱国奉献，以天下为己任的内容

B. 乐群贵和,强调个人和谐的内容
C. 勤劳勇敢,追求自由解放的内容
D. 求真务实,敬重诚实守信的内容

9. "一方水土养一方人","禾苗即死,国家无土难存",因此,作为中华儿女要(　　)。
   A. 热爱祖国的大好河山　　　　B. 热爱自己的骨肉同胞
   C. 热爱祖国的灿烂文化　　　　D. 热爱自己的国家

10. 下列哪项反映了爱国主义的基本要求(　　)。
    A. "以热爱祖国为荣,以危害祖国为耻"
    B. "以服务人民为荣,以背离人民为耻"
    C. "以诚实守信为荣,以见利忘义为耻"
    D. "以艰苦奋斗为荣,以骄奢淫逸为耻"

11. 2008年北京奥运会的主题口号是(　　)。
    A. 绿色奥运、科技奥运、人文奥运
    B. 新北京、新奥运
    C. 同一个世界、同一个梦想
    D. 讲文明、树新风、迎奥运

12. 爱国主义与个人实现人生价值的关系是(　　)。
    A. 爱国主义阻碍个人实现人生价值
    B. 爱国主义是个人实现人生价值的力量源泉
    C. 爱国主义与个人实现人生价值无关
    D. 爱国主义有时会帮助个人实现人生价值

13. 2008年9月25日,我国自行研制的神舟七号载人飞船发射成功,航天员(　　)首次实施空间出舱的活动,茫茫太空第一次留下中国人的身影。
    A. 刘伯明　　　　　　　　　　B. 景海鹏
    C. 翟志刚　　　　　　　　　　D. 杨利伟

14. 下列典型事例不是中华民族爱好和平的历史见证的有(　　)。
    A. 开辟丝绸之路　　　　　　　B. 郑和七下西洋
    C. 鉴真东渡扶桑　　　　　　　D. 大禹倾心治水

15. 爱国主义饱含着感情、思想、行为三个方面,其中(　　)是灵魂。
    A. 情感　　　　　　　　　　　B. 思想
    C. 行为　　　　　　　　　　　D. 语言

16. 爱国主义的基础是(　　)。
    A. 爱国情感　　　　　　　　　B. 爱国思想
    C. 爱国行为　　　　　　　　　D. 爱国语言

17. 胡锦涛在纪念红军长征胜利70周年大会上讲:"今天,我们进行改革开放和社会主义现代化建设,全面建设小康社会,积极构建社会主义和谐社会,开创中国特色社会主义事业新局面,为把我国建设成为富强民主文明和谐的社会主义现代化国家、为实现中华民族的伟大复兴而奋斗,就是我们党团结带领全国各族人民进行的新的伟大长征。在新长征的征途上,我们一定要继承和发扬红军长征精神革命传统。"你认为我们"在新长征的征途上"应该继承和发扬哪些红军的长征精神(   )。
    A. 不畏艰辛、艰苦奋斗、百折不挠、乐观向上
    B. 敢于反抗的斗争精神
    C. 航天精神
    D. 科学的研究精神

18. 民族赖以生存和发展的精神支柱是(   )。
    A. 民族气节   B. 共同的心理素质
    C. 共同的信仰   D. 民族精神

19. 2008年10月8日,胡锦涛总书记在全国抗震救灾总结表彰大会上强调,要大力弘扬"万众一心,众志成城,不畏艰险,百折不挠,(   ),尊重科学"的伟大抗震救灾精神。
    A. 热爱祖国   B. 以人为本
    C. 热爱人民   D. 爱岗敬业

20. 创新是一个民族进步的灵魂,是一个国家兴旺发达的不竭动力,也是一个政党永葆生机的源泉。创新包括理论创新、制度创新、技术创新、文化创新及其他各方面的创新。在各项创新中处于先导地位的是(   )。
    A. 科技创新   B. 制度创新
    C. 文化创新   D. 理论创新

二、多项选择题

1. 爱国主义的基本要求有(   )。
    A. 爱祖国的大好河山   B. 爱自己的骨肉同胞
    C. 爱祖国的灿烂文化   D. 爱自己的国家

2. 报效祖国就是要努力做到(   )。
    A. 存忧国之心   B. 立报国之志
    C. 增建国之才   D. 践爱国之行

3. 在现阶段,爱国主义主要表现为(   )。
    A. 建设社会主义现代化事业
    B. 保卫社会主义现代化建设
    C. 弘扬民族精神与时代精神
    D. 促进祖国统一

4. 如何解释爱国主义的时代价值(　　)。
   A. 爱国主义是中华民继往开来的精神支柱
   B. 爱国主义是维护祖国统一和民族团结的纽带
   C. 爱国主义是实现中华民族伟大复兴的动力
   D. 爱国主义是个人实现人生价值的力量源泉
5. 中华民族精神的内涵包括(　　)。
   A. 团结统一　　　　　　　　B. 爱好和平
   C. 勤劳勇敢　　　　　　　　D. 自强不息
6. 爱国主义是调节个人和祖国之间的关系的(　　)。
   A. 道德要求　　　　　　　　B. 政治原则
   C. 内心信念　　　　　　　　D. 传统美德
7. 新时期爱国统一战线包括(　　)。
   A. 全体社会主义劳动者　　　B. 社会主义事业的建设者
   C. 拥护社会主义的爱国者　　D. 拥护祖国统一的爱国者
8. 民族精神是指一个民族在长时期共同生活的和社会实践中形成的,为本民族大多数成员所认同的(　　)的总和。
   A. 价值取向　　　　　　　　B. 思维方式
   C. 道德规范　　　　　　　　D. 精神气质
9. 增强国防观念是新时期爱国主义的重要内容,国防观念主要包括(　　)。
   A. 国防忧患意识　　　　　　B. 国防目标意识
   C. 国防价值意识　　　　　　D. 国防责任意识
10. 下列哪项是伟大的中华民族精神在当代历史中的新表现(　　)。
    A. 长征精神　　　　　　　　B. 铁人精神
    C. 愚公精神　　　　　　　　D. 雷锋精神

三、辨析题

1. 只要世界还存在"国家"这一概念,爱国主义就是不变的主题,我国的爱国主义在历史发展的各个阶段都有着相同的内涵。

2. 随着经济全球化,各国之间的关系日益密切,亲如一家。在这种情形下,各国应放弃传统的爱国主义教育,更多地加强国际交流。

四、材料分析题

材料一：

一位原为记者的中国留学生,赴法国巴黎十二大学就读,第一堂对话课时就受到了教授的"挑战"。

教授:"作为记者,请概括一下你在中国是如何工作的。"

留学生:"概括来讲,我可以写我愿意讲的东西。"

教授精心设计了一个陷阱:"我可以知道您来自哪个中国吗?"

"先生,我没听清楚您的问题。"

"我是想知道,您是来自台湾中国还是来自北京中国。"

霎时,全班几十双不同颜色的眼睛一起扫向中国留学生和一位台湾同学。中国留学生沉静地说:"只有一个中国,教授先生,这是常识。"随后,那位台湾同学在教授和同学们的关注下也重复一遍说:"只有一个中国,教授先生,这是常识。"

教授似乎不甘心,提出一个更大难度的问题:"我实在愿意请教,中国富强的标志是什么,这儿坐了二十几个国家的学生,我想大家都有兴趣弄清楚这一点。"中国留学生站起来,一字一板地说:"最起码的一条:任何一个离开祖国的我的同胞,再不会受到像我今日承受的这类刁难。"

教授离开了讲台走向中国留学生,一只手放到他的肩上,轻轻地说:"我丝毫没有刁难你的意思。我只是想知道,一个普通的中国人是如何看待他们自己国家的问题的。"然后他大步走到教室中央大声宣布:"我像中国人脱帽致敬。"

材料二:

一个名叫李立的中国留学生,讲述了他在美国留学时的一段经历。李立的邻居是一家靠卖艺为生的吉卜赛人,男主人叫阿普杜拉。他开朗乐观、为人诚恳,很快就和李立成了好朋友。一个休息日,李立和阿普杜拉一边喝咖啡一边聊天。谈到吉卜赛人四海为家的习俗,李立真诚地对阿普杜拉说:"我很钦佩你们吉卜赛人的才华和生存能力,无论世界的哪个角落,几乎都有你们吉卜赛人。"阿普杜拉也高兴地说:"不错。我们吉卜赛人无论到哪里,都能被那里的人民所接纳。"但突然,阿普杜拉的声音变得低沉了许多:"但这也正是我们吉卜赛人的悲哀。因为我们没有祖国。"说到这里,一向乐观粗犷的阿普杜拉眼里噙满了泪水。李立被深深地震撼了。他突然感到与阿普杜拉相比,自己是多么幸福。因为在自己的身后,有一个历史悠久的伟大祖国。

问题:

1. 阅读材料一,如何理解爱国主义与拥护祖国统一的一致性?
2. 结合所学内容,综合分析上述案例一和案例二给你怎样的爱国启示。

【参考答案】

一、单项选择题

1. D 2. C 3. C 4. A 5. B 6. C 7. B 8. A 9. A 10. A 11. C 12. B 13. C 14. D 15. B 16. A 17. A 18. D 19. B 20. D

二、多项选择题

1. ABCD 2. ABCD 3. ABCD 4. ABCD 5. ABCD 6. ABC 7. ABCD 8. ABCD

9. ABCD 10. ABD

三、辨析题

1. 这个观点是错误的。

爱国主义是人们对自己故土家园、民族和文化的归属感、认同感、尊严感与荣誉感的统一。这种情感是自然而然产生的,无论从感情角度还是从责任感与义务的角度而言,只要国家这一概念仍然存在,爱国主义都是世代传承的,是个不变的主题。

但是,爱国主义本身不是抽象的而是历史的、具体的。在不同历史时期和文化背景下所产生的爱国主义总是具有不同的内涵与具体表现。在现阶段爱国主义要体现为建设中国特设社会主义,拥护祖国统一。

2. 这个观点是错误的。

在经济全球化的条件下,国家仍然是民族存在的高组织形式,是国际社会活动中的独立主体。只要国家继续存在,爱国主义就有其坚实的基础和丰富的意义。我们在参与经济全球化的过程中,必须坚持传统的爱国主义教育。这与加强国际交流并不冲突;相反,一个强大的祖国才能为我们国际交流提供更强有力的支撑和保障,促进国际交流。

四、材料分析题

1. 台湾是中国领土的一部分,爱国主义与拥护祖国统一的一致性不仅是对生活在中国大陆的中国公民的要求,也是对全体中华儿女包括港澳台同胞以及海外侨胞的基本要求。在这个问题上,爱国与否是基本的政治原则。维护祖国统一,反对祖国分裂,是中华儿女爱国情怀的重要体现。

2. 无论经济全球化怎样发展,当今世界国家仍然是民族存在的最高形式,是每一个中国人的坚强后盾,我国各民族人民应该团结一致共同建设、爱护我们伟大的祖国。

实践活动方案

活动设计:从一点一滴的小事做起,做忠诚的爱国者。请每一位同学做一件"爱国"小事,总结做法,并在实践课时间交流心得。

第三章
Chapter 3

领悟人生真谛　创造人生价值

学习目标

大学时代,是大学生形成正确人生观的关键时期。在这个时期,应该系统学习人生观理论,结合个人实际和社会现实,深入思考"人的本质是什么""人生为了什么""什么样的人生才更有意义"等问题。充分认识人生目的对人生实践的作用,明确为人们服务的人生观是科学的人生观;了解人生态度和人生观的关系,自觉端正人生态度;正确把握评价人生价值的标准和实现人生价值的条件;科学对待人生环境;自觉促进自我身心的和谐、个人与他人的和谐、个人与社会的和谐、人与自然的和谐。

核心问题解析

第一节　树立正确的人生观

1. 人生观的科学内涵

人生观的基本内涵主要通过人生目的、人生态度及人生价值三个方面体现出来。

人生目的是指生活在一定历史条件下的人,对"人为什么活着"这一人生根本问题的认识和回答。一方面,人生目的规定了人生活动的大方向,对人们所从事的具体活动起着定向的作用;另一方面,人生目的又是人生行为的动力源泉。

人生态度是指人们通过生活实践形成的对人生问题的一种稳定的心理倾向和基本意愿。

人们在一定的历史条件下的实践活动中,会遇到各种各样的问题和选择,人生态度可以引导人们正确地解决问题、做出选择。所以,树立认真、务实、乐观、进取的人生态度是当代大学生切实需要的能力。

人生价值是一种特殊的价值,是人的生活实践对社会和个人所具有的作用和意义,是选择什么样的人生目的、走什么样的人生道路、如何处理生命历程中个人与社会、现实与理想、付出与收获等问题的标准。

2. 人生观三方面内容的相互关系

人生目的,回答人为什么活着;人生态度,表明人应当怎样对待生活;人生价值,判别什么样的人生才有意义。这三个基本方面虽然侧重点不同,但作为人生观的基本内涵又是相辅相成的。

首先,人生目的是人生观的核心。它决定着人们对待生活的基本态度,也最终决定着人们对待人生价值和意义的评价。确立了什么样的人生目的,就会形成什么样的人生态度,就会追求什么样的人生价值。

其次,人生态度能够为人生目的的达成和人生价值的实现提供持续不断的心理能量,起着系统能量库的作用。

最后,对人生价值的认识和评价在人生观体系中具有重要地位,人生价值观既要受人生目的和人生态度的制约,又是人们从价值角度思考人生问题的根据。

第二节　创造有价值的人生

1. 人生价值的内涵

人生价值内在地包含了人生的自我价值和社会价值两个方面。

人生的自我价值和社会价值,既相互区别,又密切联系、相互依存,共同构成人生价值的矛盾统一体。人总是生活在社会中的,离开了社会的个体就无法生存发展;社会是由众多个体构成的有机体,离开了个体的社会是不可思议的。一方面,人生的自我价值是个体生存和发展的必要条件,人生自我价值的实现是个体为社会创造更大价值的前提,个体的人生活动不仅具有满足自我需要的价值属性,还必然地包含着满足社会需要的价值属性;另一方面,人生的社会价值是社会存在和发展的必然要求,人生社会价值的实现是个体自我完善、全面发展的保障。没有社会价值,人生的自我价值就无法存在。人是社会的人,这不仅意味着个体物质和精神的需要必须在社会中才能得到满足,还意味着以怎样的方式和在多大程度上得到满足也是由社会决定的。

2. 人生价值的评价标准

在实际生活中,人生价值的大小到底以什么作为评价和判断标准呢?就个人而言,对人生价值的评价总是有局限性的,局限于个人的视野范围和判断能力。一般来讲,每个人都是从自身的利益中获取价值观念的,是按照一定的利益标准对自然现象和社会现象进行评价的。因此,要求个人完全超出自我的局限,体会本体之外的人生价值,是非常困难的。总的来说,人生价值具有难以超越的历史性和阶级性,在不同的历史条件下,不同的阶级背景下,对人生价值的评判具有不同的标准和尺度。但是就每个社会而言,总是有一个客观的、统一的标准。任何阶级的、集团的和个人的评价尺度如果不与这种客观的、统一的标准相一致,就不能作为评价的普遍标准,不会得到社会成员的普遍认同和遵行,这个客观标准就是个人对社会的奉献。

第三节　科学对待人生环境

科学对待人生环境,就是要:

促进自我身心的和谐——一个健康的人,不仅要有健康的生理,还要有良好的心理,即所谓"身心健康"。

促进个人与他人的和谐——维护和睦团结、坚守做人原则;明确是非、光明磊落。

促进个人与社会的和谐——需要、利益;权力与责任。

促进人与自然的和谐——尊重自然,主动改变;珍爱自然,保护生态。

案例共享

案例1

感动中国人物——徐本禹

"我愿做一滴水/我知道我很微小/当爱的阳光照射到我身上的时候愿意无保留地反射给别人。"

——摘自徐本禹的日记

新旧年交替的前夕,又一次见到了徐本禹。一如半年前的他,记者面前的徐本禹,依然是黑瘦黑瘦的,脚上还是那双蓝帮黑底的运动鞋,身着褪了色的牛仔裤,半旧的暗条纹的夹克衫,只是戴着黑边眼镜的眼中多了几分沧桑和成熟,头上也多了很多的白发。

徐本禹是华中农业大学的在读研究生。这位22岁的小伙子一年前保留研究生学籍2年,志愿到贵州贫困山区义务支教。一年多来,在乌蒙山区腹地的农村小学,他忍受着孤独和寂寞,用爱心精心栽培和呵护贫瘠土地上的花朵,用真诚和行动实践着一名当代大学生的社会责任及一名共产党员的神圣使命。他被评为2004年中央电视台"感动中国"十大人物之一。

一位普普通通的大学生,究竟有什么样的力量感动中国,感动千千万万善良的人们?

第三章　领悟人生真谛　创造人生价值

"因为别人帮助了我,我一定要帮助别人。"

2003年,徐本禹以372分的高分考取了本校农业经济管理专业的硕士研究生。然而,2003年4月16日,徐本禹却做出了让所有人大吃一惊的决定:放弃攻读研究生的机会,去岩洞小学支教……电话那头,听到这个消息的父亲哭了,父亲用发颤的声音说:"全家尊重你的选择,孩子,你去吧,我们没有意见……"

徐本禹出生于山东聊城的一个贫穷的农村家庭。2004年以前,走进聊城县郑家镇前景屯,村里最矮的土坯房就是徐本禹的家。他的父亲教了一辈子小学,最多的时候每月能拿到270元的工资,最少的时候一个月只有十几元,直到2003年转为正式教师后基本工资才到了800元。这点工资几乎就是全家的收入来源。

让徐本禹记忆深刻的是母亲说起的一件事:小时候,有一次家中没有钱吃饭,是母亲向邻居家借了2元钱才渡过难关。"我娘讲的事让我明白了一个道理:当别人需要帮助的时候,伸出你的手!"

1999年,徐本禹成为华中农业大学的一名学生。那年秋冬之交时,天气很冷,他还只穿着一件单薄的军训服。一位同学的母亲送了他两件衣服,并对他说:"天气冷了,别冻着。在生活方面有什么困难和叔叔阿姨讲。"第一次远离家乡,第一次远离亲人,第一次在外地得到好心人的帮助……或许是这么多的第一次交织在一起,让徐本禹至今不能忘怀,"当时我知道无论说什么都是苍白无力的。我唯一能做的就是把爱心传递下去。别人帮助了我,我一定要帮助别人。"

徐本禹开始向弱者频频伸出援助之手。大一上学期,徐本禹拿到他在大学的第一笔勤工俭学的50元工资后,他把其中的43元捐给了山东费县一个面临辍学的小学生孙珊珊。感恩的闸门打开后就再也没有关闭,第二学期,学校发给徐本禹300元特困生春季补助,徐本禹只给自己留了100元,其余的全部捐给了"保护母亲河"的募捐活动。大学期间,他用奖学金和勤工助学报酬,坚持资助山东聊城、湖北荆州、本班的几位贫困生,其中对湖北荆州许星星的资助目前仍由徐本禹所在学院的经济学党支部"接力"……即使常常身无分文,徐本禹也寻思着"为他人做点什么"。

2001年12月,辅导员陈曙发现徐本禹还在穿着单衣薄裤。按学校规定,徐本禹这个学期可以领到不少于400元的冬季特困补助金,为了防止他又把补助金捐给别人,陈曙和院领导商量,不得不将徐本禹的补助金转为棉衣和棉鞋。

徐本禹的"还"并不只是还给了曾给予他帮助的人,他将爱心和恩情无限复制,放大,扩散以至无穷,达到了一种无比深沉的博爱境界。正是这种博爱,让他与贵州两所小学的传奇有了可能。

"有的人一辈子收获不了一滴眼泪,可这个暑假,我几乎每天都被感动包围。"

徐本禹第一次知道狗吊岩是在2001年,当时他读大三,很偶然地在《中国少年报》上读到了一篇题为《当阳光洒进山洞里……》的文章:"阳光洒进山洞,清脆的读书声响起,穿越杂乱的岩石,回荡在贵州大方县猫场镇这个名叫狗吊岩的地方。这里至今水电不通,全村只有一条泥泞的小道通往18公里外的镇子,1997年,这里有了自己的小学——建在山上的岩洞里,五个年级146名学生,三个老师……"读着读着,徐本禹哭了。

大一就被别人的帮助温暖着的徐本禹,曾立志帮助和自己一样贫困的孩子,以此回报别人的关心。他用自己勤工俭学挣来的微薄工资和奖学金,在大学4年里悄悄资助着5个比自己更困难的孩子!读完《中国少年报》上的文章,他决定要用自己的方式帮帮这些山洞里的孩子。徐本禹在学校里就开始为岩洞小学募捐,号召大家和他一起利用暑假时间到贵州支教,"给孩子们带去一些希望"。

在华中农业大学团委和他所在的经贸学院支持下,2002年暑假,徐本禹带着募集来的三大箱子衣服、一口袋书和500元钱,和几个同学坐上了开往贵州的火车。

"有的人一辈子收获不了一滴眼泪,可这一个暑假,我几乎每天都被感动包围,收获着泪水。"这是徐本禹回来后写在日记本上的话,每一次翻开它,狗吊岩的孩子们拿着自制的小红旗簇拥在自己身旁,硬把几个煮熟的鸡蛋塞进他背包的场景,就浮现在眼前,孩子们擦着泪眼,不停地问:"徐老师,你还会回来吗?"

2003年,徐本禹本科毕业了,他觉得这是兑现承诺的时候了,不管多大的代价,答应孩子们了,就一定要做到!

当徐本禹决定放弃学籍去支教的事在华中农大传开后,很多人为之感动并主动追随。学校破天荒做出决定,为他保留两年研究生学籍。

"希望自己像根火柴,点燃千千万万人的爱心。"

大方县位于贵州省西北部的乌蒙山区,全县人口90万,除汉族外,还有彝、苗、白、仡佬、蒙古、布依、满等少数民族。猫场镇位于大方县西部,距县城51公里,路况很差。全镇总人口3.2万多,其中苗、彝等少数民族占2/3。狗吊岩村位于猫场镇西端,属于喀斯特地貌,没有成片的耕地。全村供电无法保证。

徐本禹回到了狗吊岩村,向村长报到,与他一起报到的还有7名志愿者。来到这里以后,那7位同学都说,这里生活条件比他们想象中的要艰苦。这里是一个信息封闭的孤岛,不通公路、不通电话,物质文化生活极度匮乏,晚上只能点油灯照明,寄一封信也要在周末跑上18公里崎岖的山路……晚上,满身乱爬的跳蚤几乎让他们无法入睡,浑身被咬得都是包。在这里,他们吃的是玉米面、土豆和酸汤,村长怕这些大学生吃不消,就特地买了100多公斤米。志愿者后来享受的是土豆、茄子、西红柿汤和火腿肠做成的饭菜,这已经是最高级的待遇了。但是,他们最后还是由于水土不服病倒了,其中有两个人病得很厉害。

一个又一个志愿者离开了。8月1日这天,最后一个同来的志愿者也坐上了返回武汉的长途车,车窗内外,去送行的徐本禹同他无语对视。"如果感觉真的坚持不下去,就回学校吧,要不,你在这里自己开伙做饭也行,你这样也坚持不下去的。"同学的一番话让他对自己有些担心。

后来,徐本禹和村长一家吃住在一起。原来徐本禹是不吃辣椒的,可是来到这里以后,每天都要吃辣椒,让他不太适应。而且这里的卫生条件很差,苍蝇到处乱飞,在吃饭的时候经常发现苍蝇在里面。"当地情况就是这样,刚开始很恶心。我对自己说,就当没看见罢了。饿的时候,一顿可以吃三碗玉米饭。只有吃饱了,身体才有保障,才能在这里支教下去。"

徐本禹住在一间 10 多平方米的房子里,房间里很少见到阳光,这个小空间成了他学习的乐园——一张比较大的桌子上摆满了书籍,地上摆放着生活用品和好心人捐的物品,原本狭小的房间变得更加狭小。

徐本禹在这里一周要上 6 天课,每天上课时间达 8 个小时。他自己负责五年级 1 个班,除了教语文、数学外,还要教英语、体育、音乐等。由于信息闭塞,学生不了解外面的任何东西。学生写一篇 200 多字的文章有 20 多个错别字是很正常的现象。"刚开始上课的时候,我问全班 40 名学生中有多少人听说过雷锋的名字,结果只有 4 个人知道;全班没有一个人听说过焦裕禄;只有一个学生听说过孔繁森,我心中有一种钻心的痛,我不知道这些孩子应该从什么地方教起。"

2003 年 12 月 7 日,下了一夜的雨,崎岖不平的小路变得更加泥泞。12 月 8 日,当徐本禹走进教室的时候,发现有 5 名学生没有来上课,其他学生反映说因为天气太冷,路不好走,来到半路又回去了。当天上午,徐本禹没有上课,来到了没有上学的黄绍超家,黄绍超看到徐本禹就哭了。徐本禹劝黄绍超上学,说不会批评他。但怎么说黄绍超就是不去,劝了他一个多小时,结果还是无济于事。在家玩的还有黄绍超的弟弟,这个孩子已经半个月没有去上学了。后来徐本禹得知黄绍超的爸妈都外出务工了,家中只有爷爷奶奶,老人很少过问孩子的学习,像这样的家庭在这里还有很多。这样一来督促学生学习的任务全部落在了教师的身上。

第二天,在徐本禹来到教室之前,黄绍超已经早早地坐在了教室里。徐本禹没有像往常那样批评他,也没有提前一天的事儿。徐本禹把他叫进了办公室,一改以前严厉的做法,送给他两个本子,平和地说:"以后要好好学习,不要再迟到、旷课了!"

从此以后,黄绍超总是早早地来到教室,再也没有旷过课。

通过这些点点滴滴的努力,慢慢地,"孩子们可以听懂普通话了,与人交流也不害羞了。"为民小学的创办者吴道江说。徐本禹的到来,为狗吊岩带来了前所未有的活力。因为徐本禹,学校的学生也增多了。现在学生从 140 人上升到了 250 人左右。

2003 年 3 月,徐本禹被列入"贵州省扶贫接力计划",成为"体制内"的志愿者,每月可领取 500 元生活补助。2004 年暑假期间,徐本禹回到武汉向社会募捐,总共募集到了几千册图书和 4 集装箱衣服。

2004 年 4 月,徐本禹回到母校华中农业大学做了一场报告。谁也没料到,他在台上讲的第一句话是:"我很孤独,很寂寞,内心十分痛苦,有几次在深夜醒来,泪水打湿了枕头,我坚持不住了……"本以为会听到激昂的豪言壮语的学生们惊呆了,沉默了。许多人的眼泪夺眶而出。

报告会后,他又返回了狗吊岩村,依然每天沿着那崎岖的山路,去给孩子们上课。

徐本禹在狗吊岩的岩洞小学支教半年后,学校从山洞搬下来,修建了新的校舍,办学条件有了很大改善。2004年春天,大方县大水乡党委书记沈义勇邀请徐本禹去做报告。

在开往大水乡的车上,沈义勇和徐本禹聊了很多,希望徐本禹能充分发挥自身优势以及华中农大的优势,为该地区经济的发展创造条件,从根本上解决该地区的基础教育问题。沈义勇觉得他的专业和所在学校对当地的发展"有招可施"。他还告诉徐本禹,希望他能到大水乡支教。

"农村孩子读不起书的原因是经济落后。"沈义勇对记者说,"所以,我就请徐本禹到大水乡来,想利用他自身的资源为大水乡的发展带来机遇。"

这次谈话后,徐本禹的想法开始改变,希望从单纯的支教行为变为带动地方经济发展。"我一直在考虑如何才能在支教的同时,利用自己所学的知识为当地经济的发展做一点事情,在更大程度上发挥志愿者的作用和价值。大水乡大石小学的办学条件更差,学生更需要帮助,因此我决定忍痛割爱,离开狗吊岩,到更需要帮助的地方去!"

贵州大方县大水彝族苗族布依族乡是一个少数民族人口占80%左右的民族乡,大自然的鬼斧神工用独特的喀斯特地貌造就了满目的奇山秀岭,同时也带来了贫瘠的土地和极为不便的交通。直到2004年5月这里才通电,村民们辛勤劳作一年,菲薄的收获还不够吃半年的口粮,他们只好去当地的小煤窑背煤,当起了最廉价的运输工具。很多学生因为交不起每年140元的学杂费而辍学。

大石小学的校舍是一座有几十年历史的两层木楼,上面一层摇摇欲坠,其中一间是四年级教室,另一间门口挂着牌子:危险,不要靠近。教师们的办公室得低着头才能进去,掉了一扇门的木柜上贴着早已褪色的对联。在这海拔1600米的高原,冬天的风会像刀子一样穿透木板间拳头大的缝隙,割在孩子们和教师们的脸上。

另一间教室用建筑工地常见的那种有红白相间条纹的塑料布搭起来,木板搭就的课桌和凳子随时可能倾覆,但孩子们似乎早就习以为常,趴在"课桌"上,眼神那么专注。

这一切深深震撼着徐本禹。他给华中农大团委书记写了三封信,谈了自己的想法。

2004年夏天,无数的人因为徐本禹而感动,因为感动而行动。

这三封信引起学校的极大关注。学校党委书记李忠云教授说:"要去人看看,要支持徐本禹,可以给点钱把小学的校舍修一修。作为一所全国重点大学,应该为西部基础教育做点事,这是大学的社会责任。"

2004年6月26日,华中农大的教授彭光芒和一位教师来到了贵州省大方县。他们看望了徐本禹,考察了猫场镇狗吊岩小学和大水乡大石村小学,深受震动。大方县委、团县委负责人表示,尊重徐本禹的意愿,不管他在大方县哪儿支教,都坚决支持。就在华中农大两位教师在大方县的山路上颠簸的时候,他们接到了华中农大校长张端品教授打来的电话。张端品说:"学校决定捐助8万元帮助徐本禹,用来为当地小学修建新校舍。"

让两位大学教师深受震动的不仅是大石村的贫穷,还有当地老百姓同贫穷的顽强搏斗和孩子们强烈的求知渴望。他们在给学校党委提交的考察报告中写道:"大石村民风淳朴,有尊师重教传统。村办小学年久失修,摇摇欲坠,教室间用竹篱隔断,透光透风。屋顶大面积破漏,用塑料布和硬纸板遮雨。地板早已磨得凹凸不平,四处开裂,嘎吱作响,走在上面令人提心吊胆。教室里光线昏暗,课桌残缺不全,不少学生用破木板搭在两端的课桌上,挤在一起上课。黑板小而破旧。在这样的教室里,孩子们学习认真专注,书声琅琅,响彻山野,闻者无不动容。"

2004年7月11日是华中农业大学暑假的第一天。从贵州归来的一位教师把在大方县拍的照片选出100幅,配上简要文字,以《两所乡村小学和一个支教者》为题发到了网上。接下来的事情让所有人都感到意外:仅仅几个小时的工夫,存放照片的服务器就因为访问量过大而发生堵塞,跟帖的数量急剧增加,不少热心的网友更是将这篇帖子整理后发到了国内外各大论坛。从发出帖子的7月11日到7月20日短短9天,这篇帖子在各个网站点击总数就超过了百万!很多网友是流着眼泪读完这篇帖子的。他们在跟帖中用得最多的一个词是"感动"。

紧接着,从祖国内地到港澳台,从亚洲到欧洲,从北美到澳洲,要求捐款捐物的电子邮件雪片似的飞来。成千上万的网友在邮件中表达了一个共同的意愿:因为徐本禹的故事而感动,因为感动而行动。

华中农大一批教师和学生放弃休假,自发组织起来办理网友的捐款事宜,学校也破例为这个名为"华农贵州支教基金"的义工小组开设了一个专用账户,由学校、媒体和专家教授共同进行监督管理。点对点的资助学生工作也随即展开,大石小学176名贫困学生很快全部得到资助。7月6日,中共贵州省委书记钱运录对此事做出批示,省、地、县教育主管部门研究解决大石小学的校舍问题。到记者采访时,大石小学已更名为"华农大石希望小学",完成37万元建校资金的筹集,新校舍已经动工修建。

目前已有13个国家的热心人士通过网络了解到徐本禹的支教事迹,并要求资助大石小学的贫困学生。美籍华人陈旭昭女士还在美国进行募捐,为大石小学的学生资助2 000美元。54岁的王昌茹一直在关注徐本禹的事迹,2004年7月初她从武汉赶到了大方县,"我是冲着徐本禹来的,徐本禹走到哪儿,我就跟到哪儿。"她决定与徐本禹一起支教。

据大水乡政府统计,截至去年年底,共有36名志愿者在大水乡支教或考察,受捐赠的小学生达188人。

——转载自新华网山东频道2015年5月29日

案例2

一辈子隐姓埋名的科学家

1961年的春天,钱三强在他的办公室里静静地等待着王承书。他要向王承书谈一件他思考已久的事情。1960年,中国的核武器研制刚刚起步,而苏联突然撤走了全部专家,并带走全部资料。以生产浓缩铀为目标的气体扩散厂,只留下一堆机器和厂房。苏联专家临走时甩下一句话:"你们的这个扩散厂只能是一堆废铜烂铁了。"

看来,我们只能依靠自己的科学家来解决这一高科技领域中的大难题了。选谁来担当这一重任呢?钱三强思来想去,最后认定王承书是最佳人选。但王承书是研究理论物理的,在稀薄气体的研究领域中已取得了许多令世人瞩目的成就,在国际理论物理学界也已颇有名气。钱三强心里清楚,让这样一位科学家离开自己已付出20多年心血的领域,就如同让一位建筑师推倒自己已建起的大厦一样,是需要做出重大牺牲的。

门"吱呀"一声开了。王承书站在了钱三强的面前。沉默了一会儿,钱三强轻声问:"你愿意隐名埋姓一辈子吗?"

"我愿意!"王承书几乎是不假思索地就说出了在这三个字。

"好!那你去搞浓缩铀的理论和技术,为中国的扩散厂上马铺路搭桥。"

从此,王承书便从国际、国内的物理学术的舞台上消失了。自那以后,她在国内外所有的学术刊物上再没有发表过一篇论文,不仅公开的,就连内部刊物和工作报告上,她也从不署名。她实现了隐名埋姓一辈子的诺言。

攻关是从王承书带领大家共同学习开始的。因为,包括王承书在内,谁都没有接触过浓缩。接着,在王承书的率领下,又开始了技术方案的攻关。计算、推导、数字、公式;白天、黑夜、办公室、实验室。王承书的身心全部融进了工作中,甚至忘记了远在北京寄宿学校中望眼欲穿地等着妈妈的心爱的儿子。

由于浓缩铀技术的攻关是为了启动气体扩散厂,所以,两年多的时间中她那瘦弱而刚强的身影无数次走进蒸汽推动的火车头,来往奔波于西北边陲和北京的研究所之间。在1963年底这个紧要的时刻,在苏联杜布纳联合研究所工作的她的丈夫张文裕难得有一次回国探亲的机会,但王承书来不及与他见上一面,就带着研究成果与她的助手们又一次登上了西去的列车。

那是1964年的元旦,机器启动了,分析结果一批批出来。一切吻合,启动一次成功。高丰度、高纯度的浓缩235在王承书和她的同伴们的手中诞生了!

1964年10月16日,罗布泊上空升起了蘑菇云,超级大国的核垄断被中国打破了。王承书抑制不住心头的激动,两行热泪从她那消瘦的脸上潸潸流下。

中科院院士、工程物理学家、我国核同位素分离科学家的学术奠基人王承书,于1994 6月18日不幸病逝,享年82岁。

王承书的遗书是两年前就写好了的。遗书说:虚度80春秋,回国已36年,虽然做了一些工作,但是由于客观原因,未能全部实现回国前的初衷,深感愧对党、愧对人民。死是客观规律,至于什么时候却是未知数,"笨鸟先飞",留下自己的几点希望:①不要任何形式的丧事;②遗体不必火化,捐赠给医学研究或教学单位,希望充分利用可用的部分;③个人科技书及资料全部送给三院;④存款、国库券及现金等,除留8 000元给未婚的大姐王承诗补贴生活费用外,零存整取的作为最后一次党费,其余的全部捐给"希望工程"。

这不仅仅是一份遗书,同时,也是一位共产党员把一切献给党的誓言。

人们粗略地算了一下,她捐给"希望工程"的部分约10万元。10万元,对于像王承书这样的科学家,那是她一生的积蓄。而在这之前的1992年,当她的丈夫张文裕去世时,她也遵照张文裕生前与她的共同约定——不为儿子留任何遗产,将张文裕一生积攒的10万元全部捐给了"希望工程"。

王承书生前曾对她的朋友说过,她曾想给她最疼爱的孙子留几千元钱,可是又一想,这几千元钱对她的孙子无关紧要,却可以救助几十名失学儿童。于是,她决定一分钱也不留了。

——摘自成都航空职业技术学院"思想道德修养与法律基础"精品课网站

【思考讨论】

人的一生到底应该追求什么?看了王承书的故事,你有何感想?

案例3

我的世界观(爱因斯坦)

我们这些总有一死的人的命运是多么奇特呀!我们每个人在这个世界上都只作一个短暂的逗留;目的何在,却无所知,尽管有时自以为对此若有所感。但是,不必沉思,只要从日常生活就可以明白:人是为别人而生存的——首先是为那样一些人,他们的喜悦和健康关系着我们自己的全部幸福;然后是为许多我们所不认识的人,他们的命运通过同情的纽带同我们密切结合在一起。我每天上百次地提醒自己:我的精神生活和物质生活都依靠着别人(包括生者和死者)的劳动,我必须尽力以同样的分量来报偿我所领受了的和至今还在领受着的东西。我强烈地向往着俭朴的生活,并且时常为发觉自己占用了同胞的过多劳动而难以忍受。我认为阶级的区分是不合理的,它最后所凭借的是以暴力为根据。我也相信,简单淳朴的生活,无论是在身体上还是在精神上,对每个人都是有益的。

我完全不相信人类会有那种在哲学意义上的自由。每一个人的行为,不仅受着外界的强迫,而且要适应内心的必然。叔本华说:"人虽然能够做他所想做的,但不能要他所想要的。"这句话从我青年时代起,就对我一个真正的启示;在我自己和别人生活面临困难的时候,它总是使我们得到安慰,并且永远是宽容的源泉。这种体会可以宽大为怀地减轻那种容易使人气馁的责任感,也可以防止我们过于严肃地对待自己和别人;它还导致一种特别给幽默以应有地位的人生观。

要追究一个人自己或一切生物生存的意义或目的,从客观的观点看来,我总觉得是愚蠢可笑的。可是每个人都有一定的理想,这种理想决定着他的努力和判断的方向。就在这个意义上,我从来不把安逸和享乐看作是生活目的本身——这种伦理基础,我叫它猪栏的理想。照亮我的道路,并且不断地给我新的勇气去愉快地正视生活的理想,是善、美和真。要是没有志同道合者之间的亲切感情,要不是全神贯注于客观世界——那个在艺术和科学工作领域里永远达不到的对象,那么在我看来,生活就会是空虚的。人们所努力追求的庸俗的目标——财产、虚荣、奢侈的生活——我总觉得都是可鄙的。

只要我们全面考察一下我们的生活和工作，我们就马上看到，几乎我们全部的行动和愿望都同别人的密切联系在一起。我们看到我们的全部自然生活很像群居的动物。我们吃别人种的粮食，穿别人缝的衣服，住别人造的房子。我们的大部分知识和信仰都是通过别人所创造的语言由别人传授给我们的。要是没有语言，我们的智力就会真的贫乏得同高等动物的智力不相上下；因此，我们应当承认，我们胜过野兽的主要优点就在于我们生活在人类社会之中。一个人如果生下来就离群独居，那么他的思想和感情中所保留的原始性和兽性就会达到我们难以想象的程度。个人之所以成为个人，以及他的生存之所以有意义，与其说是靠着他个人的力量，不如说是由于他是伟大人类社会的一个成员，从生到死，社会都支配着他的物质生活和精神生活。

一个人对社会的价值首先取决于他的感情、思想和行动对增进人类利益有多大作用。我们就根据他在这方面的态度，说他是好的还是坏的。初看起来，好像我们对一个人的评价完全是以他的社会品质为根据的。

但是这样的一种态度还是会有错误的。显而易见，我们从社会接受到的一切物质、精神和道德方面的有价值的成就，都是过去无数世代中许多有创造才能的个人所取得的。有人发明了用火，有人发明了栽培食用植物，并且有人发明了蒸汽机。

只有个人才能思考，从而能为社会创造新价值，不仅如此，甚至还能建立起那些为公共生活所遵守的新的道德标准。要是没有能独立思考和独立判断的有创造能力的个人，社会的向上发展就不可想象，正像要是没有供给养料的社会土壤，人的个性的发展也是不可想象的一样。

因此，社会的健康状态取决于组成它的个人的独立性，也同样取决于个人之间的密切的社会结合。有人这样正确地说过：希腊—欧洲—美洲文化，尤其是它在那个结束中世纪欧洲停滞状态的意大利复兴时的百花盛开，其真正的基础就在于个人的解放和个人的比较独立。

我们所能有的最美好的经验是奥秘的经验。它是坚守在真正艺术和真正科学发源地上的基本感情。谁要是体验不到它，谁要是不再有好奇心也不再有惊讶的感觉，他就无异于行尸走肉，他的眼睛是迷糊不清的。就是这样奥秘的经验——虽然掺杂着恐怖——产生了宗教。我们认识到有某种为我们所不能洞察的东西存在，感觉到那种只能以其最原始的形式为我们感受到的最深奥的理性和最灿烂的美——正是这种认识和这种情感构成了真正的宗教感情；在这个意义上，而且也只是在这个意义上，我才是一个具有深挚的宗教感情的人。我无法想象一个会对自己的创造物加以赏罚的上帝，也无法想象它会有像在我们自己身上所体验到的那样一种意志。我不能也不愿去想象一个人在肉体死亡以后还会继续活着；让那些脆弱的灵魂，由于恐惧或者由于可笑的唯我论，去拿这种思想当宝贝吧！我自己只求满足于生命永恒的奥秘，满足于觉察现在世界的神奇的结构，窥见它的一鳞半爪，并且以诚挚的努力去领悟在自然界中显示出来的那个理性的一部分，即使只是其极小的一部分，我也就心满意足了。

人既是孤独的人，同时却又是社会的人。作为孤独的人，他企图保卫自己的生存和那些同他最亲近的人的生存，企图满足他个人的欲望，并且发展他天赋的才能。作为社会的人，他企图得到他的同胞的赏识和好感，同他们共享欢乐，在他们悲痛时给以安慰，并且改善他们的生活条件。只是因为存在着这些多种多样的、时常相互冲突的努力，才能说明一个人所独有的性格，而且这些努力的特殊结合就决定了个人所能达到的内心平衡的程度，以及他对社会福利所能做出贡献的程度。这两种倾向的相对强度很可能主要取决于遗传。但他最后表现出来的个性，它的形成主要取决于人在发展中所处的环境，取决于他所成长于其中的社会的结构，取决于那个社会的传统，也取决于社会对各种特殊行为的评价。对于个人来说，"社会"这个抽象概念意味着他对同时代人以及以前所有各代人的直接关系和间接关系的总和。个人是能够自己进行思考、感觉、奋斗和工作的；但在他的肉体、理智和感情的生活中，他是那样地依靠着社会，以至在社会组织以外，就不可能想起他，也不可能理解他。是"社会"供给人以粮食、衣服、住宅、劳动工具、语言、思想形式和大部分的思想内容；通过过去和现在亿万人的劳动和成就，他的生活才有可能，而这亿万人全都隐藏在"社会"这两个小小字眼的背后。

因此，个人对社会的依赖，显然是自然界的一个不能抹煞的事实——蚂蚁和蜜蜂也正是那样。可是，蚂蚁和蜜蜂的整个生活过程，甚至在最微小的细节上也都是由遗传下来的不变的本能所决定的，而人类的社会形式和相互关系却是非常不固定的，容易改变的。记忆力、重新组合的能力、口头交谈的才能，已在人类中间造成了一种不听命于生物学上的必然性的可能发展。这种发展表现在传统、制度和组织中；表现在文学中；表现在科学和工程成就中；表现在艺术作品中。这也就解释了，为什么在某种意义上来说人能够通过自己的行动来影响生活，为什么自觉的思考和愿望能够在这种过程中起着作用。

人在出生时，通过遗传已得到了一种生物学上的素质，我们应当把它看作固定的和不变的，这种素质包括那些作为人类特征的自然冲动。此外，在他的一生中，他也得到一种文化上的素质，这是他从社会中通过交往以及其他许多类型的影响而取得的。这种文化上的素质，随着时间的流逝而起变化，它在很大程度上决定着个人同社会之间的关系。近代人类学通过所谓原始文化的比较研究告诉我们：随着主要的文化形式和社会中占优势的组织类型的不同，人类的社会行为可以相差很大。那些企图改善人类命运的人就可以以此为根据，建立起他们的希望：人类不是由于他们的生物学的素质而注定要互相毁灭的，或者要听任那残酷的、自作自受的命运来摆布的。

如果我们问自己，社会结构和人的文化面貌应当怎样改变才能尽量使人类生活感到满意，那么，我们应当经常意识到，有些条件我们是无法改变的。如前面所提到的，人的生物学本性实际上是不会变化的。此外，最近几个世纪来技术和人口的发展所创造的一些条件，也已扎下根来。在定居人口比较密集的地区，要为他们继续生存生产必需的物品，极细分工和高度集中的生产设备都是绝对必要的。个人或者相当小的集团完全自给自足的时代——回顾起来，它似乎多么地有田园风味呀——已一去不复返了。只要稍微夸张一点，不妨说：人类甚至在目前就已经组成了一个生产和消费的行星公社。

达尔文的生存竞争以及同它有关的选择的理论,被很多人引证来作为鼓励竞争精神的根据。有些人还以这样的办法试图伪科学地证明个人竞争这种破坏性经济斗争的必然性。但这是错误的,因为人在生存竞争中的力量全在于他是一个过着社会生活的动物。正像在一个蚂蚁窝里的个别蚂蚁之间的交战说不上什么是为生存所必需的,人类社会中各个成员之间的情况也是这样。

因此,人们应当防止向青年人鼓吹那种以习俗意义上的成功作为人生的目标。因为一个获得成功的人,从他的同胞那里所取得的,总是无可比拟地超过他对他们所做的贡献。然而看一个人的价值,应当看他贡献什么,而不应当看他取得什么。

——摘自《爱因斯坦文选》

【思考讨论】
结合材料分析,一个人应该拥有怎样的世界观?

案例4

世界首富与大学生的对话

1997年5月下旬的一个温暖的星期五下午,坐落在西雅图的华盛顿大学内,学生们排成的长队穿过了爱斯基摩俱乐部大楼的走廊和大门。这些穿戴整洁正规的学生们排着长队并不是购买音乐会入场券,而是为了得到一场特殊讲演的好座位。学生们以及为数不多的嘉宾应邀聆听当今两位富有的实业家罕见的公开对话,其中一位是微软公司创始人和首席长官比尔·盖茨,另一位是伯克希尔·哈萨维公司的总裁沃伦·巴菲特。

问:你们是怎样变得如此富有的?

巴菲特:对我来说这个问题很简单,原因不在于智商,我想你们对此会感到高兴。重要的是理性(rationality)。我一贯把智商和天资比作马达的马力,然而输出,也就是马达的工作效率,取决于理性。许多人在工作之初像拥有400马力的马达,可是输出只有100马力,那么,这还不如他们拥有200马力,但将全部马力变为输出释放出来。

为什么聪明人所做的事会阻碍他们释放或全部输出呢?原因在于习惯、个性、气质,在于受理性控制的行为。不要太随心所欲。就像我曾经说过的,在座的每一位都有绝对的能力和我做得一样,并且超过我。其中有些人能做到,可有些人却做不到,对做不到的人而言,不是由于社会不允许你做,而是由于你太随心所欲。所以我要向你们提一个小小的建议:选出你最崇拜的人物,记下你崇拜他们的原因。你目前和他们还不可相提并论。但经过锻炼,你所崇拜的人所具有的品质可以成为你拥有的品质,成为你的行为习惯。

如果不是过于沉重而被打破,习惯的束缚令人难以察觉。像我这样年纪的人无法再改变习惯,我们已经迟钝了。可是你们从现在起有20年的时间,可以锤炼你想拥有的好习惯。因此我建议你们注意一些人具有的令你所崇拜的行为,并以此为榜样养成自己的好习惯。同时注意另外一些人沾染的使人讨厌的恶习,并引以为戒。如果你能这样做,你会发现你已将所有的马力转变为输出。

盖茨:我认为沃伦关于习惯的见解绝对正确。我很幸运在很年轻的时候就将事业的方位定在计算机领域,当时计算机很昂贵,其功能也有限,但仍令人心醉神往。我和我的朋友们经常谈论这些,并且认定,令人惊奇的芯片技术最终将使计算机变成人人都能使用的工具。我们根本不认为计算机的潜力会走入尽头,我们真正感觉到编写计算机软件是件美妙无比的事情。于是我们雇请了几位朋友编写软件,试图做成某种真正的工具,在信息时代,这种工具不仅仅代替人的体力,而且能延伸人的脑力。

由于锲而不舍、始终如一地强烈追求,加之处于计算机产业兴起的初期,这一切促使我们建立起自己的公司,并保持公司在伟大的产业革命中一直起着举足轻重的作用,令人感到幸运的是,这场革命仍然处于起步阶段。23年前我们建立了自己的公司。如果我们继续坚持我们拥有的习惯,毫无疑问,在未来的23年里,我们将获得更多的机遇,也许最终更接近实现我们的初衷:"每一个家庭,每一张书桌上都有一台计算机。"

问:你们是如何理解成功的?

巴菲特:我可以肯定地将"成功"定义为幸福快乐(happiness),因为这正是我的感受。每一年的每一天,我都在做着我喜欢做的事,与我喜欢的人在一起,根本不必与那些令我倒胃口的人打交道。在我的工作中我唯一不愿做、可是隔三四年就要做的事,就是有时我不得不解雇某个人。

有人说:"成功是得到你想得到的,幸福是想着你所得到的。"我不知道这两者哪一个更确切,但我确实明白我所做的一切。在此我奉劝你们,当你们进入社会开始工作时,一定要选择你所崇拜的人物所在的单位,这样做可以激发你积极向上。我总是对某种人表示担忧,他们的口头禅是:"我只打算在这里干上10年,我真的很不喜欢这里,10年后我会……"这种想法很成问题。

我曾经放弃过几笔很有做头的买卖,原因只是我不喜欢将要与之打交道的人。我认为没有必要掩饰自己,陷入那些令你倒胃口的人的圈子里,就好像与金钱结婚,这在任何情况下都是不明智的,而对于一个富翁来说,这简直是发神经。

盖茨:我非常同意"成功的关键标志是从每天所做的一切中得到享受"。对我而言,成功就是和非常聪明的人一起工作,成功就是解决新出现的问题。每当我们意识到"嗨,我们又取得了小小的成功"时,都相当谨慎以免太沉湎于此,因为工作标准在提高。我们总是能听到消费者的反馈,他们说机器太复杂了,使用起来不方便。竞争、技术突破和研究开发使计算机产业,特别是软件产业成为最令人兴奋的领域,而我在这个行业中所从事的是最好的工作。

——百度文库

【思考讨论】

从这个材料当中,你得出了怎样的结论?

思想精华

三军不可夺帅也,匹夫不可夺志也。
　　　　　　　　　　　　　　——论语

自强为天下健,志刚为大君之道。
　　　　　　　　　　　　——清·康有为

坚志者,功名之柱也。
　　　　　　　　　　　　　——晋·葛洪

好汉全凭志强,好马全凭强壮。
　　　　　　　　　　　　——蒙古族谚语

人无志向,和迷途的盲人一样。
　　　　　　　　　　　　——朝鲜谚语

无志无息地了却一生是平庸的。
　　　　　　　　　　　　　——荷马

教育并不仅仅用于装点记忆力和启发理解力,它的主要职责应该是引导意志力。
　　　　　　　　　　　　　——儒贝尔

志道者少友,逐利者多俦。
　　　　　　　　　　　　——汉·王符

喜欢社会中一小群志同道合的朋友,这是人的社会属性的基本原则。
　　　　　　　　　　　——埃德蒙·伯克

志合者,不以山海为远;道乖者,不以咫尺为近。
　　　　　　　　　　　　——晋·葛洪

饮酒莫教饮大醉,大醉伤神损心志。
　　　　　　　　　　　　　——佚名

君子之行,静以修身,俭以养德,非淡泊无以明志,非宁静无以致远。
　　　　　　　　　　——三国·诸葛亮

志量恢弘纳百川,遨游四海结英贤。
　　　　　　　　　　　　——元·马致远

老骥伏枥,志在千里;烈士暮年,壮心不已。
　　　　　　　　　　　　　——曹操

儿童有无抱负,这无关紧要,可成年人则不可胸无大志。

立志难也,不在胜人,在自胜。

——乔·吉·霍兰

有志不在年高,无志空活百岁。

——韩非子

志不立,如无舵之舟,无衔之马,漂荡奔逸,终亦何所底乎。

——清·石玉昆

男儿不展同云志,空负天生八尺躯。

——明·王守仁

男子千年志,吾生未有涯。

——明·冯梦龙

心随朗月高,志与秋霜洁。

——宋·文天祥

沧海可填山可移,男儿志气当如斯。

——唐·李世民

古之立大事者,不唯有超世之材,亦必有坚忍不拔之志。

——宋·刘过

——宋·苏轼

扩展阅读

材料1　人生应当如何?

知足才能常乐,珍惜才会幸福。人生许多痛苦,都是分不清需要和渴望造成的。需要越少,就越容易满足;渴望越多,失望也越多。太多失望和不满,都源于对人生过度索求。其实,幸福不是你想象的那样,而是你感受到的那样。如果懂得珍惜自己的拥有,那么人生无处不是幸福的鲜花。

要学会如沐春风才身心健康。为琐事烦恼者,因计较得失抱怨,郁闷,生气,伤身。人生短之岁月长河,渺小于苍茫之微尘。得到的能拥有几时,得失在一瞬之间。追求现实而伤身伤神,不如淡看红尘,得失俯仰间一样呼吸同一样的空气,何必争易逝的东西。修身养性而强身心,珍惜年华。

一个人至少拥有一个梦想,有一个理由去坚强。淡定的人生,不是想来就会来的。人活在世上,第一重要的还是做人,懂得自爱自尊,让自己拥有一颗坦荡充实的心灵,足以承受得住命运的打击,也配得上命运的赐予。倘能这样,也就算得上做命运的主人了。

人与人之间的关系是什么？人与人之间，友好相处的根基是自尊与平等互尊，其中没有自尊就没有平常互尊，而没有平等互尊，人与人之间就会成为仇敌，人与人之间如果有了自尊平等互尊基础，就是互不相识的路人也可以互致问候；而如果缺少了基础，就算是父母、子女这些至为重要的人，都敬而远之。

眼中有物，满目皆可生香；心里有景，荒凉亦是繁华。别奢望诸事顺心、好运永伴，世界给予你什么，这并不重要，紧要的是，你用何种心态来回应和诠释。困境前要从容，诱惑中要淡定，苦难时要乐观，唯有心的纯净、豁达、感恩，才能陪你走得更远。

人生如三道茶：第一道，苦若生命；第二道，甜似爱情；第三道，淡若微风。茶味不尽在茶，更在其心。淡淡如禅的意境是茶给的，更是自己的心灵给的。携一缕茶香，在心灵的风景里穿行，人生疾驰的风景里也多了一抹禅意。人生的起落沉浮，是静品的一杯禅境。心若长满绿荫，春天便不再是遥远的事情。

面对失败和挫折，一笑而过是一种乐观自信，然后重振旗鼓，这是一种勇气；面对误解和仇恨，一笑而过是一种坦然宽容，然后保持本色，这是一种达观；面对赞扬和激励，一笑而过是一种谦虚清醒，然后不断进取，这是一种力量；面对烦恼和忧愁，一笑而过是一种平和释然，然后努力化解，这是一种境界。

没达成结果，不是因为事情太难，而是因为你内在不够坚定。迟迟不能到来的结果后面，可能是缘分因果，可能是障碍丛生，但一定有一颗摇摆的犹豫的心。不够坚定，有时是因为砝码不够，有时是因为太求周全，不管哪种，都意味着，时间荒芜，岁月零落，人生苍白。

命运有一半在你手里，另一半在上帝的手里。你的努力越超常，你手里掌握的那一半就越庞大，你获得的就越丰硕。在你彻底绝望的时候，别忘了自己拥有一半的命运；在你得意忘形的时候，别忘了上帝手里还有一半的命运。你一生的努力就是：用你自己的一半去获取上帝手中的一半。这就是人一生的命运。

人生本就是如此，痛苦中的徘徊，失去后的懂得，正是因为这样，我们才能不断地成长，不断地感悟，虽然过程是那么的辛酸，但只要对方能够幸福，悲伤也会化为天边的彩虹，哪怕是悲伤的彩虹，也能让两个人的故事，永久地定格在那美好的一刹那。

材料2　活鱼逆流而上，死鱼随波逐流

总以为，那个一路陪着的人不会走，那双一直牵着的手不会松。谁曾想，再见只是一句脱口而出的话语，诀别只是一个简单随意的转身。有很多人，慢慢地就散了，有很多事，渐渐地就淡了。有些路段，只能你一个人寂静地走；有些辛酸，只有我一个人无奈地尝。人生苦短，但愿有人，给我一世纵容。

可以忍受贫穷，不能背叛人格；可以追求财富，不能挥霍无度；可以发表歧见，不能拨弄是非；可以不做善人，不能为非作歹；可以不做君子，不能去做小人；可以容忍邋遢，不能容忍颓废；可以没有学位，不能没有品位；可以风流偶傥，不能纵欲无度；可以不说感谢，不能不懂感恩。

生活就是一场修行，得到了磨砺，就变得坚强；有了离别，才会感知聚的喜悦；吃到了苦，才知道什么是甜；经历了失去，就会懂得拥有时的珍惜；经历了失意，就能学会从容地选择；经受了缺憾，才能领略完美的含义。苦乐离合，花开花落，留一份珍重；一路走过，一路安然，一路喜乐。

人们常常开玩笑说，别用别人的错误惩罚自己，然而我们还是很在意。我们会对某些人恨之入骨，其实这种恨是对自己的束缚，你恨他与否对他并无影响，但恨却在你心里，所以剔除对别人的恨实际上是剔除自己心中的恨。

不为鸡毛蒜皮的事情而斤斤计较。不执于苦时，苦就渐渐远了。不执于乐时，乐就渐渐近了。给世界一个微笑，一份善意，一份担待，一份宽容！心宽了，路就宽了。趁岁月安好，种上一片福田，趁阳光温暖，播撒福报的种子，就让所有的相遇都是生命中没有遗憾的永恒。知足者得乐，惜福者得福。

所谓烦恼，就是杂念。我们每个人，都会有种种的杂念，这些杂念有大、有小、有欢喜的、有苦恼的，大家也都习以为常了，不觉得这是一种苦。但是，如果有的杂念发展到很强烈的程度，就是痛苦了。能够看到每个念头的根源，这就是智慧。有智慧就能心态平和，就能更好、更圆满地行善。

有时候人的眼睛，看世间、看万物、看他人，就是看不到自己；能看到别人的过失，却看不到自己的缺点；能看到别人的贪婪，却看不到自己的吝啬；能看到别人的愚昧，却看不到自己的无知，能看到别人的目光短浅，却看不到自己的狭隘。人生就是要多些反思，要多些扪心自问，才能认识自己，否则就会活得很痛苦。

来者要惜，去者要放。人生是一场旅行，不是所有人都会去同一个地方。路途的邂逅，总是美丽，分手的驿站，总是凄凉。不管喜与愁，该走的还是要走，该来的终究会来。人生的旅程，大半是孤单。懂得珍惜，来的俱是美丽；舍得放手，走得没有负担。对过去，要放；对现在，要惜；对将来，要信。

没有过不去的事情，只有放不下的心情。为什么烦恼那么多？因为有太多的放不下。被批评了，面子放不下；被误解了，委曲放不下；被欺骗了，报复放不下；被伤害了，怨恨放不下……若心中只有一个"我"，难免只见万般的不如意；若心中还能有众生，便能互相理解和体谅，不会伤到彼此的心灵。

脾气越大，身体越差；脾气越温，福报越深。声音越大，修养越差；声音越柔，德行越厚。性子越急，智慧越低；性子越稳，智慧越深。妻子越贤，夫祸越少；丈夫越仁，妻子越美；子女越孝，父母越安；父母越慈，子孙越贤！自己越孝，家族越旺！

一个人的心，占据身体的面积其实只有拳头大小，或者更大一些，要装载的不用太多，有爱，有慈悲，足矣。不要去记恨他人，恨是虚幻的，是无形的，驻扎在心只是一段时间的愤怒，而没有半点得益。何不将它逐开，让爱与慈悲填补所有空缺。心中有爱，才会像海一样宽广、辽阔，而一颗慈悲的心能佑你平安喜乐。

一旦被欲望的毒箭射中,心会变得麻木,失去知觉,甚至疯狂。如果没有及时清醒,就会如同爱美的飞蛾扑向火焰、贪吃的鱼儿被钓钩钓起,当发现自己身处险境时,后悔也来不及了。

我们常说:无知者无畏。很多时候,正是由于不知道面临着怎样的境况,我们才会无畏地去面对生活,也相信自己能够克服困难。但是,一旦我们清楚地看到了自己的处境,反而会被自己的心灵限制住,而无法成功战胜那些本来可以克服的困难。任何时候,都不要被自己内心的恐惧所震慑,这才是我们成功的开始。

活鱼逆流而上,死鱼随波逐流。禅师说:"真的很累吗?累就对了,舒服是留给死人的!苦——才是人生,累——才能磨炼,变——方能解脱,忍——才是坚强,容——才是智慧,静——才是修养,舍——才是得到,做——才是拥有!如果,感到此时的自己很辛苦,告诉自己:容易走的都是下坡路,坚持住,因为你正在走上坡路!"

材料3 人的一生会遇上的四个人(英/索尔安东尼)

人生就是为了找寻爱的过程,每个人的人生都要找到四个人。第一个是自己,第二个是你最爱的人,第三个是最爱你的人,第四个是共度一生的人。

首先会遇到你最爱的人,然后体会到爱的感觉,因为了解被爱的感觉,所以才能发现最爱你的人。当你经历过爱人与被爱,学会了爱,才会知道什么是你需要的,也才会找到最适合你、能够相处一辈子的人。但悲哀的是,在现实生活中,这三个人通常不是同一个人;你最爱的,往往没有选择你;最爱你的,往往不是你最爱的;而最长久的,偏偏不是你最爱也不是最爱你的,只是在最适合的时间出现的那个人。

你,会是别人生命中的第几个人呢?没有人是故意要变心的,他爱你的时候是真的爱你,可是他不爱你的时候也是真的不爱你了,他爱你的时候没有办法假装不爱你;同样地,他不爱你的时候也没有办法假装爱你。当一个人不爱你要离开你,你要问自己还爱不爱他,如果你也不爱他了,千万别为了可怜的自尊而不肯离开。如果你还爱他,你应该会希望他过得幸福快乐,希望他跟真正爱的人在一起,绝不会阻止,你要是阻止他得到真正的幸福,就表示你已经不爱他了。而如果你不爱他,你又有什么资格指责他变心呢?

爱不是占有,你喜欢月亮,不可能把月亮拿下来放在脸盆里,但月亮的光芒仍可照进你的房间。换句话说,你爱一个人,也可以用另一种方式拥有,让爱人成为生命里的永恒回忆。如果你真爱一个人,就要爱他原来的样子,爱他的好,也爱他的坏,爱他的优点,也爱他的缺点,绝不能因为爱他,就希望他变成自己所希望的样子,万一变不成就不爱他了。真正爱一个人是无法说出原因的,你只知道无论何时何地、心情好坏,你都希望这个人陪着你;真正的感情是两个人能在最艰苦中相守,也就是没有丝毫要求。毕竟,感情必须付出,而不是只想获得。

辅助练习

一、单项选择题

1. 所谓人生观是指(   )。
   A. 人们对自然界的本质和发展规律最根本的观点和看法
   B. 人们对整个世界的最根本看法和观点
   C. 人们在实践中形成的对人生目的和人生意义的根本看法和态度
   D. 人们对社会历史的本质和发展规律的最根本的观点和看法

2. 世界观是指(   )。
   A. 人们对生活在其中的世界及其人与世界关系的总体看法和根本观点
   B. 人们认识主观世界改造客观世界的根本方法
   C. 人们对人生目的、人生价值的根本看法
   D. 科学的人生态度

3. 世界观来源于(   )。
   A. 人的思想意识   B. 生产实践
   C. 伟大人物的著作   D. 哲学家

4. "人的本质不是单个人所固有的抽象物,在其现实性上,它是一切社会关系的总和。"这句话说明(   )。
   A. 自然属性是人的本质属性
   B. 社会属性是人的本质属性
   C. 自然属性和社会属性都是人的本质属性
   D. 自然属性和社会属性都不是人的本质属性

5. 人生观的核心是(   )。
   A. 人生价值   B. 人生目的
   C. 人生态度   D. 人生信仰

6. 马克思中学毕业时即表示要"为人类福利而劳动",毛泽东年轻时期变立志"以天下为己任",周恩来在南开读书时就决心"为中华之崛起而读书"。这充分表现了革命领袖志存高远,在年轻时就(   )。
   A. 形成了正确的人生目的   B. 完成了人生修养和过程
   C. 实现了自己的人生价值   D. 达到了人生奋斗的目标

7. 人生态度主要回答( )。
   A. 人为什么活着　　　　　　　　B. 世界的本源是什么
   C. 人应当怎样对待生活　　　　　D. 什么样的人生才有意义
8. 科学的人生观是( )。
   A. 个人主义人生观　　　　　　　B. 享乐主义的人生观
   C. 为人民服务的人生观　　　　　D. 拜金主义人生观
9. 把追求金钱作为人生的至高目的,认为金钱可以主宰一切的错误人生观是( )。
   A. 享乐主义的人生观　　　　　　B. 禁欲主义的人生观
   C. 拜金主义的人生观　　　　　　D. 极端个人主义的人生观
10. 人生价值是自我价值和社会价值的统一。人生的自我价值主要表现为( )。
    A. 个体的人生活动对社会、他人所具有的价值
    B. 个体的人生活动对自己的生存和发展所具有的价值
    C. 国家对个人的积极评价
    D. 个人通过劳动、创造为社会和人民所做的贡献
11. 衡量人生社会价值的标准应该是( )。
    A. 拥有的财富　　　　　　　　　B. 获得的职称或学位
    C. 个体对社会和他人的贡献　　　D. 品德修养
12. 人生价值评价的根本尺度是( )。
    A. 一个人的人生活动是否符合社会发展的客观规律,是否通过实践促进了历史的进步
    B. 一个人是否具有较高的文化素养
    C. 一个人是否受他人的喜欢
    D. 一个人是否实现自己的理想
13. 实现人生价值的根本途径是( )。
    A. 树立为人民服务的人生观
    B. 自觉提高自我的主体意识
    C. 选择正确的人生价值目标
    D. 进行积极的创造性的实践活动
14. 爱因斯坦说:"人只有现身社会,才能找出那短暂而有风险生命的意义。"这段名言表明( )。
    A. 人生价值的实现必须有良好的社会环境
    B. 人生价值的实现需要发挥主观能动性
    C. 要实现社会价值必须先实现自我价值
    D. 人的自我价值和社会价值是统一的

15. "个人的脆弱性和种种限制,使得他无法单独地达到自己的目标。只凭个人的力量来应付自己的问题,他必然无法保持自己的生命,也无法将人类的生命延续下去。"这说明,个人的生存、人类的发展都离不开人与人之间的(　　)。
   A. 激烈竞争　　　　　　　　　B. 良好合作
   C. 相互封闭　　　　　　　　　D. 紧张冲突

二、多项选择题

1. 关于世界观的说法,正确的是(　　)。
   A. 世界观是人们对生活在其中的世界以及人与世界关系的总体看法和根本观点
   B. 人们的世界观总是通过观察和处理具体事物和具体问题时所持有的态度和所采取的方法表现出来
   C. 世界观是人们主观精神的产物
   D. 有什么样的人生观就有什么样的世界观
   E. 世界观是人们在长期的社会实践活动中形成的

2. 人生观与世界观的关系是(　　)。
   A. 人生观是世界观的重要内涵
   B. 世界观决定人生观
   C. 人生观决定世界观产生和发展
   D. 人生观对世界观的巩固、发展和变化起重要作用
   E. 世界观与人生观没有关系

3. 人生观主要表现为(　　)。
   A. 人生目的　　　　　　　　　B. 人生态度
   C. 人生价值　　　　　　　　　D. 人生环境
   E. 世界观

4. 人生目的在人生实践中的作用包括(　　)。
   A. 人生目的决定人生道路　　　B. 人生目的决定人生态度
   C. 人生目的决定人生价值标准　D. 人生目的是人生的航标,指引着人生的航向
   E. 不同的人生目的会有不同的人生选择

5. 端正人生态度,需把握以下几点(　　)。
   A. 人生须认真　　　　　　　　B. 人生当务实
   C. 人生应乐观　　　　　　　　D. 人生要进取
   E. 人生不能得过且过,好高骛远,消极悲观

6. 错误的人生观的共同特征包括(　　)。
   A. 都是剥削阶级的人生观,反映的都是狭隘的剥削阶级的利益
   B. 都没有把握个人与社会的正确关系,忽视或否认社会性是人的存在和活动的本质属性

C. 对人的需要的理解都是片面的,夸大了人生某方面需要

D. 都不能代表人民群众的利益,不可能具有无产阶级的宽广胸怀、远大志向

E. 讨论人生的出发点都是一己之私利

7. 评价社会成员人生价值的大小,应坚持( )。

   A. 物质贡献与精神贡献相统一　　B. 动机与效果相统一

   C. 完善自身与贡献社会相统一　　D. 目的与手段相统一

   E. 索取与享受相统一

8. 人生社会价值和自我价值的关系为( )。

   A. 两者完全对立

   B. 两者共同构成人生价值的矛盾统一体

   C. 人生的自我价值是个体生存和发展的必要条件

   D. 人生的社会价值是实现人生自我价值的基础

   E. 人生的自我价值是实现人生社会价值的基础

9. 人生价值实现的个人条件主要包括( )。

   A. 选择确定的人生价值标准

   B. 立足于现实,坚守岗位作贡献

   C. 从个体自身条件出发

   D. 要有自强不息的精神

   E. 增强实现人生价值的本领

10. 科学对待人生环境,主要就是促进( )。

    A. 自我身心的和谐　　　　　　B. 个人与他人的和谐

    C. 个人与社会的和谐　　　　　D. 个人与自然的和谐

    E. 利己主义关系

11. 合理地调控情绪应做到:( )。

    A. 积极自我暗示　　　　　　　B. 合理宣泄

    C. 转移关注点　　　　　　　　D. 找个同学出气

    E. 视角升华

12. 下列有关竞争与合作关系的说法中,正确的有( )。

    A. 竞争中有合作,合作中有竞争　　B. 竞争是击败对手,无需也无法合作

    C. 竞争和合作是统一的,相辅相成　　D. 有竞争就无法合作,合作就不存在竞争

    E. 竞争与合作完全对立

13. 促进个人与他人的和谐应坚持的原则有( )。

    A. 平等原则　　　　　　　　　B. 竞争原则

    C. 诚信原则　　　　　　　　　D. 宽容原则

E. 互助原则
14. 歌德说过:"你若喜欢你自己的价值,你就得给世界创造价值。"这说明(   )。
   A. 个人对社会的责任和贡献应该是第一位的
   B. 个人的自我价值的实现,要以个人对社会的贡献为基础
   C. 个人对社会的奉献既体现了个人的社会价值,也体现了个人的自我价值
   D. 个人为社会作贡献是自我价值的基本标志
   E. 社会对个人的满足应当是第一位的
15. 个人主义(   )。
   A. 主张一切从个人出发,把个人的利益放在集体利益之上
   B. 强调为个人本身就是目的,具有最高价值
   C. 是资产阶级世界观的核心
   D. 与社会主义为人民服务的人生观是根本对立的
   E. 在资产阶级革命早期,在争取个人权利和自由、反对封建专制方面具有积极意义

三、辨析题
1. 在处理个人和社会的关系问题上,有人主张"主观为自己,客观为别人"。
2. 人的本质是自私的。

四、材料分析题

材料1 留美女博士成毒枭
王致梅是国家破格选派到美国攻读博士人员之一,学业有成之后,她不留恋国外优厚的条件义无反顾地返回祖国,成为优秀的化工专业人才,国家和社会给了她很多荣誉。但她后来在金钱的诱惑下,误入歧途,由一名对国家"有突出贡献的专家"沦落成丧尽天良的大毒枭。

问题:
通过留美女博士王致梅变成毒枭的案例,分析大学生应当注意什么问题?

材料2
北京某大学一名女生,写了遗书,女扮男装出走了。她在上大学的第一篇日记中写道:"我上了大学,一百个不幸者中的四个幸运儿之一。我努力,我聪明,战胜了九十六人,只要我不懈,我还能夺得四人之魁。"她曾经下决心研究美术史,但后来发现自己并没有美术天分;她也曾爱好文学,但她认为:人都是自私的,因而害怕接触人;她又去报考北大双学位,结果落榜了。最后在遗书中她写道:"我陷入了绝望,一切都无目标,一切都无意义了。我恨我自己,我开始折磨自己,几乎每天都在泪水中度过。我活着的价值在哪里?地球在宇宙中算得了什么?何况我这样失去了信心的人呢?我想到自杀。"就这样,她出走了。

问题:
请根据这一材料,运用人生价值观与案例分析该学生走上了人生歧途的原因。

【参考答案】

一、单项选择题

1．C 2．A 3．B 4．B 5．B 6．A 7．C 8．C 9．C 10．B 11．C 12．A 13．D 14．D 15．B

二、多项选择题

1．ABE 2．ABD 3．ABC 4．ABCDE 5．ABCD 6．ABCDE 7．ABC 8．BCD 9．ABCDE 10．ABCD 11．ABCE 12．AC 13．ACDE 14．ABCD 15．ABCDE

三、辨析题

1．这种观点是错误的。

(1)所谓"主观为自己,客观为别人"又称"合理利己主义",是资产阶级所奉行的人生观的一种形式,其实质上是利己主义。这种说法的基本理论依据是人性自私论。

(2)从动机和效果的角度分析,"合理利己主义"的所谓"为别人",实质是达到"为自己"目的的一种手段,这与我们所倡导的"为人民服务"有着原则性的区别。

(3)从个人与社会的关系来看,首先,个人与社会是不可分离的。社会是个人生存和发展的基础,个人是构成社会的前提。其次,个人与社会的关系,归根结底是个人利益与社会整体利益的关系。在社会主义社会个人利益与社会整体利益在根本上是一致的,但社会整体利益不是个人利益的简单相加,而是所有人利益的有机统一,它体现了作为社会成员的个人的根本利益和长远利益。因此,当个人利益与社会利益发生矛盾时,个人利益要自觉服从社会利益。最后,个人的权利、自由是在社会中获得的。没有社会,个人的权利自由也就无从实现。因此,承担社会的责任和义务,为社会作贡献,是社会存在和发展的必不可少的前提。

2．这个观点是错误的。

(1)把人性中的自然属性误认作人的本质属性,同时抹杀了人与其他动物的根本界限。

(2)混淆了"个人利益"和"自私"两个不同意义的概念,在逻辑上是不可能成立的。

(3)将自私视为对人性的一般概括,与历史事实不符。

四、材料分析题

1．(1)人生的价值分为自我价值和社会价值。

(2)人生价值评价的基本尺度,是劳动以及通过劳动对社会和他人作出的贡献,这是社会评价一个人的人生价值的普通标准。

(3)大学生应在积极投身社会,在对企业和他人作贡献的过程中实现人生价值和理想。

2．这个学生在探索人生价值的道路上走入歧途,她刻意追求自我价值,而没有树立科学的人生价值观,没有将自我价值与社会价值统一起来,而最终走上悲观厌世的道路。

实践活动方案

(一)与大家一起谈论生活——

1.对于你来说,生活是_____。

例如:生活是一碗樱桃。(Life is just a bowl of cherries,这是一首老歌的名字,意思是说,一碗樱桃里总是有酸有甜,生命也是苦乐兼备。)

——无名氏

生活是一碗果核。(这是对前一句话的曲解,为笑谈)

——罗德尼.丹杰菲尔德,20世纪喜剧演员

生活是懂得珍惜已经拥有的一切。

生活是一场冒险。

生活是一种学习经历。

生活是一种恩赐。

生活是受苦。

……

用身边同学、朋友和自己的生活体验和感悟,来举例说明每个人都应该确立自己的人生态度,态度决定自己生命的高度和广度。

(二)问题延伸主题:价值观判断

2.对于你来说,幸福是_____。

3.有没有某种你愿意为之付出生命的东西?如果有,它是什么?

4.如果你只有几分钟可以活了,那么你将怎样利用这段时间?如果还能活几天呢?二十年呢?

每个人对幸福的感受和定义不一样,希望从生活中所获取的东西也不一样,举例说明,找寻自己内心深处最重要的东西的重要性。

(三)延伸主题:人生目标判断

5.举出三四种你不希望今生无法了结的事情。在这些事情中,有多少是你已经做完的或者已经开始做的?哪些事情是你现在本可以做却没有做的(为什么没有)?

第四章
Chapter 4

学习道德理论　注重道德实践

学习目标

在本章中,通过阐明道德的起源、本质、功能和历史发展,揭示社会主义道德和中华民族优良传统道德与人类道德文明的优秀成果的历史联系,帮助大学生认清社会主义道德是人类道德发展的一个合乎规律的崭新阶段,是对人类历史上道德发展的优秀成果进行批判继承的产物。并针对大学生成长成才中的各种实际道德困惑,在理论和实践相结合的基础上,对大学生进行较为系统的社会主义道德观、荣辱观教育,提高道德修养,锤炼道德品质,引导大学生做一个"有道德"的人。

核心问题解析

第一节　道德及其历史发展

1. 怎样理解道德的起源与本质?

道德的产生有多方面的条件(社会关系的形成是客观条件;人类自我意识的形成与发展是主观条件),并且经历了一个漫长的过程。劳动是人类道德起源的第一个历史前提。人类最初的道德以风俗习惯等形式表现出来。

道德的本质:道德是由经济基础决定的,是社会经济关系的反映。道德以能动的方式来把握世界,引导和规范人们的社会实践活动。

2. 道德的功能是什么?

道德的功能:主要有认识功能(道德反映社会现实特别是反映社会经济关系的功效与能力)和调节功能(道德通过评价等方式,指导和纠正人们的行为和实践活动,协调人们之间关系的功效与能力)。

其他功能:导向、激励、辩护、沟通等。

3. 怎样理解人类道德的进步?

道德在社会生活中所起的作用越来越重要,对于促进社会和谐与人的全面发展的作用越来越突出。

道德调控的范围不断扩大,调控的手段或方式不断丰富,更加科学合理。

道德的发展和进步成为衡量社会文明程度的重要尺度。

第二节 继承和弘扬中华民族优良道德传统

1. 中华民族优良道德传统的主要内容有哪些?

注重整体利益、国家利益和民族利益,强调对社会、民族、国家的责任意识和奉献精神。

推崇"仁爱"原则,追求人际和谐。

讲求谦敬礼让,强调克骄防矜。

倡导言行一致,强调恪守诚信。

追求精神境界,把道德理想的实现看作是一种高层次的需要。

重视道德践履,强调修养的重要性,倡导道德主体要在完善自身中发挥自己的能动作用。

2. 怎样正确对待中华民族的道德传统?

正确对待中华民族的道德传统,要坚持马克思主义的立场、观点和方法,既不能全盘肯定、全面照搬,也不能全盘否定、全面抛弃。

反对两种错误观点:一种是虚无论,另一种是复古论。

积极吸收其他民族文明的优秀成果。

第三节 弘扬社会主义道德

社会主义道德建设与社会主义市场经济——加快社会主义道德文化建设,有助于保证市场经济沿着社会主义轨道有序健康地发展。要坚持公民承担社会责任与社会尊重个人合法权益相一致,先进性要求与广泛性要求相结合,着力培养与社会主义市场经济相适应的道德观念。

社会主义道德建设的核心和原则——核心:为人民服务;原则:集体主义。

第四节 恪守公民基本道德规范

公民基本道德规范的主要内容——爱国守法、明礼诚信、团结友善、勤俭自强、敬业奉献。树立和践行社会主义荣辱观——"八荣八耻",社会主义核心价值体系的重要组成部分。

案例共享

案例1

一个民族需要传统

云南有个地方叫文山,文山很穷,有很多个国家级贫困县。但是文山有一个村子却找到了一种特殊的"致富"门路——拐卖婴儿。曾经一度,全村百分之七十几的年轻人都加入了这个新行业,人称"拐卖村"。

2005年年初在《南方周末》上看到相关报道,久久不能释怀。在传统社会中,一个人偷偷摸摸地做违法犯罪的事情,会让全家人抬不起头来;一家人做无本钱的生意,会让全村人瞧不起,连他们的孩子都找不到伙伴玩;而整个村子从事不光彩的职业,这实在让我难以想象。要知道,从传统农民的角度看,拐卖儿童属于最损阴德的恶行之一,怎么可能成为整个村子的生存和生财之道呢?这个村子的日常生活是什么样的?他们的价值观、成就感从何而来?是什么原因使他们选择了这样一种生存方式?难道仅仅是因为穷吗?我想不是。

首先是因为他们失去了传统。人追求的首先是有意义、有尊严的生活,而不是富裕的、奢侈的生活。金钱,只有在崇尚金钱的社会里,才会使拥有它的人感受到某种意义。所以,归根到底,人的意义不是来自于金钱,而是来自于崇尚金钱的社会理念。而这样的社会理念,必定是在传统丧失之后形成的。只要传统还在,金钱就不会成为压倒一切的目标。

活得有尊严、有意义,这是每一个社会人的本能。而"拐卖村"则整体失去了获得意义的可能。

一个人偷东西,我们可以说这个人有问题;一家人偷东西,我们可以说这家人有问题;但是如果整个村子、很多村子都偷东西,"光明正大"地偷东西,那一定是社会的某个环节出了问题。而偷窃的对象竟然是婴儿,这个问题就严重得无以复加了!

孔子说,"礼失求诸野"。当国家的整体秩序丧失之后,还可以到草根处找回社会重建的根基。野火烧尽之后,只要草根尚存,就会有春风吹生的那一天。最可怕的是草根烂了!

官员的腐败会对一个国家造成难以挽回的损失,知识分子失去操守会使一个民族看不清道路,找不到方向,丧失活力和动力。但是,如果草根阶层整体失去了对自己生活意义的肯定,失去了自尊,失去了内在的道德感,将是一个民族的灭顶之灾。

官员的弄权让我痛恨,而当农民集体地失去了质朴和良善,吃的菜不卖,卖的菜不吃的时候,乃至于有整村贩卖婴儿的事情,则让我脊背发寒。

诡异的是,我现在所奢望守护的传统,它最大的破坏者,正是我曾经相信的那种超越文化、超越民族、超越地域的标尺。传统有大有小,但真正流淌在每一个人血液中的是本乡本土的小传统,这些各不相同的小传统才是我们的草根得以生存的土壤。

礼失求诸野,当我在大山深处,依然能够见到乐于放羊的人群,依然能够见到日日歌舞的人们,我感到欣慰。我相信那是我们未来文明的草根。只是,在日甚一日的全球化和现代化的飓风之下,不知这些草根还能存活多久呢?

一个民族要有传统。传统使我们获得了有别于他人的特殊品性,构成了我们的文化记忆,使我们成为我们而不是旁人。它把我们和本民族久远的历史连接起来,使我们感受到自己是一棵有根的大树上长出来的叶子,而不是现代化潮流之上的浮萍,全球化列车上的齿轮。

只有民族共同延续和遵奉的传统,才能使我们获得生存的意义,获得尊严。拥有自己的传统,并为自己的传统而自豪,这是一个民族得以延续、得以生长的根。

保护我们的传统,就是保护我们的未来,保护我们作为自己而不是作为别人的未来。

——摘编自《一个民族需要传统》,田松,《决策探索》,2006年第2期

【思考讨论】
1. 什么是传统?为什么说一个民族需要传统?
2. 大学生应如何继承中华民族的优良传统,充分发挥道德的功能与作用?

案例2

23岁大学生洪战辉携妹求学12年

洪战辉,湖南怀化学院的一名在读大学生,在11岁那年家庭突发重大变故:父亲疯了,亲妹妹死了,父亲又捡回一个遗弃女婴,母亲和弟弟后来也相继离家出走。洪战辉稚嫩的肩膀过早地压上了生活的重担。

从读高中时,洪战辉就把这个和自己并没有血缘关系的妹妹带在身边,一边读书一边照顾年幼的妹妹,靠做点小生意和打零工来维持生活,并把妹妹带到自己上大学的异地他乡上学,如今已经照顾妹妹整整12年!

13岁小男孩成了洪家的顶梁柱

1982年,洪战辉(小名洪全会)出生在河南省周口市西华县东夏镇洪庄村。在12岁之前,洪战辉和众多农村的男孩一样,有着一个天真烂漫的童年,父亲、母亲、弟弟、妹妹和他共同组成的家庭,尽管生活很艰苦,但也很幸福。

1994年8月底的一天,生活跟洪战辉开了个天大的玩笑,他的人生之路从此转弯。

那天中午,洪家发生了一件震惊全村的事儿——洪战辉的父亲洪心清突然发疯,不但把家

里的东西都砸坏了,还殴打自己的妻子。洪战辉的妈妈看到这种情况,赶紧去叫人帮忙把洪心清送到医院。但是慌忙之中,却把只有1岁的小女儿留在了屋内。等大家赶到时,1岁的妹妹已经被爸爸摔到了地上,送到医院时已经没气了。洪心清得的是间歇性精神病,妹妹也永远离去了。

而此时的洪战辉,正上小学五年级,还不满12岁。这年的腊月二十三,洪心清临近中午还没回家吃饭,洪战辉就和妈妈一起去找,在离村5里地的一棵树下,父亲不知从哪儿捡回一个被遗弃的女婴,眼光里透出一种父爱。

无奈之下,天快黑的时候,一家人把孩子抱回了家。洪战辉一抱上小女孩,小女孩就直往他怀里钻,他想起了妹妹。洪战辉给女婴起名叫洪趁趁。

1995年8月20日,吃过午饭后,母亲不停地忙着蒸馒头,直到馒头足以让一家人吃一周之后,她才停了下来。第二天,母亲不见了。她不堪家庭重担和疯丈夫的毒打,选择了逃离。

"娘,你去了哪里?回来吧……"弟兄俩的哭声在暮色中飘得很久。他们不想这样失去母亲,不想失去生活的依靠,洪战辉哭喊着和弟弟四处寻找妈妈,夜已经深了,娘那天没有回家。

似乎一夜之间,13岁的洪战辉便突然长大了。他稚嫩的肩膀开始接过全家生活的重担:抚养幼小的洪趁趁,伺候病情不稳定的父亲,照顾年幼的弟弟,寻找出走的母亲。

此时,洪战辉已到西华县东夏镇中学读初中,学校离家有两三公里。每天上学的时候,怕患病的父亲伤害小妹妹,他就把小趁趁交给自己的大娘照看,放学回到家里,再忙着准备全家人的饭……

在读初中的3年中,洪战辉无论是在早上、中午还是下午、晚上,都要步行在学校和家之间,及时照顾全家人吃饭。

1997年7月,洪战辉初中毕业,成为东夏镇中学考上河南省重点高中西华一中的3个学生之一。

"我要挣钱读书,我要养家"

"接到录取通知书时,我正收拾行李准备出去打工。"洪战辉对记者说,"我要去挣钱读书,我要养家。"

当时清醒的父亲用家里的一袋小麦口粮换了50元钱,颤抖着递给洪战辉说:"娃儿呀!爸对不起你!考上了学却没钱上……"

16岁的洪战辉怀揣50元钱,只身一人冒着炎炎烈日跑到周口、漯河等地,因为又瘦又小,三天三夜连刷盘子洗碗的活也找不到,只得返回西华县城。此时,洪战辉已身无分文。

洪战辉的执着精神引起了一个中年人的同情。在软磨硬泡了两三天后,那位中年人在自己承建的装雨棚的工地上,给了洪战辉一份传递钉枪的工作。洪战辉拼命地干,一个暑假,他挣了700多元。这年9月1日,洪战辉终于按时到西华一中报到了。而且,通过竞选,他当上了293班的班长。

在学校逐渐安定下来后,洪战辉就在学校附近租了一间房子,从家里把小趁趁接到了身边。他又开始像上初中时一样,每天奔波在学校与住处之间。一早,他要让小妹妹吃早点,再叮嘱她不要外出,然后上学。中午和晚上,他从学校打了饭,带回住处和小趁趁一起吃。

来到县城读书后,一切开支都大了起来,而且高中的学习压力也是初中所无法比的。但是洪战辉知道,如果失去了经济来源,父亲的病情好转、弟弟和妹妹的生活以及自己美好的理想都是空谈,打工挣钱成了洪战辉繁重学业之外最大的任务。

"没办法,我要读书,我要养家,就必须想办法挣钱!"从此,洪战辉在校园里,利用课余时间卖起了圆珠笔芯、书籍资料、英语磁带等,"鞋垫、袜子,只要能挣钱我都卖",用微薄的收入维持着全家的生活。

洪战辉边挣钱边学习和照顾小趁趁,还得定时给父亲送药。这种日子持续了一年多,在洪战辉上高二的时候,父亲的精神病突然又犯了。

父亲住院需要照顾、花钱,为了借钱,洪战辉跑遍了周围的几个村子,求了几乎所有的亲朋好友,但跑了两天才借够40多元钱。后来,西华县南关的一个油漆店老板邓阿姨知情后,向他伸出了援助之手,把看病所需的2 000元钱送到了洪战辉家中。

生活的压力、家庭的现状逼迫洪战辉不得不辍学。高二时,洪战辉挥泪告别了难舍的校园。回到农村老家后,他收拾农田,照顾父亲,闲暇的时候教妹妹识字,并在农闲的时候做点小生意,挣钱补贴家用,一年挣了六七千元。

到了2000年的时候,小趁趁已经6岁了,父亲的病情也控制了下来。"不读书不学习没有知识是不行的!"洪战辉渴望再次回到校园读书。

刚好,洪战辉在西华一中的老师李永贵和秦鸿礼调到了西华二中。两位老师一直关心着洪战辉,他们让人给洪战辉捎信:希望洪战辉能重回高中学习。由于二中的高中部是新建的,洪战辉成了西华二中的一名高一新生。

洪战辉又把小趁趁带在身边,她也到了上学年龄了,秦老师帮助在附近找了所小学,小趁趁也开始上学了。

"我不能倒下,我要考上大学,改变自己的命运"

新的高中生活又开始了。和以往不同的是,在边挣钱边学习边照顾小趁趁的同时,洪战辉还多了一个工作——辅导小妹妹学习。

生活在平淡中继续。2002年10月,父亲的精神病第三次犯了。他把父亲送到了一家精神病医院,可是交不起住院费。不久,正上初一且成绩全班第一的弟弟洪锦辉不辞而别,外出打工了。

10月底的一天,扶沟县一家乡镇精神病院被洪战辉的孝心所感动,答应免去住院费只收治疗费。洪战辉赶紧回家取住院用的东西,到家后又连夜骑上自行车赶往医院。家到医院有近50公里路,夜已经很深了,连续奔波三天的洪战辉极度疲惫,骑着骑着,眼睛就睁不开了,结果连人带车栽倒在路旁的沟里,等他醒来时,自行车压在身上,开水瓶的碎片散落一地。

也不知在沟中躺了多久,洪战辉想起了妹妹和父亲。他咬着牙对自己说:"我不能倒下,我倒下了,父亲的病就没人管了,妹妹就没人管了,我一定要考上大学,改变自己的命运!"他终于顽强地站了起来。

由于洪战辉的情况同学们都了解,再加上诚信经营,他的生意很红火,甚至外校的学生也来他这里购买图书。就是在那段时间里,洪战辉仅卖一本文言文翻译的资料,就卖了5 000多册,赚了2万多元。

2003年6月,断断续续读了5年高中的洪战辉,终于迈进了高考考场。

"也许,那时没人理解为何我能断断续续读5年高中而不放弃学业。5年中,停学挣钱一年,5年中我晕倒过16次,但每一次都站了起来!"洪战辉说,"5年中我从没接受过一次捐款,但当我做小生意卖书需要进货时,班里的同学几乎把所有的生活费都借给了我!"洪战辉很是自豪和感动。

"我会牢牢记住帮助过我的人,我要帮助更多的人"

高考成绩公布后,洪战辉以490分的成绩被湖南怀化学院录取。可5 200元的学费和要照顾妹妹让他很为难。利用暑假,他打工挣了2 000元,决定先到湖南看看,把妹妹托付给了大娘。

大学新生报到当天,他交了1 500元学费后,就干起了老本行做了"小商贩"。当他看到许多报到的新生纷纷向家里打电话时,就四处打听,寻找电话卡的销售渠道。他找到一位电话卡销售商,把身上仅有的500元全部购买了电话卡,当天晚上就卖出100多张,两三天就赚了六七百元。

为了挣钱,洪战辉可谓想方设法,后来他还逐渐代理了步步高复读机、电子词典和丁家宜化妆品在湖南怀化学院的总经销,他还垄断过学校19栋学生宿舍楼的纯净水供应、电话机的安装等。

2004年春节,洪战辉回到河南老家,看到失学在家的小妹,非常愧疚。"无论如何,不能再让妹妹辍学,我要带着妹妹上大学!"洪战辉暗下决心。

回到怀化后,洪战辉开始为小趁趁联系学校。终于有一天,当他到鹤城区石门小学找校长提出妹妹插读的请求时,校长同意了。

2004年6月底,洪战辉打电话给正在河南工业大学上学的高中同学张永光等人,让他们帮忙把妹妹带到怀化。他要利用暑假挣钱。

6月27日,小趁趁终于在怀化火车站见到了哥哥,她一下子抱住洪战辉的腿,久久不愿松开。

2004年暑假,洪战辉一位高中女同学从河南来看望他时,一见小趁趁就非常喜欢,亲切地叫她"小不点"。从此,大家都纷纷叫她"小不点"。

暑假过后,"小不点"又重新回到了学校。一早,她背着书包去上学。中午,在学校吃中餐。回到学院寝室后,洪战辉还给她补习功课,教她普通话。

穷人的孩子早当家,"小不点"学会了做饭,如果哥哥出去推销东西回不来,她就一个人做饭等哥哥回来吃。路上看到空瓶子,她会捡回来。遇到哥哥从市里进了学生用品回来,她也会帮着搬运。妹妹的懂事让洪战辉很欣慰。

当社会各界知道洪战辉的情况后,不少人提供财力、物力的帮助,但被他谢绝了:"不接受捐款,是因为我觉得一个人自立、自强才是最重要的。我现在已经具备生存和发展的能力,这个社会上还有很多处于艰难中而又无力挣扎出来的人们,他们才是我们现在需要帮助的。"

学校的老师也被洪战辉的事迹所感动,一些老师纷纷捐款。有一次老师们捐了3 190元,当老师把这些钱交给洪战辉时,他不接:"比我困难的同学有的是,更重要的是我现在已经知道怎么去养活自己了。"洪战辉态度很坚决,无奈之下,学校只好冲抵了洪战辉的部分费用。大概一年后,系里师生又为洪战辉捐了一部分款,但这次洪战辉坚决拒绝了。学生处专门给他每月拨的200元补贴,反复催促他也不去领。

"我想告诉那些处于贫困中、挣扎中的人们,要保持一种平和的心态,不要怨天尤人,最主要的是你怎么去改变你自己,用什么样的方式去改变你自己。"洪战辉高兴地说,"考入大学后,每年春节回家,都能欣慰地看到久病的父亲病情大有好转;2004年年底,母亲也感到了愧疚,回到了久别的家中;在外漂流了多年的弟弟现在也有了消息。我作为普通人,还会一如既往地去做我该做的事情,去尽我该尽的义务和责任,平和、静心、无悔、无愧地走完这一生。"

——摘自《23岁大学生洪战辉携妹求学12年》,潘志贤,人民网,2005年12月14日

【思考讨论】

1. 12年困境的风吹雨打,12年如一日的责任担当,12年从未懈怠的自立自强,洪战辉的故事永远定格在了2005年,国人用集体性的感动,向一位朴素的青年英雄致敬。请回答:洪战辉的事迹为何如此让人感动?在他身上到底蕴含着怎样的中华民族的优良道德品质?

2. 洪战辉说:"感动不能泛滥,行动才能改善。"你认同这种观点吗?为什么?

案例3

南京冠生园凄凉走完破产路

2004年7月20日上午9时30分,中外合资南京冠生园食品有限公司债权人大会在江苏省南京市中级人民法院第一法庭准时召开,参加会议的106名债权人审议并表决通过了清算组工作报告和破产财产分配方案。

7月25日晚,债权兑付工作全部结束,债权清偿率为23.825%。至此,曾经叱咤全国食品行业辉煌一时的南京冠生园走完了凄凉破产路。

资不抵债被法院宣告破产

2001年9月3日,距离中国的传统节日中秋节还剩不到一个月时间。就在这个平常不过的日子里,"南京冠生园大量使用霉变及退回馅料生产月饼"的问题被媒体曝光了。

就在曝光两小时之后,江苏省和南京市卫生防疫部门、技术监督部门即组成调查组进驻该厂。南京卫生监督所到冠生园进行了采样,采集了十多种月饼进行化验。该厂的成品库、馅料

库全部被卫生监督部门查封，各类月饼2.6万个及馅料500多桶被封存。

9月6日，南京冠生园被有关部门责令全面停产整顿。

一波未平，一波又起。其后不久，冠生园的一位老师傅又向媒体透露了南京冠生园用冬瓜假充凤梨的内情。原来自1993年冠生园合资后就用冬瓜假冒凤梨，被曝光前，厂里每天有一二十位职工专职削冬瓜皮，切成条后加糖腌制，再加上凤梨味香精，批发价仅两角一斤的冬瓜就变为一元左右的凤梨，以每天生产一万个凤梨月饼零售价3元估算，就是3万元的销售额。

南京冠生园在公众眼里彻底失去了信用

尽管有关部门后来通知商家南京冠生园的月饼经检测"合格"，可以重新上柜，但心存疑虑的消费者对其产品避之唯恐不及，冠生园月饼再也销不动了。信誉的缺失使多年来一直以月饼为主要产品的南京冠生园被逐出了月饼市场，公司的其他产品如元宵、糕点等也很快受到"株连"，没人敢买。南京冠生园从此一蹶不振。

2002年2月1日，春节即将到来之际，南京冠生园以"经营不善，管理混乱，资不抵债"为由向南京市中级人民法院申请宣告破产，法院受理此案，并依法组成了合议庭。

2002年2月27日，南京市中级人民法院做出(2002)宁经破字第一号民事裁定书，宣布南京冠生园食品有限公司进入破产还债程序。并根据民事诉讼法的有关规定，指定南京市商贸局、南京市食品工业公司、南京市体改委、南京市外经委以及工商、税务等部门派员组成清算小组进驻该厂，负责该厂财产的保管、清理、估价、处理和分配等事务。4月8日，清算组开始接受企业债权人的债权登记。当时的估算是：该厂已拖欠食品原料供货商的债务达2 000多万元，单是积欠工商银行和交通银行的贷款就达500多万元，而企业本身的资产却只有五六百万元。

位于南京市广东路53号小巷里的南京冠生园再次成为媒体关注的焦点，然而这里再也见不到一丝生机，到处都显示出衰败的景象。空空荡荡的厂区内悄无声息，人去楼空，厂门两边张贴着法院的核资清算告示。只有大理石的门脸，金字镌刻的厂牌，似乎还传递出这家老字号昔日的辉煌。

由法院派驻的专业保安把门十分严格，除了来取私人物品的零星职工，外人一律不得出入，而60位职工则早在两个月前就以买断工龄的形式全体离厂。

"陈馅月饼"不仅沉重打击了南京冠生园，还给月饼市场蒙上了一层阴影。2001年全国月饼销量比上一年同期锐减四成左右，全国超过400亿元的销售市场一下子减少了近200亿元。全国20多家挂冠生园牌子的月饼都受到连累，销量直线下降，少数企业因无法经营而黯然退出了当地市场。受此影响，冠生园集团上海公司在全国12个主要市场中退出了5个。

南京冠生园资产812万易主

2004年1月31日下午3时，南京冠生园食品有限公司破产资产拍卖在华美达酒店举行。令人意外的是，拍卖会开始仅20分钟即宣告结束，手持166号牌的江苏皇朝置业有限公司最终以812万元卷走标的。

这次拍卖成交的包括南京冠生园的各类生产设备190台套、一批车辆、一批存货及流动资产以及位于广东路53号的有证房产约7 300平方米。而南京冠生园的品牌和厂里拥有的土地则不在拍卖之列。这是由于当年与外方成立中外合资南京冠生园食品有限公司时,中方并没有把冠生园的品牌和厂里拥有的土地作为股份参股,此次合资公司破产,冠生园品牌也就顺利回归到南京市冠生园食品厂,也就是南京市食品工业有限公司。

2004年2月9日,江苏皇朝置业有限公司将拍得南京冠生园的812万元交付南京市中级人民法院资产清算组。至此,经过曝光、破产、拍卖、资产偿还等一系列过程后,走过70多年风风雨雨的南京冠生园正式隐退江湖。

一家具有70多年历史的知名老字号企业倒下了,作为国内第一个因失去诚信而死于"媒体"的老牌食品企业的悲剧,留给人们的却是深长的回味与无尽的思考……

——摘编自《南京冠生园凄凉走完破产路》,赵兴武,光明网,2004年8月5日

【思考讨论】

1. 南京冠生园的凄凉落幕,给人们留下了诸多的思考。你认为南京冠生园破产的根本原因是什么？有哪些启示？
2. 你是如何看待社会主义建设中道德与市场经济的关系的？
3. 结合南京冠生园的败落,谈谈你对"以诚实守信为荣,以见利忘义为耻"的社会主义荣辱观的理解。

案例4

从不谈自己　只谈别人和集体
——记"两弹"元勋朱光亚

朱光亚,我国著名核物理学家、国防科技战线杰出的领导者和组织者。从20世纪五六十年代起,他作为新中国核事业,特别是"两弹"事业的元勋和主要技术负责人,和许多著名科学家一起,组织领导了我国原子弹及氢弹的研制工作,为原子弹、氢弹技术的突破及武器化工作做出了重大贡献,为铸造和建立我国精干、有效的核自卫力量立下了不可磨灭的功勋。1985年获国家科技进步特等奖,1999年荣获"两弹一星功勋奖章"。2004年为表彰朱光亚对我国原子能事业发展所做出的杰出贡献,国际小行星中心和国际小行星命名委员会批准将我国国家天文台发现的、国际编号为10388号的小行星正式命名为"朱光亚星"。

朱光亚对自己要求非常严格。他从不张扬个人,凡是接触过他的人都有这样的感触,他对自己的成就和贡献从来只字不提,这在中国工程科技界是有口皆碑的。这种缄默展示着这位老科学家虚怀若谷的博大胸怀。1996年初,解放军出版社策划出版了一套"国防科技科学家传记丛书",他自然是必写对象之一。报请审批时,他二话不说,提笔就把自己的名字划掉了。在有关国防科技历史的文献中,都有他撰写的文章,但字里行间他都只谈别人和集体,从不谈自己。他经常谦虚地说:"核武器研制是一项综合性很强的系统工程,需要有多种专业的高水平科学家与工程技术人员通力协作。"他特别强调钱三强、王淦昌、彭桓武、郭永怀、保泽慧、邓稼先、程开甲、陈能宽、周光召、龙文光等科技专家在其中所建立的不可磨灭的功勋。

1994年3月，在全国政协八届二次会议选举的当天，出席会议的近2 000名全国政协委员，有96%投了朱光亚的票，朱光亚顺利当选全国政协副主席。作为新中国原子弹及氢弹研制的科技领导者之一，朱光亚长时期内很少出头露面，以至于在审读他那简短而不平凡的履历时，政协委员们都受到了深深的震撼。在被选为全国政协副主席后，他说："实在是过奖了，要说做了一些工作，那是大家做的，我个人并没有什么值得称道的地方。"

1996年10月，朱光亚荣获"何梁何利科学技术成就奖"，奖金为100万港币。颁奖的头一天，他就对身边的同志说要把奖金全部捐出去，作为中国工程科技奖助基金。100万港币可不是一个小数字，如果存在银行，当时每年的利息少说也有10万。身边的同志虽然知道他的决定一定是经过考虑不会轻易改变的，但还是不忍心他这样做，因为他的经济状况并不特别宽裕。于是，有人试探性地建议说：您是不是从中拿出一部分来捐比较合适，比如说50万，这也不少了。朱光亚的回答是："中国工程科技界的工程科技奖助基金，现在有很大一部分是由海外友好人士捐助的，如果我们也能捐一点，虽然为数不很多，也算是做一点工作和一份贡献。"

尤其令人敬佩的是，在捐出了100万港币之后，朱光亚又反复叮嘱周围的人不要把这件事张扬出去。人们看得出，他是真心实意这样做的。而且，他不让宣传这件事，还有更深一层的意思——他不希望因此给别人造成什么影响。如果他的这种做法被别人知道后，给其他人造成了压力，他会感到于心不安。所以，在很长一段时间里，即便是在中国工程院的院士中，也很少有人知道朱光亚捐款这件事，社会上就更没人知道了。

朱光亚是大牌科学家，又担任过国家领导人，但他在中国工程院工作的几年中，始终都把自己当成一名普通工作人员，从不搞什么特殊化。无论是1996年以前租房办公，还是后来搬进中国科技会堂新址，他办公室的条件和几位副院长都是一样的，许多第一次到他办公室的人，几乎都有这样的感叹："如果不是亲眼所见，真不能想象朱院长就在这样的条件下办公。"但是朱光亚从未觉得自己的办公条件与自己的职务不符，相反，他还是一如既往地严于律己，处处体谅主管单位的困难。由于有一段时间工程院用房较紧张，他不同意为自己的警卫和司机安排休息房间，所以他们只好各处打"游击"，有时警卫只能站在走廊里值班。工程院搬进科技会堂后，中国科协的领导曾提出请朱光亚和几位副院长到小餐厅用餐，又被朱光亚和几位副院长谢绝了，他们一定要坚持和大家在一起吃份儿饭。1998年朱光亚离开中国工程院的领导岗位时，他再三叮嘱秘书和身边的工作人员：办公室里所有用公费购买的书籍、资料，一册也不许带走，一定要一件一件登记后交上去。

——摘编自《记两弹元勋朱光亚：从不谈自己，只谈别人和集体》，于建柱，新浪网《人物》专题，2005年11月1日

【思考讨论】

1. 朱光亚身上体现了一种怎样的道德品质？你怎么看待他不张扬个人的这种为人处世的特点？

2. 为什么说在多样化人生观状态下，必须弘扬为人民服务的主导思想，坚持以集体为本位

的价值导向?

案例 5

23 名毕业生被银行告上法庭

由于未按合同约定归还来自银行的国家助学贷款,中国石油大学北京校区的 23 名本科毕业生被中国建设银行北京昌平支行告上了法庭。银行要求解除双方借款合同,并要求学生归还所借款项的本金和利息。2005 年 12 月 28 日,北京市昌平法院正式受理此案。

学生毕业后就"消失"

根据建行昌平支行的诉状,2000 年至 2002 年,该行陆续向中国石油大学的 23 名学生提供了数额不等的助学贷款,并签署了《中国建设银行北京分行信用助学借款合同》。这 23 名学生毕业前夕又与银行签订了《国家助学贷款补充合同》,规定了毕业后具体的还款数额、期限以及还款方式。按约定,这 23 名学生须从毕业当年 9 月起开始分期偿还借款本息。如果学生连续 3 个月未偿还本息,建行将有权解除合同。该《借款合同》签订后,建行北京昌平支行如约向 23 名学生发放了全部贷款,但这些学生毕业后却没有按合同约定归还借款本息。

建行将学生告上法庭

建行昌平支行认为这 23 名毕业生的行为严重侵犯了银行的合法权益,遂将他们诉至法院,要求解除双方的借款合同,并要求 23 名被告归还所借贷款的本金和利息。

据了解,这 23 名被起诉的毕业生来自全国不同的省份,大部分家在农村。毕业前他们就读于中国石油大学不同的年级与系科。这些毕业生中,拖欠的款额最高为 3.6 万余元,最低的 3 000 多元。他们留给银行的联系地址大多为原籍住址,其中有 9 名学生因读研等原因,所留地址仍是中国石油大学北京校区的校址。另外 14 人已经离校走上工作岗位,目前这些学生都很难联系到。

记者在其中一名学生贷款的合同中看到,他于 2004 年毕业后前去新疆克拉玛依油田公司工作,记者按照他留给银行的工作单位电话试图联系时,电话始终无人接听。

建行已停该校贷款

银行个人业务部一位工作人员告诉记者,"已停止对中国石油大学发放国家助学贷款",原因是"该校还款率低"。

随后,记者又联系了中国石油大学学生处,一名女负责人证实:目前该校主要贷款来源于中国银行。她表示该校学生助学贷款的申请还在正常进行,没有受到影响,并表示学校财务部门每学期会针对在校学生的一些欠款发出催款通知,但这一措施并不适用于已毕业的学生。

建行方面提出撤诉

2006 年 1 月 19 日,本是建设银行昌平支行诉 42 名(2005 年 12 月 20 日,建行昌平区支行一次性把中国石油大学 23 名拖欠助学贷款的毕业生起诉到了昌平区人民法院,一周之后,该行又把第二批 19 名拖欠助学贷款的大学生告上了昌平法院)欠贷大学生一案开庭的日子,不过,银行与学生对簿公堂的一幕并没有出现。昌平法院工作人员告诉记者,在42名因欠贷而被建行方面起诉的学生中,目前已偿还贷款的超过了一半。在收到建行递交的撤诉申请后,法院取消了原定的开庭计划,并将依法做出撤诉裁定。

担心校友贷款受影响

在接受采访的几名欠贷学生中,对于成为被告一事,他们均表示对于自己的行为是否会影响其他校友申请国家助学贷款表示担心。

欠贷学生小石说,去年年底,他从网上看到了媒体关于建行起诉欠贷学生的报道,查询后才得知自己也成了被告。他说:"知道自己成为被告时,整个人都懵了,第一个念头就是要赶紧想办法把钱还上。"

"我已经失信了,必须补偿银行。"对于银行方面采取起诉学生的方式来追讨欠款,小石表示理解,但他认为自己影响了母校与单位的声誉,因此很自责。

另一名欠贷学生刘峰说,在他成为被告之后,他最对不起的是母校,同时也很担心自己的行为会影响其他校友申请国家助学贷款。

后续报道

2006年6月12日,拖欠助学贷款不还的4名中国石油大学毕业生的真实姓名,首次以公告送达判决书的形式在媒体上公布。这是北京市昌平法院首次在媒体上公布欠贷大学生名单。法院的公告为:"现依法向季鹏飞、张银华、霍伟程、侯俊4被告送达判决书。此公告期为60天。4被告如果对法院判决不服,可以在公告期满15日内向法院提出上诉。"

据悉,在法院公告后75天内,这4名被告如果还不和法院联系,一审判决将自动生效,4名欠贷大学生将被强制执行。

——中国广播网,2005年1月29日

【思考讨论】

1. 你是如何看待中国建设银行北京昌平支行的起诉和大学生欠贷行为的?
2. 大学生的诚信道德主要体现在哪些方面?你认为该如何建设?

案例6

诚信:和谐社会"伤不起"

案例一:

15年前,河北农业大学果树9301班学生李宝元因病去世,留下年迈的父母。毕业前夕,李宝元班上最要好的朋友牛树起说"宝元的父母咱们得管!"毕业后,同学们从四面八方坚持给两位老人写信、汇款,并多次到家中探望两位老人,时间长达15年。李宝元的父母,凭着精神支撑,克服种种困难,并最终还清借债。两代人信守并践行承诺,演绎着人间朴实而坚韧的真情。

案例二:

中国青年报社会调查中心通过民意中国网和搜狐新闻中心,对6 744人进行的一项调查显示,82.4%的人感觉当前人与人之间的互信度低。其中,半数人(53.8%)觉得互信度非常低。哪几类关系间的信任度相对较高?调查中,69.6%的人首选"家人之间",其次为"夫妻之间"(54.4%)和"朋友之间"(34.1%)。

案例三:

4月14日,国务院总理温家宝在中南海向新聘任的8位国务院参事和5位中央文史研究馆馆员颁发聘书,并同参事、馆员座谈时指出,近年来相继发生"毒奶粉""瘦肉精""地沟油""彩色馒头"等事件,这些恶性的食品安全事件足以表明,诚信的缺失、道德的滑坡已经到了何等严重的地步。

谢遐龄:"常怀羞耻之心。"

记者:案例一中河北农大的个案报道,引起国内巨大反响,并一时成为全国各地争相学习和推广的典范。为什么该个案会引起社会如此巨大的关注和推崇?

谢遐龄:树立个案是中国的传统做法。在古代,有很多突出人物的历史记载,例如朝代更替的时候,有些人为了坚持忠于前朝而抛头颅洒热血。同时,重视对个人的表彰是中华民族的传统之一,例如对雷锋的表扬。

该个案之所以引起巨大反响,说明这些人的经历是非常值得尊敬和推崇的,但我们要强调的是,河北农大演绎出来的诚信故事并不只是一个个案,而是在国内普遍存在的,因为在民间有很多类似的诚信案例。同时,从河北农大诚信个案可以看到,中国传统的"仁义礼智信"美德在一定范围内存在并且得到了继承和发扬,而案例二中调查结果显示人们认为互信度低,说明了现实情况让人失望,但人们对诚信很是向往并且认识到其珍贵性。

记者:在现阶段,应该如何提升诚信的地位?

谢遐龄:第一,要重视党风建设和领导的模范作用。孔子曰:"君子之德风,小人之德草。草之上风,必偃。"引申而言,就是民风怎么样,关键是看党风,这也是党中央历来重视党风建设、不断开展党风教育活动和实践科学发展观的原因。在党风建设里,诚信非常重要,这也是为什么我们党坚持基本路线一百年不动摇。当初邓小平同志在提出基本路线一百年不动摇时,就是在给世界传递一个承诺,即中国基本国策短期内不会改变,并且将身体力行。正因为党从深层次领悟到了"无信不立",中国改革开放才会进展顺利。当然,这也是核心阶层给我们树立了一个很好的表率,充分发挥了示范作用。

第二,要提高党的执政能力,完善社会主义核心价值体系。建立社会主义核心价值体系不能搞表面工作和形式主义,但对于精神文明建设,很长时间内许多干部都是借助于搞活动,而思想上对精神文明建设的内容仍然模糊。党的十七届四中全会明确提出要在全党、全社会开展社会主义核心体系学习教育,从而明确了精神文明建设的中心任务。这几年,核心价值体系建设工作得到很大改善,但党的执政能力建设也要与时俱进。对此,党的执政能力应该狠下功夫。其实历史上我们党有着丰富的执政经验,例如毛泽东同志提出的"反对自由主义""批评与自我批评"等。总之,践行社会主义核心价值体系一定要把继承传统和狠下功夫相结合。

第三，要明确党内领袖和行政首长的职能。市委书记应该负责教化工作，而市长应该承担行政体系运行职能，但现在市委书记与市长分工不明，导致党内领袖和行政首长都在抓发展，进而导致诚信机制缺乏，而这需要在讨论和研究后进行格局调整。在格局调整后会出现一些具体的诚信问题，其中最为首要的是知耻。知耻是胡锦涛总书记提出的，为什么要讲？因为现在问题太严重，需要重锤猛击。古代讲究"忠孝仁义礼义廉耻"，落在一个"耻"上，而且在社会主义核心价值体系中，社会主义荣辱观位置显著，但其概括起来就一个"耻"字。然而，现在的人们羞耻心极差，很多事情都反其道而行之，因而要提高诚信，必须要常怀羞耻之心。

肖群忠："道德教育狠抓落实。"

记者：我国进入社会主义现代化建设转型关键时期，各种矛盾聚集，构建和谐社会面临巨大挑战。作为中华民族的传统美德和社会主义核心价值体系的重要组成部分，诚信的现代价值是什么？

肖群忠：中华民族传统"仁义礼智信"五德在现代社会重要性日益凸显，而其中诚信是现代道德的基础。对于诚信，开始我们只有理论层面的认知，将其看作一个突出的道德问题，并没有深入到民间生活层面。

为什么诚信如此重要？因为如果没有诚信，现实生活中一切经济生活、文化生活、政治生活就会不可能。我们传统社会是熟人社会，而现在是陌生人社会，人与人之间大范围时空性的交往必须以诚信为本，而且人的发展和社会的多元也需要诚信。此外，诚信其实是中国社会的一个表征，一切道德问题在最显性的层面上都可以体现为诚信问题。

记者：那么为什么我们现在会出现诚信缺失危机？

肖群忠：从根本上说，我们搞市场经济，追求个人利益最大化，道德经不起利益的冲击，导致出现见利忘义、背信弃义。

同时，我们没有建立有效的诚信道德机制。传统诚信主要是靠品德，它在熟人社会是可以实现的，如案例二中的调查表明熟人和亲属间的诚信度还是很高的，而且过去熟人社会和家族社会里，维持诚信主要靠亲情、血缘和道德，但现在我们社会生活多元化，面临更多的利益诱惑，诚信度也受到挑战。

此外，从自身道德约束机制或者制约机制角度来看，一是我们现在失去过去家族社会、熟人社会中家族宗族势力的亲情道德约束；二是我们现在没有信仰，缺乏个人信念和信仰层面的支撑，特别是做坏事的人并没有考虑过儒家所说的报应等。

记者：现在有一些观点认为"不诚信会占便宜""太诚信就玩不转"等，很明显，这是对诚信道德的一种误读。从伦理上看，应该如何消除这种道德滑坡并且修补人与人之间的信任感呢？

肖群忠：这些观点客观反映了中国社会面临诚信缺乏的状态，体现了当代中国人的一种投机心理。对于如何消除道德滑坡，可以从以下几个方面努力：

首先，加强法律的制裁。自由主义思想家认为，只能用法制来约束诚信，因为法律是道德的保障，没有硬的约束，道德也难进展，但现在法律和制度对诚信的制约与束缚力度远远不够，特别是国家立法的责罚力度不大。以最近一系列恶性食品安全事件为例,其颠覆了社会道德,损害了国家形象,危害了人民群众的基本生存权,对那些当事人应该严重判刑,对那些企业也应该取缔关闭,否则只会屡禁不止。

其次,应该全面加强制度层面的监管力量。一定要加强单位和部门对道德舆论的监督,比如说学术腐败问题,应该成立学术道德委员会,把学术剽窃问题搞清楚。国外对道德的监管力度很大,如医生收了红包被查将永远取消行医执照,而教授学术剽窃将无法获得从教资格。这里又提出一个新概念,"行业监管",即各种行业都要讲职业道德,所以应该成立行业道德委员会。

再次,真正把道德教育狠抓落实。像河北农大的诚信案例,其实在中国传统道德里是非常平凡的。李宝元父亲欠债还钱是过去多数中国人都可以做到的,而且欠债还钱、父债子还,甚至子债父还,都是天经地义的事,是做人起码的道德。当然,我们要树立正面典型并对反面案例加强引导。

最后,加强道德建设和精神文明建设。我们现在非常重视文化建设,而文化建设的核心是道德建设,因而需要把诚信作为道德建设的突破口来抓。精神文明建设不是一日之功,但如果不切实去做,就永远都无法实现。从民众角度看,全社会对诚信问题已经高度关注,因为诚信道德是人民群众幸福生活的内在要素之一。此外,不仅我们国家发展需要诚信道德,我们树立礼义大国国家形象更需要诚信道德。当然,道德建设和文化建设不仅是一种工具性的思维,更是作为一个目的本身、本体和一个社会文明状态的表征,只要从这个高度切实加强道德建设和精神文明建设,就会取得良好效果。

林永和:"我们反省过吗?"

记者:之前一度掀起"国人疯抢加碘盐"热潮,最近上海又上演"染色馒头"事件,同时,国内频频出现"专家意见要反着听"和南京街头"扶不起"的尴尬,让国内民众颇感无奈。民众之间的互信度和民众对权威的信任度越来越低。当前影响诚信的障碍有哪些?

林永和:可以从三个层面进行解析。

一是法律层面,比如说"染色馒头""瘦肉精"和保险公司交钱易索赔难等,这些都是不依法办事而造成的诚信障碍。现在中国相关法律不健全,而且市场经济追求利益最大化,导致有些人不惜违法和不讲诚信。

二是道德层面,比如案例一就是诚信道德层面的正面典型。关于诚信道德层面的负面典型也不少,比如有些大学生毕业后不还助学贷款,有些司机不讲交通法规等。

三是心理层面,即个性品质或者心理素质层面。心理层面的障碍因素主要是教育。首先是早期教育,早期家庭教育影响个性品质的形成;然后是后期教育,即学校教育、社会教育。现在有些学校过分看重分数,忽略了品德教育,从而导致学生养成不良人格和造成人格缺陷。我们作过调查,发现了一个奇特而有趣的现象,即被调查者都认为"别人素质不好,我的素质挺好",其中认为自己素质高的占到80%以上,认为别人素质不高的也占到80%以上,呈现互相指责性状态。我们都在指责别人,但我们反省过吗?这也是我们道德教育的缺失。

记者：您提到早期教育，但是现在很多家长一方面教导孩子要诚信，另一方面却不断告诫他们除了父母的话谁都不能信，出现了诚信教育两难窘境。您如何看？

林永和：父母教导孩子保护自己的合法利益与安全无可厚非，但是不能缺乏公共道德意识。问题中的矛盾教育，需要从父母这一代来提升心理素质和道德修养。因此，引出一个新话题，当父母不合格，父母的教育没到位，自然也教育不出合格的子女。我们研究发现，问题大学生背后都是问题家庭。因此，现在要从源头抓起，但父母的问题从哪来呢？从小时候学来，从社会中染色来。

记者：现实生活中，我们希望主动构建与他人的融洽关系，但在潜意识里却不断增强戒备心理，应该怎么做才能克服和避免这种尴尬？

林永和：其实解决诚信难题也需要三个层面。基础层面是个人品德和素质层面，这是一个看不见、摸不着和渐进的过程；第二个层面学校道德教育；第三个层面是社会法制教育。

第一个层面是要学会反思，我们不信赖别人，但我们是否认识到被别人信赖。每个人都有不诚信的时候，例如上学时是否作过弊，是否做过不太符合道德规范的事情，如果这些没有伤害到公共利益，就可以通过自省去完善和修正。

第二个层面需要社会舆论。由于人们的猎奇心，愿意找一些不诚信的案例去津津乐道，而诚信的案例却往往被忽略和边缘化。因此，公共舆论在谴责不诚信时，却在监督社会诚信方面存在缺失。所以，有关部门应该大力宣传河北农大这样的正面案例，阻断或者减少误导社会风气的负面影响。例如我们对那些几十年坚守在教书育人第一线的教师的宣传太少，使得社会舆论一边倒。此外，在宣传正面案例时，应该给予当事人高额回报，如社会名誉、经济价值等，可以尝试设立一个道德冠军，从而引导社会趋善避恶。

第三个在法制层面，应该划清界限，"染色馒头"就是违法，"瘦肉精"就是需要制裁，又如抢盐事件幕后肯定存有黑手在制造和散播谣言，一定要查出并绳之以法。只要分清法德情理，社会就会实现相对和谐与安宁。人类心灵扭曲，就是由于法不责众、执法不严和道德的公共监督机制不严厉。因此，政府要健全相关法律法规，而且政府公职人员要率先"言必行、行必果"，发挥示范作用，取信于民。此外，各个团体和组织也要讲诚信。

此外，从心理学视角看，在熟悉社会中讲良心，在半熟悉社会中强调公共道德、公共监督和公共舆论，在陌生社会中讲法制。所以，现在建立和谐社会，需要建立人与人之间的沟通，积极发挥皮格马利翁效应，进行诚信引导与暗示，慢慢实现从陌生到相识、相知、相爱，这也是道德水准可以提升的一个心理处方。

（注：谢遐龄，全国政协委员，复旦大学社会发展与公共政策学院教授；肖群忠，中国人民大学伦理学与道德建设研究中心副主任，教授；林永和，北京工商大学心理素质教育中心主任，教授。）

——转载自中国教育报2011年5月10日

【思考讨论】
阅读上述案例,谈一谈你对诚信道德对社会产生作用的理解。

思想精华

把"德性"教给你们的孩子:使人幸福的是德性而非金钱。这是我的经验之谈。在患难中支持我的是道德,使我不曾自杀的,除了艺术以外也是道德。

——贝多芬

我们以前谁也不曾想到:在这个世界上还有比我们的伦理更完善、立身处事之道更为进步的民族存在。但事实上,我们却发现了中华民族,它竟使我们觉醒了。

——莱布尼茨

生命不可能从谎言中开出灿烂的鲜花。

——海涅

如果要别人诚信,首先自己要诚信。

——莎士比亚

当信用消失的时候,肉体就没有生命。

——大仲马

何事纷争一角墙,让他几尺也无妨,长城万里今犹在,不见当年秦始皇。

——林翰

见贤思齐;吾日三省吾身。

——孔子

辅助练习

一、单项选择题

1. 孔子伦理道德思想的核心是(　　)。
   A. 爱人　　　　　　　　B. 仁
   C. 义　　　　　　　　　D. 德

2. 社会主义道德的核心是（　　）。
   A. 集体主义　　　　　　　　　B. 为人民服务
   C. 共产主义　　　　　　　　　D. 社会公德
3. 社会主义道德的原则是（　　）。
   A. 为人民服务　　　　　　　　B. 集体主义
   C. 爱国主义　　　　　　　　　D. 共产主义
4. 下列哪个层次体现着社会主义道德建设的先进性（　　）。
   A. 先人后己，先集体后个人　　B. 全心全意为人民服务
   C. 人人为我，我为人人　　　　D. 为人民服务
5. 现阶段我国的主要道德类型和对全体公民的共同要求是（　　）。
   A. 人民群众道德　　　　　　　B. 社会主义道德
   C. 共产主义道德　　　　　　　D. 资本主义
6. 道德是由一定的社会经济基础所决定，并为其服务的（　　）。
   A. 政治措施　　　　　　　　　B. 历史传统
   C. 上层建筑　　　　　　　　　D. 习惯势力
7. 人民是一个历史范畴，是对历史发展起（　　）的阶级、阶层和集团的总称。
   A. 阻碍作用　　　　　　　　　B. 消极作用
   C. 推动作用　　　　　　　　　D. 辅助作用
8. 中国共产党第一次以决议形式。肯定了为人民服务是社会主义道德的核心的会议是（　　）。
   A. 十五大　　　　　　　　　　B. 第十四届六中全会
   C. 十三大　　　　　　　　　　D. 第十三届五中全会
9. 道德的核心问题是（　　）的问题。
   A. 人　　　　　　　　　　　　B. 物
   C. 自然　　　　　　　　　　　D. 法律
10. 为人民服务包含着的高层次的社会主义道德是（　　）。
    A. 奉公守法　　　　　　　　　B. 己所不欲，勿施于人
    C. 全心全意为人民服务　　　　D. 先人后己
11. 集体主义中的集体的本质意义表现为以（　　）为核心的利益集团。
    A. 中产阶级　　　　　　　　　B. 农民阶级
    C. 无产阶级　　　　　　　　　D. 多数群众
12. 社会主义集体主义原则的主要价值取向是（　　）。
    A. 集体利益高于个人利益　　　B. 长远利益高于暂时利益
    C. 民族利益高于个人利益　　　D. 社会利益高于集体利益

13. 道德调整人与人之间的关系的实质是调整( )。
    A. 政治关系   B. 利益关系
    C. 思想关系   D. 社会关系
14. 社会主义社会确立的价值目标是( )。
    A. 国家本位   B. 个人本位
    C. 社会本位   D. 民族本位
15. 集体是公共的自我,是由全体个人结合而成的( )。
    A. 实体人格   B. 虚拟人格
    C. 个体人格   D. 公共人格
16. 改革开放以来,我国的经济结构发生了重大变化,引起人们观念的变化,冲突集中表现为( )。
    A. 集体主义和个人主义 B. 个人主义和民族主义
    C. 爱国主义和社会主义 D. 个人主义和国家主义
17. 社会道德规范是人们为了社会稳定和发展所必须遵守的( )。
    A. 社会共同原则   B. 法律准则
    C. 行为规范   D. 必须的礼仪
18. "五爱"作为道德基本要求是社会道德体系中( )的行为准则,是对每个社会成员提出的最基本的要求。
    A. 最原始   B. 最基本
    C. 最高   D. 最低限度
19. 社会主义道德建设必须以集体主义为原则,这样做的目的是( )。
    A. 反对一切形式的个人利益
    B. 维护个人所属的小团体或单位的特殊利益
    C. 在现实中追求个人利益和集体利益的最大和谐发展
    D. 在任何情况下,只要个人利益和集体利益发生矛盾,就必然要个人做出牺牲
20. 道德是一种行为规范,它所包含和要解决的主要矛盾是( )。
    A. 善与恶、正义与非正义 B. 公正和偏私、诚实和虚伪
    C. 经济基础和上层建筑   D. 个人利益和整体利益
21. 中国革命道德的定义是( )。
    A. 中国共产党、一切先进分子和人民群众,在中国革命和建设中所形成的优良传统
    B. 人类社会特有现象,是社会意识形态之一
    C. 一定社会调整人与人、个人与社会之间关系的行为准则和规范的总和
    D. 通过社会舆论、传统习惯和人们内心信念来维持

22. 毫不利己专门利人的精神属于( )。
    A. 中国革命道德传统   B. 中华民族优良道德传统
    C. 人类社会永恒的道德要求   D. 现实社会不存在的道德要求

23. 道德提倡( )。
    A. 必须怎样   B. 可以怎样
    C. 不准怎样   D. 应当怎样

24. 在社会主义条件下,( )成为人们衡量一个人行为和品质的是非、善恶、美丑的根本标准。
    A. 个人主义原则   B. 爱国主义原则
    C. 国家主义原则   D. 集体主义原则

25. 为人民服务低层次的要求是( )。
    A. 人人为我,我为人人   B. 全心全意为人民服务
    C. 毫不利己、专门利人   D. 人人为自己

26. 集体主义原则的核心内容是( )。
    A. 调节社会的各种利益关系   B. 公私兼顾
    C. 集体利益高于个人利益   D. 否认个人利益

27. 近年来西部省区打破条块分割,加强经济协作与联合,在对外经济活动中形成整体优势,取得整体效益,这表明( )。①集体利益的巩固和发展,有利于促进局部利益的发展;②集体主义原则在一定程度上能调节市场经济中出现的矛盾;③集体主义是无产阶级价值观的核心;④发扬集体主义精神,有利于克服地方保护主义。
    A. ①②④   B. ①②③④
    C. ①②   D. ②④

28. 马克思指出"只有在集体中,个人才能获得全面发展其才能的手段,也就是说,只有在集体中才可能有个人自由。"这说明( )。
    A. 集体利益离不开个人利益
    B. 个人利益与集体利益是有矛盾的
    C. 个人利益的实现,离不开集体事业的巩固和发展
    D. 个人利益是暂时利益,集体利益是长远利益

29. 荀子说:"先义后利者荣,先利后义者辱。"这句话的积极意义是( )。
    A. 它是集体主义的萌芽   B. 在义与利的关系上其价值选择是正确的
    C. 取得了义与利的辩证关系   D. 坚持了全面的观点

30. 在社会主义新的历史时期,坚持集体主义价值取向,总的要求是( )。
    A. 心中有自己、心中有国家、心中有他人
    B. 心中有他人、心中有集体、心中有国家

C. 心中有国家、心中有集体、心中没有自己

D. 心中有国家、心中有集体、心中有自己

31. 雷锋说:"一滴水放进大海才永远不会干涸,一个人只有当他把自己和集体事业融合在一起的时候才能最有力量。"这表明(   )。

  A. 个人利益是集体利益的前提

  B. 个人利益可以促进集体利益发展

  C. 个人利益和集体利益是辩证统一关系

  D. 个人利益和集体利益没有矛盾

32. "一个人一旦把自己的命运与祖国的荣辱以及人民的安危联系在一起,他的人格就会产生强大的魅力,他的精神就会变得无比崇高,他的生命就会焕发永恒青春,他的事业就会获得辉煌的成就。"这段话表明(   )。

  A. 集体主义价值观是一种强大的精神力量

  B. 集体主义价值观正确解决了个人利益与集体利益的关系

  C. 集体主义是社会主义社会的要求

  D. 个人利益与集体利益是相互促进的

33. 集体主义原则要求把国家和人民利益放在首位,但社会上有些人强调局部的小集体利益,不顾全大局。这里的"小集体利益"实质上是(   )。

  A. 集体利益   B. 放大了的个人利益

  C. 小生产者的利益   D. 个人利益与集体利益的统一

34. 在坚持集体主义价值取向的过程中,我们每个人具体的价值选择应该(   )。

  A. 强求一致

  B. 不受任何约束

  C. 在不违反集体主义原则前提下作出不同选择

  D. 因人而异,搞多元化

35. 集体主义的中心思想是(   )。

  A. 正确处理个人与集体的关系   B. 正确处理个人利益与个人主义的关系

  C. 正确处理自然与社会的关系   D. 正确处理个人设计与社会需求的关系

36. 公民个人的合法利益(   )。

  A. 与国家利益不会产生矛盾

  B. 与国家和人民的根本利益是一致的

  C. 与"自私"的方向是相同的

  D. 与"自私"的实现手段是相同的

37. 个人主义是资产阶级人生观的核心,这说明(   )。

  A. 唯利是图是资产阶级道德观的基本原则

B. 个人主义只存在于资本主义社会

C. 资产阶级每个成员都是以自私为本性的

D. 个人主义对资本主义发展是消极的

38. 从个人方面看,正确处理国家、集体和个人三者利益关系关键在于(　　)。

   A. 兼顾三者利益,做好统筹兼顾　　B. 发扬爱国主义

   C. 反对人利益　　D. 同等看待

39. 山东省临沂市罗泉庄村共产党员王廷江拿出几百万元帮助村民,这表明(　　)。

   A. 市场经济条件下,集体主义精神仍然发挥作用

   B. 发扬集体主义必须否认个人利益

   C. 个人主义是错误的

   D. 学习雷锋精神

40. 下列关于集体主义与个人主义的区别的认识,错误的是(　　)。

   A. 出发点上前者是人民利益,后者是个人利益

   B. 在利益关系上,前者排斥个人利益,后者排斥集体利益

   C. 在客观上前者无私奉献,后者损人利己

   D. 在精神上前者情操高尚,后者卑下庸俗

41. 美国一位心理学家说:"I + We = fullyI"("我 + 我们 = 完整的我"),从道德观看,这句话理解正确的是(　　)。

   A. 集体离不开个人

   B. 人的自我价值高于社会价值

   C. 个人的才能只有在集体中才能得到完善发展

   D. 自我奋斗也能升华人生价值

42. 以下说法正确的是(　　)。

   A. 集体主义的产生与一定生产关系相适应

   B. 集体主义从来就有

   C. 集体主义与个人主义在人类历史上并存

   D. 利己主义就是看重个人利益

43. 道德是通过下述形式来维持的,其中最关键的是(　　)。

   A. 社会舆论　　B. 传统习俗

   C. 内心信念　　D. 宣传教育

44. 人类最初的道德的表现形式是(　　)。

   A. 社会舆论　　B. 传统习俗

   C. 内心信念　　D. 宣传教育

45. 道德的本质归根到底由( )决定的。
   A. 上层建筑　　　　　　　　B. 阶级需要
   C. 政治要求　　　　　　　　D. 经济基础

46. 下列说法中反映道德发展规律的是( )。
   A. 人类道德发展的历史过程与社会生产方式的发展进程完全一致
   B. 人类道德发展的历史过程与社会生产方式的发展进程完全相反
   C. 人类道德发展的历史过程与社会生产方式的发展进程没有关系
   D. 人类道德发展的历史过程与社会生产方式的发展进程大体一致

47. 个人能否按道德要求去做,关键在于( )。
   A. 个人秉性　　　　　　　　B. 内心信念
   C. 个人爱好　　　　　　　　D. 个人习惯

48. 道德对生产力的影响,主要是通过( )。
   A. 人的能力状态来实现　　　B. 人的财富来实现
   C. 人的精神状态来实现　　　D. 人的个性来实现

49. "夙夜在公"体现了中华民族优良道德传统( )。
   A. 注重整体利益的精神　　　B. "仁爱"原则
   C. 重视道德践履　　　　　　D. 崇尚志向,重视节操的精神境界

50. 下列对中华民族的优良道德传统的正确理解是( )。
   A. 指中国古代道德文明的精华,中国各民族共存共荣的凝聚剂,中华民族精神的集中体现
   B. 人类社会特有现象,是社会意识形态之一
   C. 通过社会舆论、传统习惯、内心信念来维持
   D. 一定社会调整人与人、个人与社会之间的关系的行为准则和规范的总和

二、多项选择题

1. 为人民服务道德观的要求表现在( )。
   A. 站在人民的立场上立身处世　　B. 放弃个人利益
   C. 以人民的利益为言行的宗旨　　D. 尊重人民群众的主人翁地位

2. 下面关于"集体主义"的说法正确的是( )。
   A. 集体利益高于个人利益
   B. 重视个人的正当利益
   C. 顾全大局,必要时牺牲自己的利益和生命
   D. 集体利益和个人利益是辩证统一的关系

3. 道德不同于其他社会意识形态的特点,在于道德具有( )。
   A. 他律性　　　　　　　　　B. 渗透性

C. 强制性　　　　　　　　　　D. 自律性

4. 共产主义道德是对少数先进分子的要求,除同一般公民的要求外,还特别要求(　　)。
   A. 大公无私　　　　　　　　B. 毫不利己、专门利人
   C. 热爱祖国　　　　　　　　D. 全心全意为人民服务

5. 集体主义作为社会主义道德的基本原则是因为(　　)。
   A. 集体主义是多数人容易接受的原则
   B. 集体主义是人类社会本质的必然选择
   C. 集体主义是社会经济关系所表现出来的利益决定的
   D. 集体主义是调节个人与社会利益的基本原则

6. 个人主义是(　　)。
   A. 封建主义制度的产物
   B. 私有制经济基础的产物
   C. 资产阶级的人生观、价值观、道德观的核心和基本原则
   D. 资产阶级生活的基本态度

7. 西方思想家所认为的个人主义的主要内容有(　　)。
   A. 作为一种财产制度,强调维护个人财产的私有制
   B. 作为价值观,强调个人本身是目的,具有最高价值,社会只是达到个人目的的一种手段
   C. 作为价值观,强调社会本身是目的,个人是达到社会目的的途径
   D. 作为一种政治思想。强调个人的"自由""民主""平等",反对任何人对个人的干预和限制

8. 个人主义的思想体系是(　　)。
   A. 以个人为核心　　　　　　B. 一切以他人为目的
   C. 一切从个人利益出发　　　D. 一切以个人为目的

9. 社会主义道德的基本要求包括有(　　)。
   A. 爱祖国与爱社会主义　　　B. 爱人民
   C. 爱劳动　　　　　　　　　D. 爱科学

10. 与历史上一切剥削阶级道德相比,社会主义道德的基本特征有(　　)。
    A. 能够在实践中不断地完善和发展
    B. 建立在历史唯物主义的科学基础之上
    C. 符合历史发展方向和人民的根本利益
    D. 通过社会舆论和国家强制力量来维持

11. 集体利益高于个人利益的意思是(　　)。
    A. 集体利益与个人利益是不一致的
    B. 顾全大局

C. 集体利益代表着全体成员的利益

D. 当个人利益与集体利益发生冲突的,个人利益要服从集体利益

12. 道德主要是通过社会舆论、传统习惯和人们的信念来维持,通过(   )方式起作用。

    A. 劝诫   B. 说服

    C. 示范   D. 国家强制力

13. 道德修养的主要内容包括(   )。

    A. 提高道德认识   B. 陶冶道德情感

    C. 锻炼道德意志   D. 养成良好行为习惯

14. "只有在集体中,个人才能获得全面发展其才能的手段,也就是说,只有在集体中才可能有个人自由。"这说明(   )。

    A. 没有集体利益,就不可能有个人利益

    B. 集体主义坚决排斥个人利益和个性自由

    C. 广大人民只有靠集体奋斗才能实现自身的正当利益

    D. 集体主义要求个人无条件地服从集体

15. 道德是(   )。

    A. 人类特有的现象,是社会意识形态之一

    B. 一定社会调整人与人、个人与社会之间关系的行为准则和规范的总和

    C. 规定人们行为"必须怎样做""不准怎样做"

    D. 通过社会舆论、传统习惯和人们内心信念来维持

16. 社会主义道德的基本要求是(   )。

    A. 爱祖国、爱人民、爱劳动   B. 爱人民、爱工作

    C. 爱党、爱社会主义   D. 爱科学、爱社会主义

17. 共产主义道德作为一种道德体系包括以下几种形态(   )。

    A. 资本主义条件下的无产阶级道德

    B. 社会主义条件下的无产阶级道德

    C. 共产主义社会的共产主义道德

    D. 社会公德、职业道德、家庭美德

18. 道德作为一种道德现象,其产生与发展经历了一个漫长的历史过程。下列说法中反映道德起源的是(   )。

    A. 社会关系的形成是道德产生的客观条件

    B. 道德在社会生活中所起的作用越来越重要

    C. 人类自我意识的形成与发展是道德产生的主观条件

    D. 劳动是人类道德起源的第一个历史提前

19. 道德的本质是由( )决定的。
   A. 社会经济关系的性质　　　　B. 社会经济关系所表现出来的利益
   C. 阶级关系　　　　　　　　　D. 人们对道德的认识与把握

20. 道德的功能是指道德作为社会意识的特殊形式对于社会发展所具有的功效与能力。主要有( )。
   A. 强制功能　　　　　　　　　B. 认识功能
   C. 弘扬功能　　　　　　　　　D. 调节功能

21. 道德对社会有重要的作用,有( )。
   A. 道德能够影响经济基础的形成、巩固和发展
   B. 道德是影响社会生产力发展的一种重要的精神力量
   C. 道德对社会意识形态的存在和发展有重大影响
   D. 道德能够维护社会秩序和稳定

22. 下列选项中,对社会主义道德正确理解的有( )。
   A. 社会主义道德是建立在历史唯物主义基础上的
   B. 社会主义道德决定社会主义经济基础的发展方向
   C. 社会主义道德符合社会历史发展的方向和人民的根本利益
   D. 随社会主义实践的发展,社会主义道德发挥作用的范围也在扩大

23. 下列选项中,对社会主义道德正确理解的有( )。
   A. 社会主义道德是以公有制为主体的经济基础的反映
   B. 社会主义道德是以马克思主义世界观为指导,由无产阶级自觉地培养起来的道德
   C. 社会主义道德是以为人民服务为核心,集体主义为原则,代表无产阶级和广大劳动人民根本利益和长远利益的先进道德体系
   D. 社会主义道德属于共产主义道德体系,是共产主义道德在社会主义历史阶段的具体体现

24. 下列属于人民范畴的是( )。
   A. 工人阶级、农民阶级、知识分子
   B. 一切坚持和拥护四项基本原则的社会主义公民
   C. 拥护社会主义的爱国者
   D. 拥护祖国统一的爱国者

25. 下列对社会主义道德核心的内容正确理解的是( )。
   A. 为广大人民服务
   B. 即市场经济的"为他性"服务
   C. 以维护人民利益为最高要求
   D. 有为社会献身的精神

26. 下列对为人民服务不同层次要求内容的不正确理解是( )。
    A. 主观为自己,客观为别人　　　B. 为某个团体服务
    C. 为人民服务　　　　　　　　　D. 人人为我,我为人人
27. 下列对集体主义含义正确理解的是( )。
    A. 集体主义是社会主义道德的原则
    B. "集体"是经济所有制意义上的集体
    C. 集体本质上表现为以无产阶级为核心的利益集团
    D. 集体主义维护以无产阶级为核心的全体劳动人民的共同利益
28. 集体主义包括的内容有( )。
    A. 重视个人的正当利益　　　　　B. 集体利益与个人利益是矛盾的统一
    C. 个人利益无条件地服从集体利益　D. 集体利益高于个人利益
29. 下列对集体利益与个人利益是矛盾的统一体正确理解的是( )。
    A. 集体利益是个人利益汇合而成的,个人的正当利益是集体利益不可分割的一部分
    B. 集体利益与个人利益不存在着一致性
    C. 不包含个人利益的集体利益是根本不存在的
    D. 集体利益与个人利益是相对抗的
30. 以集体主义为原则的社会主义道德要求( )。
    A. 只要个人利益与集体利益发生冲突,就必然要求个人作出牺牲
    B. 重视个人正当利益
    C. 集体是达到个人目的的一种手段
    D. 集体利益高于个人利益
31. 下列对集体主义原则主张集体利益高于个人利益的正确理解的是( )。
    A. 要求把国家、民族和集体的利益放在首位
    B. 提倡个人利益与集体利益发生冲突时,个人利益要服从集体利益
    C. 个人不论在什么情况下要无条件地牺牲个人利益
    D. 提倡个人利益与集体利益发生冲突的必要时,个人为集体利益放弃个人利益或献身
32. 集体主义作为社会主义道德的基本原则的原因是( )。
    A. 集体主义是调节个人利益与集体利益的规范
    B. 集体主义是人类社会本质的必然选择
    C. 集体主义是社会经济关系所表现出来的利益决定的
    D. 集体主义由社会政治关系所表现出来的利益决定的
33. 下列说法中,对慎独正确理解的是( )。
    A. 是个人在独处、无人监督时,能坚守自己的道德信念,对自己的言行,小心谨慎,不做任何不道德的事

B. 强调的是在"隐事"和"微事"上下功夫

C. 能避免社会生活中的双重人格、两面行为

D. 仅能达到从小事做起,从我做起的境界

34. 道德修养的方法主要有(　　)。

　　A. 学思并重与省察克治　　　　B. 慎独自律

　　C. 积善成德　　　　　　　　　D. 知行统一

35. 培养诚信对大学生的成长有积极作用。其作用是(　　)。

　　A. 内心认同诚信就行　　　　　B. 诚信是大学生树立理想信念的基础

　　C. 诚信是大学全面发展的前提　D. 诚信是大学生进入社会的"通行证"

三、简答题

1. 简述道德的功能含义和主要功能。

2. 简述道德和道德的社会作用。

3. 中华民族优良道德传统的基本内容是什么?

4. 为什么说社会主义道德建设要以为人民服务为核心。

5. 集体主义原则的主要内容是什么?

6. 简述集体主义道德要求的具体层次。

7. 简述公民基本道德规范的主要内容。

8. 为什么说诚实守信是公民道德建设的重点?

9. 怎样理解大学生要把诚信作为高尚的人生追求、优良的行为品质、立身处世的根本准则?

10. 道德修养的途径和方法是什么?

【参考答案】

一、单项选择题

1. B　2. B　3. B　4. B　5. B　6. C　7. C　8. C　9. A　10. C　11. C　12. A　13. B
14. C　15. D　16. A　17. C　18. B　19. C　20. A　21. C　22. A　23. D　24. D　25. A
26. C　27. A　28. C　29. B　30. C　31. B　32. A　33. B　34. C　35. A・36. B　37. A
38. A　39. A　40. B　41. C　42. A　43. C　44. B　45. D　46. D　47. B　48. C　49. A
50. A

二、多项选择题

1. ACD　2. ABCD　3. BD　4. ABD　5. ABCD　6. BCD　7. ABCD　8. ACD　9. ABCD
10. ABC　11. ABD　12. ABC　13. ABCD　14. AC　15. ABD　16. AD　17. BC　18. ACD
19. ABC　20. BD　21. ACD　22. ACD　23. ABCD　24. ABCD　25. ACD　26. AB
27. ACD　28. ABD　29. AC　30. BCD　31. ABD　32. BCD　33. ABC　34. ABCD

35. BCD

三、简答题

1. 道德的功能,是指道德作为社会意识的特殊形式对于社会发展所具有的功效与能力。道德的功能集中表现为处理个人与他人、个人与社会之间关系的行为规范及实现自我完善的一种重要精神力量。在道德的功能系统中,主要的功能有①认识功能,即道德反映社会现实特别是反映社会经济关系的功效与能力。②调节功能,即道德通过评价等方式,指导和纠正人们的行为和实际活动,协调人们之间关系的功效与能力。

2. ①道德属于上层建筑的范畴,是一种特殊的社会意识形态。它通过社会舆论、传统习俗和人们的内心信念来维系,是对人们的行为进行善恶评价的心理意识、原则规范和行为活动的总和。②道德的社会作用主要表现在:道德能够影响经济基础的形成、巩固和发展;道德对其他社会意识形态的存在和发展有着重大的影响;道德是影响社会生产力发展的一种重要的精神力量;道德通过调整人们之间的关系维护社会稳定;道德是提高人的精神境界、促进人的自我完善、推动人的全面发展的内在动力;在阶级社会中,道德是阶级斗争的重要工具。

3. ①注重整体利益、国家利益和民族利益,强调对社会、民族、国家的责任意识和奉献精神。②推崇"仁爱"原则,追求人际和谐。③讲求谦敬礼让,强调克骄防矜。④倡导言行一致,强调恪守诚信。⑤追求精神境界,把道德理想的实现看作是一种高层次的需要。⑥重视道德践履,强调修养的重要性,倡导道德主体要在完善自身中发挥自己的能动作用。

4. ①道德建设的核心,即道德建设的灵魂,它决定并体现着社会道德建设的根本性质和发展方向,规定并制约着道德领域中的种种道德现象。道德建设核心的问题,实质上是一个"为什么人服务"的问题。②为人民服务是社会主义经济基础和人际关系的客观要求。在我国社会主义基本经济制度的条件下,每个社会主义的劳动者和建设者都在为社会、为他人同时也是为自己而劳动和工作。在全体人民共同利益的基础上,在整个社会生产和生活的过程中,逐步形成了团结互助、平等友爱、共同进步的人际关系。每个人都是服务对象,每个人又都为他人服务,全体人民通过社会分工和相互服务来实现共同利益。③为人民服务是社会主义市场经济健康发展的要求。市场经济不仅不排斥为社会和他人服务,而且需要通过服务甚至是优质服务,才能实现市场主体自己的利益。这一点说明,为人民服务与市场经济并不是必然对立的。但是,不能把市场经济的利他性同为人民服务混为一谈。我们说社会主义市场经济的本质要求为人民服务,强调的是在国家的宏观调控和社会主义精神文明的引导、制约下,每个市场主体要有为人民服务的思想,更自觉、更积极、更规范地在自主的基础上为人民、为社会服务,要求市场主体把自身的特殊利益同国家和人民的共同利益结合起来。

5. ①社会主义集体主义强调集体利益和个人利益的辩证统一。②社会主义集体主义强调集体利益高于个人利益。倡导把国家、集体利益放在首位,当国家、集体和个人利益发生矛盾时,个人利益要服从国家和集体利益,必要时牺牲个人利益。③社会主义集体主义强调重视和保障个人的正当利益。充分尊重和维护个人的正当利益,发挥个人的主观能动作用。坚持国家、集体和个人利益相结合,促进社会和个人和谐发展。

6.①是无私奉献、一心为公。这是集体主义的最高层次,是共产党员、先进分子应努力达到的道德目标。②是先公后私、先人后己。这是已经具有较高的社会主义道德觉悟的人们能够达到的道德目标。③是公私兼顾。这是对我国公民最基本的道德要求。

7.①"爱国守法",强调公民应培养高尚的爱国主义精神,自觉地学法、懂法、用法、守法和护法;②"明礼诚信",强调公民应文明礼貌、诚实守信、诚恳待人;③"团结友善",强调公民之间应和睦友好、互相帮助、与人友善;④"勤俭自强",强调公民应努力工作、勤俭节约、积极进取;⑤"敬业奉献",强调公民应忠于职守、克己为公、服务社会。在公民道德实践中,各个公民基本道德规范的功能和作用是互相渗透、交叉并行的。

8.①诚实就是真实无欺,既不自欺,也不欺人;守信就是重诺言,讲信誉,守信用。诚实和守信是统一的。②诚实守信是中华民族的传统美德。在我国传统道德中,诚实守信被看作"立身之本""举政之本""进德修业之本",孔子甚至认为可以"去兵""去食",而不可以无信。③在发展社会主义市场经济、构建社会主义和谐社会的过程中,更加需要大力倡导诚实守信的美德。首先,诚实守信是市场经济条件下经济活动的一项基本道德准则。其次,诚实守信是职业道德的一项基本要求。最后,诚实守信是做人的一项基本道德准则。

9.①诚信是大学生树立理想信念的基础。一个没有良好诚信品德的人,不可能有坚定的理想信念。②诚信是大学生全面发展的前提。大学生只有以诚实守信为重点,加强思想道德修养,讲诚信、讲道德,言必信、行必果,诚心做事、诚实做人,言行一致、表里如一,自觉端正态度,坚守道德规范,才能不断提高思想道德素质、科学文化素质和健康素质,实现全面发展。③诚信是大学生进入社会的"通行证"。大学生只有树立诚信为本、操守为重的信用意识和道德观念,"以诚实守信为荣、以见利忘义为耻,"努力培养诚实守信的优良品质,奠定立足现代社会的道德基石,才能成为高素质的各类人才,承担起社会责任和历史使命。

10.①道德修养是个体在道德意识、道德行为方面,自觉地按照一定社会或阶级的道德要求,所进行的自我审度、自我教育、自我锻炼、自我改造和自我完善的活动。②道德修养的途径:道德修养并不是脱离实际的闭门思过,而是与社会实践相联系的个体道德上的自我反省和自我升华。与社会实践相联系,是进行道德修养的根本途径。③道德修养的方法:其一,学思并重的方法,即通过虚心学习,善于思索,辨别善恶,学善戒恶,以涵养良好的德性。其二,省察克治的方法,即通过反省检验以发现和找出自己思想与行为中的不良倾向、坏的念头,并加以抑制和克服。其三,慎独自律的方法,即在无人知晓、没有外在监督的情况下坚守自己的道德信念,自觉按道德要求行事,不因为无人监督而恣意妄为。其四,积善成德的方法,即通过积累"善行"或"美德",使之巩固强化,以逐渐凝结成优良的品德。其五,知行统一的方法,即通过将提高道德认识与躬行道德实践统一起来,以促进道德要求内化为自己的道德品质,外化为实际的道德行为。

实践活动设计

展示"中华传统美德格言"

实践目的与要求：通过本活动，让学生接受传统美德教育，更好地继承和弘扬中华民族优良传统。

实践步骤：

1. 任课教师布置学生收集"中华传统美德格言"，写出原文、出处及其含义。每位同学不少于5句。
2. 在班级中选举最具影响力的"中华传统美德格言"。

考核方法：任课教师根据学生参与情况给出实践教学环节的成绩。

Chapter 5

领会法律精神　理解法律体系

学习目标

通过学习使大学生了解社会主义法律的内涵、体系及运行机制,领会社会主义法律的精神,帮助大学生树立依法治国的法律理念,增强维护社会主义法律权威的自觉性,掌握社会主义法律修养的途径和方法。培育社会主义法治观念,从而提升我国公民的社会主义法律修养,更好地实现依法治国的执政方针。

核心问题解析

第一节　法律的概念及其历史发展

1. 法律并不是从来就有的,是随着私有制、阶级和国家的出现而逐步产生的

人类社会先后存在过四种历史类型的法律,即奴隶制法律、封建制法律、资本主义法律和社会主义法律。

2. 法律的定义

法律是由国家制定或认可并依靠国家强制力保证实施的,反映由特定社会物质生活条件所决定的统治阶级意志,规定权利和义务,以确认、保护和发展有利于统治阶级的社会关系和社会秩序为目的的行为规范体系。

第二节　社会主义法律精神

1. 社会主义法律的本质

我国社会主义法律是工人阶级领导下的广大人民意志的体现,是社会历史发展规律和自然规律的反映,具有鲜明的科学性和先进性。

2. 社会主义法律的作用

规范作用——指引、预测、评价、强制、教育;

社会作用——确立和维护人民民主专政的国家制度、社会主义的经济制度、和谐稳定的社会秩序,推动社会改革与进步。

第三节　我国宪法确立的基本原则和制度

1. 我国宪法的特征和基本原则

特征:宪法规定了国家生活中最根本、最重要的方面;具有最高的法律效力;比其他法律更为严格。

基本原则:党的领导、人民主权、人权保障、法治原则、民主集中制。

2. 我国的国家制度

人民民主专政制度;人民代表大会制度;中国共产党领导的多党合作和政治协商制度;民族区域自治制度;基层群众自治制度;基本经济制度。

3. 我国公民的基本权利和义务

权利:平等权、政治权利和自由、宗教信仰自由、人身自由权、监督权和取得国家赔偿权、社会经济权、文化教育权、特定主体权利。

义务:维护国家统一和全国各民族团结;遵守宪法和法律;维护祖国的安全、荣誉和利益;保卫祖国、依法服兵役和参加民兵组织;依法纳税;其他义务。

第四节　中国特色社会主义法律体系

1. 我国的实体法律制度

民商法律制度;行政法律制度;经济法律制度;刑事法律制度。

2. 我国的程序法律制度

民事诉讼法律制度;行政诉讼法律制度;刑事诉讼法律制度;仲裁和调解制度。

案例共享

案例1

复旦投毒案

2013年4月16日,上海,2010级硕士研究生黄洋同学经抢救无效死亡。黄洋的被害,令与他同专业的同学难以相信。黄洋是四川自贡人,家境贫寒,但个人非常努力,成绩也很优异。他是为了给母亲治病,才立志学医的。平时在班级里,他勤奋好学,多次获得学校奖学金。据了解,她母亲手术费都来自他的奖学金。在他喝到有毒水时,感觉到异样特意倒掉了原有的水并清洗了饮水机,以防同室其他同学喝到。这也引发了网友关于"误杀"的猜测。上海市二中院于10月30日立案受理复旦投毒案,林森浩涉嫌以投毒方式故意杀人,该案由上海市人民检察院第二分院提起公诉。

2010年,林某因成绩优异被中山大学推荐,免试进入上海复旦大学医学院攻读研究生,并在中山医院见习。

在此期间,林某依然保持不错的成绩,并在研究生学生会担任干部。在复旦的校外冠名奖学金名单中也有林某的名字。林某曾在自己的书中写下"我热爱医学,立志献身医学事业,为祖国医学发展与人类身心健康奋斗终身"这样的誓言。

"林看起来挺阳光的,也挺开朗的。"与林某一起组织过活动的段同学回忆,林某碰到熟人都会主动打招呼,对师兄师弟也比较客气。不少见过林某的校友,对其的描述仍大多是"阳光、热情"。

——百度文库

【思考讨论】
从此案件中我们可以得出怎样的结论?

案例分析

大学生既要具备良好的思想道德素质,也应具备相应的法律素质,树立"以遵纪守法为荣,以违法乱纪为耻"的观念。学习和掌握法律知识,增强法律意识,提高运用法律的能力,是培养大学生法律素质的基本内容。

案例 2

落下病根无钱医治,见义勇为英雄三告被救少女

因勇救落水少女而被常州市政府授予"见义勇为先进分子"荣誉称号的邳州市人杨永,却因救人落下病根,成了一生都离不开治疗的"药罐子"。

为讨个说法,也为落实治疗费用,杨永不得不一而再、再而三地将被救女孩推上法庭。日前,杨永在接受《现代快报》记者采访时表示:"如果可能,我希望一次了结此事。我不希望我救了这个孩子,又害了她。"

见义勇为落下病根

事情得从1999年12月9日说起。当天下午3时许,杨永卖完老姜,骑车经过常州兰陵木器厂附近时,看到河边围着一大群人,一个女孩正在河中挣扎。他顾不得多想,衣服也没脱就跳入河中。由于天冷,衣服厚重,再加上河边很滑,几经周折,杨永才把女孩托上岸。还没来得及喘口气,就听有人喊"书包还在河里"。"学生没了书包怎么行?"这么想着,杨永又一头扎进了水里,捞起书包。

等精疲力竭的杨永上岸时,女孩已被人送走。事后,杨永才得知,获救的女孩是常州物资学校的学生黄某,那天她是被一辆红色助力车撞入河中的。

围观的人很快散去,一身泥水的杨永站在风里直打哆嗦。等他推着车快跑到住处时,已成了个"冰人",全身没了知觉,连人带车倒在地上。次日,杨永便发起高烧,起初他以为是感冒了,但连吃了几天的感冒药也未奏效。后来,他两腿关节和腰部开始酸痛,并蔓延到全身关节。他跑遍了常州各大医院,最后被诊断为痹症、关节炎等。

求助无门对簿公堂

在杨永四处求医的同时,女孩的家人也在电台播出了寻找救命恩人的启事。在老乡的介绍下,杨永和女孩的母亲见了面。黄母千恩万谢,并强留下礼物。他们还互留了地址,希望今后常来常往。

可杨永的病始终不见好转,反而更严重了,并被医院通知住院。原本每天骑车近百里,靠卖老姜为生的杨永,现在却因病只能待在家里,连生活都成了问题。杨永觉得,这个责任应当由肇事者负。他来到女孩家,希望他们帮忙找到肇事者。可黄母明确表示,杨永救了她女儿,她表示感谢,但他们已和肇事者达成了协议,不想再纠缠此事。杨永屡次上门后,黄母不耐烦了,不是避而不见,就是赶他走,双方关系急剧恶化。杨永的心凉了,他决定通过法律途径讨个说法。

法院判定女孩补偿

就在杨永求助碰壁的时候,他的义举却得到了肯定。2000年5月18日,常州市人民政府授予杨永常州市"见义勇为先进分子"荣誉称号,并奖励其5 000元现金。

可这些奖金只是杯水车薪,杨永一家三口全靠妻子一人打工每月挣得三四百元钱维持生

计。加上不断增加的医药费，全家生活陷入了困境。2000年底，杨永无奈之下只好把他亲手救起的女孩推上了被告席。要求法院判令其赔付医疗费、误工费、精神损失费等共计26万余元。

2001年11月29日下午，原常州市郊区人民法院公开审理了这起罕见的见义勇为者状告被救少女的人身损害赔偿案。这期间，原常州市郊区人民法院委托常州市中级人民法院对杨永的伤情进行了鉴定，并追加肇事者陈某作为被告参加诉讼。

法院经审理认定，杨永救人事实成立，且黄某和陈某分别是其行为的直接和间接受益人，因此两被告均应对杨永的损害进行赔偿。法院于2002年7月31日做出判决：黄某赔偿杨永医疗费、交通费、住宿费2 593.86元，陈某赔偿3 890.78元。杨永不服，提出了上诉，常州市中级法院维持了原判，并将"赔偿"更正为"补偿"。

官司今后年年得打

杨永的病被医学界称为"不死的癌症"，需长期治疗，没有了收入来源的他很快又陷入了窘境。2004年底，杨永再次将黄某和陈某推上被告席，要求其赔偿2002年7月后所支出的医疗费、交通费等6 800余元。法院很快做出判决，要求两被告适当补偿。时隔一年，2005年底，杨永又不得不以相同的理由再次提起诉讼，要求继续赔偿。目前，法院已受理了此案。

杨永说："我希望一次性做个了结，我这样接连打官司对这个女孩的精神一定会产生影响，我救了她，不希望又害了她。听说她考上了大学本科，我很为她高兴。可我也很无奈，我的病不能不治，我现在仍然是每天全身关节痛，天冷更是如此。"

杨永的代理律师刘为帅介绍，《江苏省奖励和保护见义勇为人员条例》中规定：见义勇为的行为受法律保护。对因见义勇为受到损害的人员，其所在单位、有关部门和司法机关应当采取相应的保护措施，帮助解决生活、医疗、就业、入学、优抚等实际问题。但就目前的实际情况而言，此规定不够具体，相关的责任部门也不明确，很难落实。杨永的情况又特殊，今后所需的治疗费无法预计，因此只能通过年年起诉的方式，获得相应的补偿。

常州市见义勇为基金会一位姓张的工作人员也表示，考虑到杨永家里生活困难，同时为鼓励其见义勇为的行为，基金会已给予了最大的帮助，前后拿出了近2万元。至于其他的救助，一方面是基金会并没有此行政职能，另一方面相关部门对此也未有定论。

2006年1月18日上午，杨永再次把自己亲手救上岸的黄某和肇事者陈某告上法庭。他要求两被告补偿他的医药费3 142元、交通费1 338元、误工费1 188元，合计5 668元。江苏省常州市天宁区人民法院开庭，杨永和黄某的父母同时出庭，杨永出示了近年来自己看病的各种凭证，法庭没有当庭宣判。

这已经是杨永第三次把黄某推上被告席了。此案在当地引起广泛关注。记者采访过程中，一些人表示了对心目中英雄的极度失望，甚至迁怒于风气不好、人心不古，但也有一些人忠告：不要对英雄求全责备，应该抱以平常心。

——摘自《落下病根无钱医治，见义勇为英雄三告被救少女》，新华网，2006年1月9日

【思考讨论】

1. 你是如何看待见义勇为中的法律与道德问题的？
2. 如何界定见义勇为的法律性质和特征？
3. 见义勇为如何获得"公正"的法律救济与帮助？法律和制度层面应如何关注和解决见义勇为的社会问题？

案例分析

本案例主要通过界定见义勇为的法律性质和特征，来探讨见义勇为中的法律与道德问题，以及见义勇为行为的受益人到底该不该承担行为人损失的赔偿责任。

扶贫帮困、见义勇为是中华民族的传统美德，对弘扬社会正气、推动人类的文明进步起着非常重要的作用。现实生活中，见义勇为者的正义行为和合法权益却得不到有效保护的现象时有发生，这不利于鼓励见义勇为的行为，甚至导致更多的见义不为、见危不为的现象。本案例中，尽管杨永的做法不值得提倡，但"见义勇为者流血，其家属流泪"现象在我国已屡屡发生。因此，杨永起诉后，全国大大小小的媒体都予以报道。

据统计，我国每年发生安全事故、治安案件数百万起，2003年突破250万起，每年还以10%的速度递增，需要鼓励全社会树立起见义勇为的良好风尚。见义勇为是在高尚的道德情操和高度的思想觉悟驱使下进行的，也是社会主义道德规范所提倡的。但是，见义勇为一般具有很高的人身危险性，现实中常发生因见义勇为而使行为人或其亲属遭受财产损失、见义勇为者受到人身伤害的情况，如何进行救济我国法律尚无明确规定。

近年出现的因见义勇为引起的索赔案件，在审判实践中，基于不同的认识，有不同的处理结果。本案中法院部分支持了原告的诉讼请求，充分弘扬了社会的主旋律，也是有其法律依据的。虽然目前我国现行法律对见义勇为无明确规定，但《中华人民共和国民法通则》（以下简称《民法通则》）及最高人民法院《关于贯彻执行〈中华人民共和国民法通则〉若干问题的意见》（以下简称《适用意见》）中的一些规定，可以作为处理此类案件的依据。首先，从法学理论上来说，见义勇为在我国民法中应属于无因管理的范畴。其次，《民法通则》第93条规定"没有法定或约定的义务，为避免他人利益受损失而进行管理和服务的，有权要求受益人偿付由此支付的必要费用"，这是无因管理之债发生的法律依据。另外，《适用意见》第142条明确规定：为维护国家集体或他人的合法利益而使自己受到损害，在侵害人无力赔偿或无侵害人的情况下，如果受害人提出请求的，人民法院可以根据受益人受益的多少及其经济状况，责令受益人给予适当补偿。这些规定可作为法院对见义勇为索赔案件的处理依据。

案例 3

史上最牛钉子户

2007年3月27日傍晚时分,重庆杨家坪鹤兴路17号的主人杨武来到顶楼的平台,这是他在"孤岛"上的第7天。在大约两个小时前,这个被称为"史上最牛钉子户"的户主出现在窗口,用他那标志性的动作——握紧拳头——大喊:"我要和市长对话!"随后,又拿起手机给知道联系方式的几个记者激动地打电话:我是重庆杨武,我要见(市委书记)汪洋!此时,重回平静的杨武向下望了一下四周的深坑,其凛然的神态,宛如城堡的主人在逡巡城堡周围的护城河。事实上,在整个3月末,来自全国和世界的上百家媒体和媒体背后的目光都在等待,看身处"孤岛"的杨武以及这个已陷入僵局的"最牛钉子户"事件,如何最终落脚到彼岸。

一个人的擂台

此前,自从3月21日突然从幕后"浮出水面"并戏剧性地孤身攀上"孤岛"以来,杨武一直安静地保卫着他的房子。用妻子兼"发言人"吴苹的话来讲,他是一个"坐得住的人"。上"孤岛"以后,他从未主动和家人联络。对杨武来说,高出大坑17米的这个"孤岛",不啻于电影《霍元甲》中高高在上的武术擂台,只不过,这是他一个人的擂台,他不允许别人侵犯。3月21日下午,他对坡下欲上前阻拦他进屋的工地保安伸出拳头:"你敢上来,我就把你们打下去!"这是一次让人始料未及的"出拳"。如果将谈判视作一场拳王争霸赛,那么这个前"渝州拳王"在前11个回合都隐忍不发,最后一回合时,他出拳了,且一出就是重拳。根据三天前九龙坡区法院的裁定,杨武必须在22日以前自行搬迁,否则法院将予以强拆。

漫长的拉锯战

一方是可谓"戒急用忍"的国企开发商,一方则犹如为保巴国城池而殒命不恤的巴蔓子,一场漫长的拉锯战不可避免。拉锯战的张力已达到饱和,僵局起源于1993年。那一年,杨家木质结构的老房子年久失修,吴苹获准在原址重建起现在这栋小楼。然而,杨家的房子还未干透,鹤兴路就张贴出拆迁公告,宣布重庆南隆房地产开发有限公司(以下简称南隆公司)为拆迁开发商。从当时的照片看,杨家新翻修的房子在众多棚户房中格外醒目。但对于鹤兴路上那些长久住在困危房中的居民们来说,拆迁无疑是有吸引力的。任忠萍说,当时这就是一个危房改造项目,鹤兴路片区地处当地的商业核心地段,但80%左右的建筑系危房。

然而,由于资金原因,拆迁却一直没有动静,且一停就是11年。直到2004年,重庆南隆与重庆智润置业有限公司(下称重庆智润)签署联建协议,后来,重庆正升加入,成为该项目法人。动迁从此重新启动。该项目的拆迁补偿方案有现房安置和货币安置两种。吴苹选择了房子,一如11年前那样坚持。由于开发商一直不同意吴苹原地安置的条件,双方没有正式协商。"当时开发商本着先易后难的原则,把她先放了一下。"任忠萍说。"之后,通过一户户谈判做工作,其他拆迁户都接受了安置方案。"任忠萍说,到2006年9月份,整个鹤兴路上只剩下吴苹一家。

不是结局的结局

2007年4月,在已被挖了十米地基中间的孤岛上坚守了三年的重庆"钉子户"杨武,从开发商处获得约350万元的拆迁补偿费及价值30万元的安置房。"钉子户"是人们对《物权法》的一大关注热点,特别是它所引发的公共利益之争的话题至今还没有得出定论。

——案例来源:《史上"最牛钉子户"面临强拆》专题,网易新闻

【思考讨论】

1. 什么是物权法视野下的公共利益?
2. 你怎样看待"史上最牛钉子户"事件?

案例分析

本案涉及的法律规定主要有:《中华人民共和国宪法》第13条规定,"国家为了公共利益的需要,可以依照法律规定对公民的私有财产实行征收或者征用并给予补偿"。《物权法》的第42条规定,为了公共利益的需要,政府或开发商可以征收个人的房屋或其他物权,但必须依法给予拆迁补偿。征收单位、个人的房屋及其他不动产,应当依法给予拆迁补偿,维护被征收人的合法权益;征收个人住宅的,还应当保障被征收人的居住条件,以及《城市拆迁管理条例》等相关规定。

具体来看本案,首先要界定公共利益需要的征收范围,并给予合理补偿后进行征收,将使用权回收,再根据公共利益需要进行开发,建设符合公共利益的设施。至于非公共利益需要的区域,不能征收,只能由开发商根据市场规则及《民法通则》来进行。但本案中,首先,未能准确界定公共利益征收的范围,将商业开发的区域也划入征收范围,而不是根据市场规则来进行,就这样一并征收了,剥夺了被拆迁人的土地使用权;其次,没有给予合理的补偿,就先下达了拆迁命令,等于是先剥夺了人家的产权,把人家赶出家门,造成既成事实之后再补偿。这使得被拆迁人处于不利地位。

案例4

"宪法司法化"第一案

齐玉苓即齐玉玲,与陈晓琪同为山东滕州八中学生。在1990年中考中,齐玉苓被山东济宁商业学校录取,陈晓琪预考被淘汰。但陈晓琪在其父陈克政(村党支部书记)的策划下,领取山东济宁商业学校给齐玉苓的录取通知书,并以"齐玉玲"的名义入读济宁商业学校,毕业后被分配到中国银行山东滕州支行工作。1999年1月29日,得知真相的齐玉苓以侵害其姓名权和受教育权为由,将陈晓琪、济宁商业学校、滕州八中和滕州市教委告上法庭。同年,枣庄市中级人民法院一审判决陈晓琪停止对齐玉苓姓名权的侵害,赔偿精神损失费3.5万元,并认

定陈晓琪等侵害齐玉苓受教育权不能成立。原告不服，遂向山东省高级人民法院提起上诉。在该案二审期间，围绕陈晓琪等的行为是否侵害上诉人的受教育权等问题，山东省高级人民法院向最高人民法院递交了《关于齐玉苓与陈晓琪、陈克政、山东省济宁市商业学校、山东省滕州市第八中学、山东省滕州市教育委员会姓名权纠纷一案的请示》。2001年7月24日，最高人民法院做出《关于以侵犯姓名权的手段侵犯宪法保护的公民受教育的基本权利是否应承担民事责任的批复》，认为"根据本案事实，陈晓琪等以侵犯姓名权的手段，侵犯了齐玉苓依据宪法规定所享有的受教育的基本权利，并造成了具体的损害后果，应承担相应的民事责任"。该批复自同年8月13日生效。

2001年8月23日，山东省高级人民法院依据宪法第46条、最高人民法院批复和民事诉讼法有关条款，对此案做出终审判决：①责令陈晓琪停止对齐玉苓姓名权的侵害；②陈晓琪等四被告向齐玉苓赔礼道歉；③齐玉苓因受教育权被侵犯造成的直接经济损失7 000元和间接经济损失41 045元，由陈晓琪、陈克政赔偿，其余被告承担连带赔偿责任；④陈晓琪等被告赔偿齐玉苓精神损害赔偿费50 000元。2001年11月20日，齐玉苓案执行完毕。

——案例来源：《受教育权和宪法司法化——评"中国宪法司法化第一案"》，法律教育网，2004年4月10日

案例分析

此案判决意味着《宪法》规定的公民受教育的基本权利可以通过诉讼程序获得司法救济，《宪法》可以作为法院判案的直接法律依据。

案例5

"宪法平等权"第一案

2001年12月23日，原告蒋韬看到《成都商报》上刊登《中国人民银行成都分行招录行员启事》，其中第一条"招录对象"规定："2002年普通高等院校全日制应届毕业生具有大学本科及以上学历的经济、金融、计算机、法律、人力资源管理、外语等专业的学生。男性身高在168公分、女性身高在155公分以上，生源地不限。"原告是四川大学法学院1998级学生，认为成都分行的上述规定，是对包括自己在内的仅因身高不符合上述条件的报名者的歧视，侵犯了原告享有的宪法赋予的担任国家公职的平等权。虽然被告在法院受理此案以后，改变了被诉行为，取消了身高限制规定，但与原告诉请法院审查的行为无关，更不能改变被诉行为的违法、侵权性质。综上所述，请求法院依法确认被告的被诉具体行政行为违法、被告停止发布该内容的广告等。

此案于2002年1月7日由成都市武侯区人民法院受理。同年4月25日，此案在武侯区

人民法院开庭审理,控辩双方在庭上围绕"原告宪法所赋平等权"等焦点激烈辩论,庭审历时3小时,法庭宣布"择日公布再审或宣判日期"。同年5月5日,成都市武侯区人民法院做出判决:驳回蒋韬的起诉。法院做出驳回原告起诉裁定的理由有二:一是中国人民银行成都分行招录行员行为不是其作为金融行政管理机关行使金融管理职权、实施金融行政管理的行为,因此,不属于被告的行政行为范畴,依法不属于人民法院行政诉讼的主管范围;二是被告的这一行为在做出时并未对外产生拘束力或公定力。该行为的效力只有在招录行员的报名期间即"2002年1月11日至17日"这期间才产生。而被告成都分行在该行为产生效力之前就已自行修改了《招录行员启事》内容,撤销了对招录对象的身高条件规定,消除了该行为对外部可能产生的法律后果和对相对人的权利义务产生的实际影响。因此,被告的行为实际上并未给原告及其他相对人报名应试的权利造成损害。原告蒋韬所称的侵权事实是尚未发生的事实,不具有可诉性。此案被蒋韬的代理人、周伟教授称为"中国法院受理的宪法平等权利的第一案。"

——案例来源:《试评析"宪法平等权第一案"》,李忠夏,中国宪政网 http://www.calaw.cn/

案例分析

由于身高、性别等方面的问题,使很多人在竞争过程中居于非常不利的地位,当然,蒋韬最后的命运是不错的,他被四川大学法学院保送为研究生,同时获得在校三年期间由一个律师事务所提供的全额奖学金。由于他的案件是平等权的第一案,才会得到重视,那么其他许许多多也像蒋韬一样的人呢,恐怕就没有这么幸运了吧?

案例6

青岛考生状告教育部一案

据报青岛两考生参加高考之后,因不满全国高考录取根据地域区别分数线,向最高人民法院提起行政诉讼,状告教育部,主张自己的平等受教育权。最高人民法院以《行政诉讼法》第14条第(二)项规定"中级人民法院管辖下列一审行政案件:……(二)对国务院各部门或者省、自治区、直辖市人民政府所作的具体行政行为提起诉讼的案件;……"为由,驳回了原告的起诉。随后原告方并未再向北京市中级人民法院起诉,称其起诉的目的已经达到。

——http://blog.sina.com.cn/S/blog-606212670110sing.html

案例分析

这是一个典型的宪法问题,其中不仅涉及公民的基本权利,也涉及教育部的抽象行政行为的合法性、合宪性问题(实质上是立法权与行政权之间的冲突、平衡问题),之所以在实际中表现为行政诉讼的形式,均可归因于我国有效的、可具操作性的宪法诉讼机制的缺失。

高考区别地区录取的规定有违平等权、受教育权的内涵和精神:首先,就根据地域区别划定分数线作为享受高等教育资源的限定条件而言,这一条件是不公平、不统一、难以为人们所接受的。在起点平等难以保障的情况下,法律的作用更多地应该体现在保障人人享有机会上的平等,每个人都应当有同样的机会来改变自身的命运,而根据地域区分划定分数线的做法显然剥夺了相当一部分公民这一机会上的平等,满足同样条件的公民在不同的地区却遭受完全不同的待遇。其次,这一规定与受教育权作为一种社会权利的基本理念相违背。原意为保障起点上的相对平等的受教育权,却因为分数线的区分划定而进一步加大了起点上的不公平,在竞争还没有开始的时候,就人为地为不同地域的公民划出了不同的起点:经济发达、教育水平较高的地区分数线偏低,而经济欠发达、教育水平较低的地区分数线较高。再次,根据地域区分划定分数线并不属于平等权上所谓合理的差别。合理的差别指的是根据实质上的平等原则,在合理程度上所采取的具有合理依据的差别,主要有:根据年龄、生理、民族差异而采取的合理差别;根据经济上的能力以及所得差异而采取的税负合理差别;特定职业主体的特别义务和特别权利限制。教育部依据地域而划定分数线,实质的结果是对不同地域的公民给予了不同的待遇,但很难找到这一差别的合理之处,相反,尤其是对于一些国家重点的部属院校而言,国家以全国的税收而对其进行补助、扶持,而全国各地的税负是统一的,教育部进行这种依据地域上的不同而划定不同的分数线很难说是合理的。如果说合理的差别,也是应该在于对一些经济欠发达地区、边远地区、少数民族地区给予一定的优惠。再次,各高校并不具有区别地域划定各自分数线的所谓"办校自主权"。当然这里应当进行一定的区分:公立部属院校接受国家财政补助、扶植,原则上自应对全国统一录取、统一划定分数线;公立地方院校接受地方财政补助、扶植,相应地可以在录取时对本地考生予以适当照顾,但是这些学校如果对其他省份之间区别分数线录取也是不尽合理的;私立高校不接受财政补助、扶植,按照市场规律运行,自可以依其自身需要自主地划定其分数线。最后,根据地域区别划定分数线的规定与现行立法相冲突。《宪法》第33条第2款规定:"中华人民共和国公民在法律面前一律平等。"第46条规定:"中华人民共和国公民有受教育的权利和义务。"《教育法》第9条规定:"中华人民共和国公民有受教育的权利和义务。公民不分民族、种族、性别、职业、财产状况、宗教信仰等,依法享有平等的受教育机会。"该法第36条规定:"受教育者在入学、升学、就业等方面依法享有平等权利。学校和有关行政部门应当按照国家有关规定保障女子在入学、升学、就业、授予学位派出留学等方面享有同男子平等的权利。"《高等教育法》第9条规定:"公民依法享有受教育的权利……高等学校必须招收符合国家规定的录取标准的残疾学生入学,不得因其残废而拒绝招收。"以上条款直接或间接地确定了公民享有平等受教育权的规定和精神,而根据地域区别划定分数线的规定与这些规定和精神是相违背的。总之,我国长期以来存在的高考根据地域区别录取制度有违于我国宪法与法律的规定,有悖于公平、正义的理念,是对公民受教育权和平等权的侵害,应当尽快地予以废除。

案例7

全国首例乙肝就业歧视案

2003年6月30日,芜湖市人事局按照安徽省的统一部署,在芜湖境内组织实施了公务员招录考试。共有1110人报名参加了考试,张先著也在其中。张先著在某大学环保专业毕业后先做了一段时间的网络管理,他报的是芜湖县委办公室经济管理职位,在近百名竞争者中其过五关斩六将后综合成绩排位第一名。按照程序他被通知可以参加体检,结果在人事局指定的铜陵市人民医院体检时,被诊断为乙肝"小三阳"(按医学定义,在乙肝五个检测指标中,第一、三、五项为阳即为"大三阳",病毒复制快,有传染性;第一、四、五项阳性则是"小三阳",病毒复制相对较慢,传染性相对较小),该医院出示的结论是"不合格"。紧接着,在随后的解放军86医院复检中,医院出具的结论还是"不合格"。鉴于此,9月25日,芜湖市人事局以"两对半检测"不合格为由宣布"不予录取"他。

10月18日,张先著向安徽省人事厅提请行政复议;10月28日,安徽省人事厅做出"不予受理"的决定,理由是:"体检不合格的结论是由主检医生和体检医院做出的,不是芜湖市人事局做出的行政行为。"苦恼的张先著开始拼命地在网上查询有关乙肝的知识,无意中搜寻到了一个"肝胆相照"网站,他吃惊地发现,那里全是与他同病相怜者。很快,张先著的遭遇引起了"战友"的同情和关注。于是,张先著产生了诉讼的念头,在得到"战友"支持的同时,又得到了四川大学法学院教授周伟的无偿法律援助。11月10日,张先著正式向芜湖市人事局所在的新芜区人民法院提起了行政诉讼,诉讼理由很鲜明:"人事部门歧视乙肝患者。"三天后,张先著便接到了法院的立案通知书。这是国内首起因"乙肝歧视"引发的诉讼案,因此被许多媒体称之为"全国首例乙肝歧视案"。

与此相似的还有另一起不幸事件:浙江大学学生周一超同样因体检查出感染乙肝未被录取为公务员,激愤之下他将当地两名人事干部扎成一死一伤。此案被媒体报道后迅速引起全国关注,而2003年9月法院一审判处周一超死刑,3700多人签名呼吁"刀下留人"。

——案例来源:《全国首例"乙肝歧视案"》专题,新浪网新闻中心

案例分析

乙肝病毒携带者遭受的歧视是方方面面的,如许多被查出大、小三阳的大学生被学校剥夺了受教育权。但就本案而言,涉及乙肝人群的三项宪法权利。

一是平等权,每个人生而平等,生而自由,这是联合国人权宣言的第一条。按照《宪法》,"中华人民共和国公民在法律面前一律平等"。平等的反面就是歧视,歧视,就是社会对待一个人的态度不是根据他的行为,而是根据他的身份。在这个案件中,法律根据张某隶属于某一个群体(乙肝病毒携带者),而不是根据张某的工作能力和个人表现,去剥夺他的考核资格。这就是歧视,是对整个乙肝病毒携带者群体在报考公务员时的歧视。歧视一个人的后果是什么,就是你从今后再怎么努力都没有用。因为你的某一种身份(血缘、籍贯、身高、疾病)可能是与生俱来的,是与你的自由意志和个人奋斗无关的。而歧视的意思,就是否定一个人的自由意志和个人奋斗。因此歧视在本质上是一种令人绝望的力量。

二是政治权利,在公务员录用制度上对乙肝携带者进行歧视,不仅与公民在劳动就业时的平等权有关,还侵犯了乙肝人群的政治权利。因为担任公务员不仅意味着就业,同时也是公民的一项政治权利。《宪法》第二条规定,"人民依照法律规定,通过各种途径和形式,管理国家事务,管理经济和文化事业,管理社会事务"。乙肝病毒携带者不能担任公职,这不仅是对原告私权利的侵害,更是对他的公权利的褫夺。

三是人格和隐私权,《宪法》第三十八条规定,"中华人民共和国公民的人格尊严不受侵犯"。人格权包括隐私权,什么是隐私,凡是个人不愿公开而又不会因此对公众利益造成伤害的个人信息,就叫个人隐私。乙肝病毒携带者并不是乙肝患者,严格说他们并不是病人。它的传染性是极其微弱的。身体健康情况是一个人的隐私,在每个公民入学、就业、报考公职时强制性进行乙肝"二对半"体检,这是对每个公民人格和隐私权的侵犯。这一侵权不仅针对查出有乙肝病毒的人群,也针对没有查出乙肝病毒的人群。就像非法搜身,不管有没有搜出什么,都是对人格的侮辱和对隐私的侵犯。

案例8

邮政局迟送准考证,考研泡汤赔偿案

因邮政局迟送准考证致使大学生延误考期而引发的一场官司,在河南省南阳市桐柏县人民法院一审结案。法院一审判决大学生陈健胜诉,被告桐柏县邮政局被判向原告陈健赔偿精神损失费8 000元,并承担本案诉讼费用。

原告陈健,男,23岁,桐柏县人。1995年陈健考入上海海运学院,后一直致力于考研,并于1999年10月报考了北京大学国际关系学硕士学位研究生。由于寒假将至,报名后陈健要求北京大学将准考证寄往其籍贯河南省南阳市桐柏县毛集镇铁山村陈小庄组的家中。北京大学

于1999年12月30日以挂号信的形式寄出准考证,桐柏县邮政局毛集邮政支局于2000年1月2日收到邮寄准考证的邮件,但一直到2000年2月3日才将邮件送达给陈健,而北京大学确定的考研日期是2000年1月22日、23日、24日,待陈健接到准考证之日考研日期已过10天,陈健的考研资格已被取消。由于2000年是全国研究生招生实行并轨前的最后一年,今后即使考取研究生也得付出高昂的学费,该事件对致力于考研而家境又十分贫寒的陈健造成了巨大的精神打击,致使陈健一度抑郁不语,茶饭不思,继而头发大面积脱落。后经陈健的父亲陈合中仔细查看,发现该信封上有两个邮戳,一个邮戳证明此信从北京发出的时间是1999年12月30日;另一个邮戳是桐柏县邮政局毛集支局加盖的,时间是2000年1月2日。也就是说,这封事关陈健命运的信在毛集支局被放了整整1个月零1天!

陈健多次到毛集支局交涉,支局只同意按《邮政法》的有关规定进行赔偿,其数额只有几十元钱。

2000年5月10日,忍无可忍的陈健一纸诉状将桐柏县邮政局告到了桐柏县人民法院,要求该局赔偿精神损失费、备考误考费共计3万元。桐柏县法院当即受理了这起河南省首例大学生因考研准考证被迟延投递而引起的损害赔偿案。

在庭审过程中,原、被告对迟延投递的事实没有争议,法庭辩论的焦点在于邮政局对其过错应否承担民事责任。因为,如果适用《邮政法》,那么原告陈健得到的赔偿最多为几十元;而如果适用《民法通则》,原告的诉讼请求则可能得到支持。

对此,陈健的代理律师强调,本案应适用《民法通则》,因为《民法通则》是国家的基本法,它是由全国人民代表大会通过的,其效力高于全国人大常委会通过的《邮政法》。

而被告桐柏县邮政局认为,邮政局的过错应适用《邮政法》及邮电部门的有关规定。因为《民法通则》是普通法,《邮政法》是特别法,依照特别法优于普通法的原则,应适用特别法。

桐柏县人民法院经审理后认为,公民使用邮政通信的行为,是与邮局达成的一种实践性合同,公民足额支付邮资并将信函交给邮局,就与邮局之间产生了合同上的权利义务关系,邮局有义务在规定的时间内将函件送达信封上约定的收件人。本案中,由于被告桐柏县邮政局工作人员的极端不负责任,造成邮件延误,致使原告陈健不能参加考试,精神受到极大损害,由此给原告陈健造成的精神损失理应予以赔偿。

原告陈健对备考误考损失的请求,因未提供相应证据,不予支持。被告桐柏县邮政局辩解的赔偿标准不适用本案,因《邮政法》及其《实施细则》规定了"邮政企业对于邮件丢失、损毁、内件短少"三种情形的赔偿标准及补救措施,而未对收发人员不及时传递造成的后果予以明确规定,因此,本案应适用《民法通则》有关条款予以解决。据此,桐柏县人民法院依照《民法通则》第111、第121条之规定做出了本文开头的判决。

——案例来源:《准考证迟送考研泡汤》,曾庆朝、红彦、文章,法制日报,2000年10月28日

【思考讨论】
1. 造成法律冲突的原因有哪些？当一般法与特殊法的规定不一致时,应如何适用法律？
2. 你如何看待本案的判决结果？

案例分析

本案争议的焦点是《民法通则》与《邮政法》效力的高低以及当两者发生矛盾时如何适用的问题。

依照《立法法》的规定,我国法的渊源有法律、行政法规、地方性的法规、自治条例和单行条例、国务院部门规章和地方政府规章等。全国人大及其常委会制定的法律规范性文件叫法律,国务院根据宪法和法律制定行政法规。《立法法》第79条还规定,法律的效力高于行政法规、地方性法规、规章。行政法规的效力高于地方性法规、规章。现在的问题是,《民法通则》是不是法律？《邮政法》是不是法律？《民法通则》属于法律毫无疑问,《邮政法》由第六届全国人民代表大会常务委员会第18次会议通过,自1987年1月1日起施行,当然也应当认定为法律。《邮政法》第34条规定,平常信件的损失邮政企业不负赔偿责任。第33条规定,对于挂号信件的丢失、损毁、内件短少的情形,按照国务院邮政主管部门规定的金额赔偿。

《邮政法》与《民法通则》是同一位阶的法,是特别法与普通法的关系。依照我国《立法法》第83条规定,同一机关制定的法律、行政法规,特别规定与一般规定不一致的,适用特别规定。当《民法通则》和《邮政法》规定不一致时,应当适用《邮政法》的规定。但是当《邮政法》没有规定时,应当适用《民法通则》的相关规定。因《邮政法》及其《实施细则》规定了"邮政企业对于邮件丢失、损毁、内件短少"三种情形的赔偿标准及补救措施,而未对收发人员不及时传递造成的后果予以明确,因此,本案适用《民法通则》是正确的。

案例9

孙志刚案

2003年3月17日,广州发生了一起大学生孙志刚因无暂住证被收容致死的案件。之后,国务院颁布了《城市生活无着的流浪乞讨人员救助管理办法》(以下简称《救助管理办法》),8月1日起施行。这起事件,涉及政府行为,意义深远。孙志刚案件揭示了我国行政权力在一定程度上的滥用以及对公民权利的侵害,反映了我国依法行政的水平,要求依法限制权力,保障人权。

孙志刚,男,27岁,湖北武汉人,2001年在武汉科技学院艺术设计专业结业。2003年2月24日受聘于广州达奇服装有限公司。3月17日晚10时许,孙外出上网,途遇天河区黄村街派出所民警检查身份证,因未带身份证,被作为"三无人员"带回派出所。孙的同学成先生闻讯后赶到派出所并出示孙的身份证,但当事警官仍拒绝放孙。3月18日,孙被作为三无人员送往收容遣送站。当晚,孙因"身体不适"被转往广州市收容人员救护站。20日凌晨1时多,孙遭同病房的8名被收治人员两度轮番殴打,于当日上午10时20分死亡。救护站死亡证明书上称其死因是"心脏病"。4月18日,中山大学中山医学院法医鉴定中心出具尸检鉴定书,结果表明,孙死前72小时曾遭毒打。4月25日,《南方都市报》以《被收容者孙志刚之死》为题,首次披露了孙志刚惨死事件。次日,全国各大媒体纷纷转载此文,并开始追踪报道。6月5日上午,孙案开庭。6月9日孙案一审判决:主犯乔燕琴被判死刑,李海婴被判死缓,钟辽国被判无期。其他9名被告人也分别被判处3年至15年有期徒刑。同日,孙案涉及的民警、救治站负责人、医生及护士一共6人,以玩忽职守罪分别被判处2年至3年的有期徒刑。

孙志刚案件为中国社会在人权保障和执法观念上带来的变化持久而深远。

2003年8月7日,公安部副部长白景富在国务院新闻办召开的新闻发布会上指出,孙志刚案件的处理,是迅速的,是坚决的,也是非常严肃的。公安部部长周永康曾先后作了7次重要批示。该案件之后,取消了收容遣送制度,收容站变成了社会救助站。

2003年8月26日,公安部颁布了《公安机关办理行政案件程序规定》。11月12日,最高人民法院、最高人民检察院、公安部又联合发布通知,共同向全社会宣告:坚持依法办案,正确适用法律,有罪依法追究,无罪坚决放人。除了政法系统,我国行政机关也进一步明确了公民的权利。8月27日,十届全国人大常委会第四次会议表决通过了《行政许可法》,明确规定"公民、法人或者其他组织合法权益因行政机关违法实施行政许可受到损害的,有权依法要求赔偿"。从而制止行政部门滥用"国家"、"政府"的名义侵害公民权益。

2003年6月20日,国务院颁布了《城市生活无着的流浪乞讨人员救助管理办法》8月1日起施行。2003年7月21日,民政部颁布了《城市生活无着的流浪乞讨人员救助管理办法实施细则》8月1日起施行。自2004年5月1日起,施行《中华人民共和国道路交通安全法实施条例》。自2004年3月14日起,施行《中华人民共和国宪法修正案》。这一系列法律、法规的出台,深刻体现了中央人民政府"以人为本"思想的发展。

——案例来源:《孙志刚被故意伤害致死案》,法制网,2009年10月22日

【思考讨论】

1. "以人为本"的思想在政府行为中如何体现?
2. 如何评价国务院制定的《城市生活无着的流浪乞讨人员救助管理办法》?
3. 《城市流浪乞讨人员收容遣送办法》是否与我国宪法所确立的保障人权,有效限制政府权力的原则相悖?谈谈我国法律应该如何保障人权。

案例分析

孙志刚案件实质上反映了国家行政权力在一定程度上的滥用,是对公民个人迁徙流动权利的一种侵害。该案件具有鲜明的时代特色和较强的现实意义,揭示了当前社会改革发展过程中国家权力与公民权利的冲突。

自1982年5月国务院发布《收容遣送办法》到2003年废除,该办法已经实施了21年。当时实行收容遣送制度基于中国"城乡二元制"的社会结构,在当时具有社会福利和综合治理的性质,是"为了救济、教育和安置城市流浪乞讨人员,以维护城市社会秩序和安定团结"。当时的收容遣送对象限于:"(一)家居农村流入城市乞讨的;(二)城市居民中流浪街头乞讨的;(三)其他露宿街头生活无着的。"但是,随着现代化和城市化进程的展开,迁徙自由的呼声日益高涨,户籍制度逐渐松动,收容遣送制度已经变得不合时宜,成为一定意义上强制人身,侵害公民权利甚至成为某些利益集团生财的手段,在实际执行中又扩展到城市里的民工和流浪人员,一些地方甚至将收容遣送制度作为加强城市刚性管理,驱赶外来民工的工具。这些社会弱势群体的人身自由极易受到侵犯,有损法治正义价值,与我国宪法"公民的人身自由不受侵犯"的规定相抵触。

今天,依法治国是我们治理国家的一项基本方略。改革越深入,社会越发展,依法行政的必要性越强,对收容和限制人身自由范围作不适当扩展的越权行为必须予以纠正。即使是出于社会治安综合治理的需要,也应该重新依法制定相关法规,做到依法行政。如果民工在城市中违背了有关法律法规,应当按《刑法》或《治安管理处罚法》的规定进行处理,而不应当用强制的方法将其送回户籍所在地。以行政手段为主导的收容遣送制度,在城市化发展的今天,其"治理功能"越来越弱,相反,却暴露出依附于这个制度上的权力容易被滥用的危险。暂住证和收容都涉及相当大的利益,其中的办证、罚款、放人的牟利特征相当明显。如果存在很大的利益诱惑,制度本身又没有很好的约束机制,必然导致某些警察滥用搜查权和非法限制人身自由的行为。《收容遣送办法》也违反了《立法法》的有关规定,应予改变或撤销。《立法法》规定,对公民政治权利的剥夺、限制人身自由的强制措施和处罚,只能由法律加以规定。只能由法律规定的事项而法律尚未制定的,全国人大及其常委会有权授权国务院对其中的部分事项先制定行政法规,但是有关犯罪和刑罚、对公民政治权利的剥夺、限制人身自由的强制措施和处罚、司法制度等事项除外。《收容遣送办法》作为1982年制定的行政法规,其中有关限制人身自由的内容,与《立法法》相抵触。《立法法》规定,法律的效力高于行政法规、地方性法规、规章。对于"超越权限的"和"下位法违反上位法规定的"法律、行政法规、地方性法规、自治条例和单行条例、规章,由有权机关依照《立法法》第88条规定的权限予以改变或者撤销。可见,《收容遣送办法》属于应予改变或者撤销的行政法规。新一届中央人民政府,顺应时代潮流,于 2003 年 6 月通过了《救助管理办法》,彻底废止了《收容遣送办法》。这充分体现了我国政府坚持以人为本,坚决依法行政,推进法治国家进程的决心。

思想精华

法律,在它支配着地球上所有人民的场合,就是人类的理性。
——孟德斯鸠(法)《论法的精神》

法律只不过是我们意志的记录。
——卢梭(法)《社会契约论》

法律是人民意志的自由而庄严的表现。
——罗伯斯庇尔(法)《革命法制和审判》

所谓人的法律,是指生活的一种方策,使生命与国家皆得安全。
——斯宾诺莎(荷)《神学政治论》

大海和陆地服从宇宙,而人类生活是受最高法律的命令的管辖。
——西塞罗(古希腊)《法律篇》

法者,天下之仪也。所以决疑而明是非也,百姓所县命也。
——管子(战国)《管子·禁藏》

律者,所以定分止争也。
——管子(战国)《管子·七臣七主》

守一而制万物者,法也。
——鹖冠子(战国·楚)《鹖冠子·度一》

法令所以导民也,刑罚所以禁奸也。
——司马迁(汉)《史记·循吏列传》

法令者,所以抑暴扶弱,欲其难犯而易避也。
——班固(汉)《汉书·刑法志》

辅助练习

一、单项选择题

1. 按照规定的内容、法律地位和制定的程序不同,法律可以划分为根本法和普通法。其中,根本法又称(　　)。
A. 宪法　　　　　　　　　　B. 民法
C. 刑法　　　　　　　　　　D. 行政法

2. 社会主义法律的实施,一般分为执法、司法、守法和法律监督。其中司法的主体是(　　)。
A. 国家行政机关　　　　　　B. 国家权力机关
C. 国家监察机关　　　　　　D. 国家审判机关和检察机关

3. 能够直接引起法律关系产生、变更和消灭的条件或情况是(　　)。
A. 法律权利　　　　　　　　B. 法律义务
C. 法律后果　　　　　　　　D. 法律事实

4. 在我国的法律监督体系中,从国务院到地方各级人民政府的法律监督是(　　)。
A. 社会性的监督　　　　　　B. 国家权力机关的监督
C. 国家行政机关的监督　　　D. 国家司法机关的监督

5. 法律的作用可以分为法律的规范作用和社会作用。下列选项中属于法律的社会作用的是(　　)。
A. 指引作用　　　　　　　　B. 教育作用
C. 预测作用　　　　　　　　D. 执行社会公共事务的作用

6. 甲公司购买了乙公司10台电脑。在这一买卖法律关系中,电脑属于(　　)。
A. 法律事实　　　　　　　　B. 法律关系的主体
C. 法律关系的客体　　　　　D. 法律关系的内容

7. 法律按照规定的内容不同,可以划分为实体法和程序法。下列选项中属于程序法的是(　　)。
A.《中华人民共和国刑法》　　B.《中华人民共和国民事诉讼法》
C.《中华人民共和国著作权法》 D.《中华人民共和国合同法》

8. 由国家制定和认可的,并由国家强制力保障实施的行为规范是(　　)。
A. 宗教规范　　　　　　　　B. 道德规范
C. 法律规范　　　　　　　　D. 政党行为规范

9. 法是(　　)意志的体现。
A. 统治阶级全部　　　　　　B. 全体人民
C. 最高统治者　　　　　　　D. 统治阶级共同

10. 决定法律本质、内容和方向的根本因素是(　　)。
A. 人口　　　　　　　　　　B. 地理环境
C. 物质资料的生产方式　　　D. 经济基础

11. 我国目前形成了以(　　)为核心的法律体系。

A. 宪法 B. 民法
C. 刑法 D. 经济法
12. 下列不属于我国社会主义法律的形式是( )。
A. 法律 B. 行政规章
C. 刑法 D. 地方性法规
13. ( )是法律实施和实现的基本途径。
A. 立法 B. 守法
C. 执法 D. 司法
14. 下列不享有行政执法权的机关是( )。
A. 工商局 B. 海关
C. 劳动局 D. 检察院
15. 下列不属于社会监督体系的是( )。
A. 新闻舆论的监督 B. 人民政协的监督
C. 行政审计监督 D. 人民群众的监督

二、多项选择题

1. 法律关系主体是指法律关系的参加者,即在法律关系中享有权利和承担义务的人或组织。我国社会主义法律关系的主体有( )。
A. 公民 B. 法人
C. 国家机关 D. 企事业单位
E. 各种社会组织和社会团体
2. 在我国,依法治国是( )。
A. 党领导人民治理国家的基本方略 B. 治理国家的唯一方略
C. 发展社会主义市场经济的需要 D. 民主文明进步的重要标志
E. 国家长治久安的重要保障
3. 社会主义法律的实施,一般分为执法、司法、守法和法律实施的监督。其中,司法的主体包括( )。
A. 国家审判机关 B. 国家行政机关
C. 国家立法机关 D. 国家检察机关
E. 人民代表大会
4. 我国社会主义法律的社会作用主要体现在( )。
A. 经济建设方面 B. 政治建设方面
C. 文化建设方面 D. 社会建设方面
5. 我国社会主义法律体系包括( )。
A. 宪法 B. 刑法

C. 程序法   D. 行政法规

6. 下列法律属于民商法的有（　　）。
   A.《合同法》   B.《婚姻法》
   C.《消费者权益保护法》   D.《商标法》
7. 我国社会主义法律的运行过程包括（　　）。
   A. 法律制定   B. 法律遵守
   C. 法律执行   D. 法律适用
8. 我国全国人大的立法程序为（　　）。
   A. 法律案的提出   B. 法律案的审议
   C. 法律案的表决   D. 法律的公布
9. 法律思维方式的特征包括（　　）。
   A. 讲法律   B. 讲证据
   C. 讲程序   D. 讲法理
10. 法律上的证据必须具有（　　）。
    A. 合法性   B. 客观性
    C. 关联性   D. 科学性

三、简答题

1. 建设社会主义法治国家的主要任务是什么？
2. 简述社会主义民主与法治的关系。
3. 公民如何履行维护国家安全的义务？
4. 简述培养法律思维方式的途径。

四、论述题

1. 结合实际，谈谈你对"法律面前人人平等"的理解。
2. 作为当代大学生，应如何自觉维护社会主义法律的权威？

五、材料分析题

1. 案例A：大学生陆某在某商场买了一台价值一千多元的手机，用了没多久就出毛病了。内行人说这是假货，建议他找经销商双倍索赔。经销商不承认是自己卖出的，而这位大学生陆某怎么也找不到购货凭证，后来想起来是"当时随手就扔了"。

   案例B：大学生刘某暑假在某公司当推销员，辛辛苦苦地干了一个多月，不仅没拿到一分钱的报酬，还得按照约定买下尚未推销完的部分产品，而他签合同时"根本就没认真看"。

   案例C：女大学生给人做家教，多次遭受学生家长的性骚扰，但她既不敢跟别人说更不敢报案，忍无可忍离开了，做家教的报酬也不敢去要。

第五章 领会法律精神 理解法律体系

问题：

以上案例给了我们什么样的启示？

2. "儿子告老子"的官司

某地发生一起"儿子告老子"的官司：父亲因儿子年满18周岁而拒绝再承担其学费和生活费，导致儿子不得不辍学。儿子于是将父亲告到法院，要求支付学费和生活费。法院审理后判决儿子败诉。对此，社会各方议论纷纷，有指责法院的，有批评儿子的，也有同情父亲的。

问题：

运用法理学的理论、知识，谈谈你的看法。

3. 某全国著名劳动模范涉嫌贪污巨额公款，事实清楚，证据确凿，依照《中华人民共和国刑法》第383条的规定，应当处十年以上有期徒刑或者无期徒刑，可以并处没收财产。但是法院合议庭认为，该劳模有功于国家和社会，因此决定从轻处理，判处有期徒刑九年，并处没收财产。

问题：

请运用所学的法治理论和知识分析说明该合议庭的判处是否合适及其理由。

4. 【材料1】"你有权保持沉默。你所说的一切将被作为呈堂证供。你有权聘请律师，如果你请不起律师，法庭可以为你代请一名律师。"看过美国警匪片的人对这段"套话"一定很熟悉，这就是著名的"米兰达告诫"。即警察在抓捕犯罪嫌疑人时，必须当场告诉他享有的权利，否则取证无效。

这一程序规则来源于一个著名的判例。1963年，一个23岁的无业青年恩纳斯托·米兰达因涉嫌强奸被捕。在审问前，警方没有告诉米兰达有保持沉默和不自证其罪的权利。而米兰达也从不知道美国宪法第五修正案还赋予他这么一个权利。在审问中米兰达全都招认了，并在供词上签了字。在法庭上，检察官向法庭和陪审团出示了由米兰达签字的供词，作为指控他犯罪的重要证据，陪审团最终裁定米兰达有罪。米兰达和其律师不服，将案子上诉到美国联邦最高法院。1966年，美国联邦最高法院以5比4一票之差裁定地方法院的判决无效。理由是，美国宪法第五修正案规定，公民权利（不自证其罪）不仅适用于正式法庭审判，而且同样适用于法庭之外的任何程序和场合。由于警方在审讯米兰达之前，没有预先告诉他应享有的宪法权利，所以米兰达的供词属于"非自愿供词"。这种供词在审判时一概无效。"米兰达告诫"由此创立。

【材料2】问题在于用事实证明有理，没事实，有理也不值一文。

——罗曼·罗兰

【材料3】正义不仅应得到实现，而且要以人们看得见的方式加以实现。

——英国法律格言

正是程序决定了法治与任意或反复无常的人治之间的大部分差异。坚定地遵守严格的法律程序，是我们赖以实现人人在法律面前平等享有正义的主要保证。

——威廉·道格拉斯（美国大法官）

问题:

(1)米兰达案件的处理,反应了什么样的法律思维方式?

(2)材料2中的"事实"在诉讼中即为证据。法律上的证据不同于一般事实的特征是什么?

(3)材料3中的"看得见的方式加以实现"指的是什么?具有什么重要意义?

【参考答案】

一、单项选择题

1．A 2．D 3．D 4．C 5．D 6．C 7．B 8．C 9．D 10．D 11．A 12．C 13．B 14．D 15．C

二、多项选择题

1．ABCDE 2．ABCDE 3．AD 4．ABCD 5．ABC 6．ABD 7．ABCD 8．ABCD 9．ABCD 10．ABC

三、简答题

1．(1)完善中国特色社会主义法律体系。

(2)提高党依法执政的水平。

(3)加快建设法治政府。

(4)深化司法体制改革。

(5)完善权力制约和监督机制。

(6)培植新型的社会主义法律文化。

2．社会主义民主与社会主义法治存在密切关系。社会主义民主是社会主义法治的前提和基础,决定着社会主义民主的性质和内容。社会主义法治是社会主义民主的体现和保障,是社会主义民主的重要实现途径。

3．(1)依照法律服兵役和参加民兵组织。

(2)保守国家秘密。

(3)提供便利条件或其他协助。

(4)如实提供证据。

(5)及时报告危害国家安全行为。

(6)不得非法持有、使用专用间谍器材。

4．培养法律思维的途径有:

(1)学习法律知识。

(2)掌握法律方法。

(3)参与法律实践。

四、论述题

1. 法律面前人人平等是社会主义法制的基本原则。它的含义是：

（1）公民在守法上一律平等。

（2）公民在适用法律上一律平等。

2. 自觉维护法律的权威，应该做到：

（1）努力树立法律信仰。

（2）积极宣传法律知识。

（3）敢于同违法犯罪行为做斗争。

五、材料分析题

1. 以上案例说明大学生的法律意识低，法律观念不强。大学生应该加强社会主义法律修养，培养社会主义法律思维方式，树立法律信仰，运用法律武器保护自己的合法权益。

2. 法律权利与义务观念，是社会主义法治国家的公民应当具有的基本法治观念。儿子与父亲是法律上两个独立的主体，享有法律上的权利，也要履行法律上的义务。儿子年满18周岁，精神正常，是具有完全民事行为能力的人，父母不再是其法定代理人，没有义务承担其生活费。公民行使权利和承担义务都应当在法定界限内进行。

3. 不合适。在我国，适用法律时应遵循以下原则：

（1）以事实为根据，以法律为准绳的原则。

（2）公民在适用法律上一律平等的原则。

（3）司法机关依法独立公正行使职权的原则。法院合议庭仅因为该劳模有功于国家和社会，就做出从轻处理的决定，明显违反了"公民在适用法律上一律平等的原则"。

4. （1）米兰达案件的处理，充分反映了重证据、讲程序的法律思维方式。思考和处理法律问题要以证据为根据，获取证据要遵循法律程序，违反程序得来的证据不能作为定案的依据。

（2）证据区别于普通事实的三大特征是：①合法性，即证据的形式、收集和查证都必须符合法律的规定。②客观性，即证据必须是客观真实的，既不能捕风捉影，更不能主观臆断。③关联性，即证据只有与案件事实有实质性联系，才能对案件事实具有证明作用。

（3）"看得见的方式加以实现"指的是正当程序。正当程序具有非常重要的意义。讲程序是法律思维的重要特征之一。正当的法律程序不仅最大限度地保障了实体正义的实现，而且正当程序本身，体现了对当事人权利的尊重，程序正义，是一种看得见的正义。

实践活动方案

实践内容:开展法律知识竞赛

实践目的与要求:通过本活动,让学生自觉学习法律知识,提高对法律的认识。

实践步骤:

1. 任课教师布置学生自学法律知识。
2. 在班级中开展法律知识竞赛。

考核方法:任课教师根据学生参与情况给出实践教学环节的成绩。

Chapter 6 第六章

树立法治理念 维护法律权威

学习目标

在当今中国,法治已成为党和政府治国理政的基本方式,在国家治理和社会管理中发挥重大作用。大学生不仅要学习法律知识,增强法律意识,还要树立法治理念,培养法治思维,维护法律权威,成为具有良好法律素质的社会主义事业建设者和接班人。

核心问题解析

1. 社会主义法治理念的内容

社会主义法治理念包括依法治国、执法为民、公平正义、服务大局、党的领导五个方面的基本内容。依法治国是社会主义法治的核心内容,是党领导人民治理国家的基本方略。执法为民是社会主义法治的本质要求,是人民当家做主的社会主义国家性质在法治上的必然反映。公平正义是社会主义法治建设的根本价值追求,也是中国特色社会主义的内在要求。服务大局是社会主义法治的重要使命,是由建设中国特色社会主义的根本任务所决定的。党的领导是我国宪法确定的基本原则,是实现社会主义法治的根本保证和强大推动力量。

2. 社会主义法治理念的重要意义

社会主义法治理念是我国社会主义法治建设的思想观念体系,反映了社会主义法治的性质、功能、目标方向、价值取向和实现途径,是社会主义法治的核心和精髓,是我国立法、执法、司法、守法和法律监督的指导思想。树立社会主义法治有利于促进正确法治观念的形成,有利于理解法律的内在精神,有利于养成依法办事的行为习惯。

3. 依法治国的内涵

依法治国是指广大人民群众在党的领导下,依照宪法和法律规定,通过各种途径和形式管理国家事务和社会事务,管理经济和文化事业,保证国家各项工作都依法进行,逐步实现社会主义民主的制度化、法律化,保障人民依法享有广泛权利和自由。

4. 如何贯彻落实依法治国的基本要求

依法治国,就是以宪法和法律作为党领导人民治理国家的基本方式,主要包括四项基本要求:一是科学立法,就是立法机关从实际出发,遵循客观规律,科学合理地规定法律权利、义务和责任,提高立法的民主性、可行性和有效性。二是严格执法,就是行政机关严格依照法定权限和程序行使权力、履行职责,权必由法出,不得法外执法,执法不作为和滥用执法权力,在执法过程中做到有法必依、执法必严、违法必究。三是公正司法,就是司法机关依法独立公正行使司法权。四是全民守法,就是所有公民、社会组织和国家机关自觉以法律为行为准则,依法行使权利、履行义务、承担责任。

5. 民主与法治的关系

社会主义民主与社会主义法治之间存在着密切联系。一方面,社会主义民主是社会主义法治的基础,决定着社会主义法治的性质和内容。只有人民掌握国家政权,才能将保障和实现人民的民主权利作为制定社会主义法律的出发点与归宿,才能使社会主义法治得到广大人民群众的支持和拥护。另一方面,社会主义法治是社会主义民主的保障,是社会主义民主的重要实现途径。社会主义民主只有制度化、法律化,才能持续、稳定、有序地推进,人民当家做主才有切实的法律和制度保障。

6. 培养法治思维方式

大学生可以通过学习法律知识、掌握法律方法、参与法治实践等途径,在日常生活中逐渐形成思考、分析、解决法律问题的法治思维方式。

7. 树立和维护社会主义法律权威

树立和维护法律权威,是社会主义法治理念和法治思维的核心要求,是建设社会主义民主政治和法治国家的前提条件。在当代中国,树立法律权威对于建设社会主义法治国家、实现国家的长治久安具有非常重要的意义。

案例共享

案例 1

刑诉法大修

2012年3月14日,《刑事诉讼法修正案》获得人大通过。这部施行了16年的刑诉法,完成了第二次"大修",于2013年1月1日起施行。这次修改内容很多,其中:在严禁刑讯逼供的规定后,增加不得强迫任何人证实自己有罪的规定。同时规定,采用刑讯逼供等非法方法收集的犯罪嫌疑人、被告人供述和采用暴力、威胁等非法方法收集的证人证言、被害人陈述,应当予以排除。违反法律规定收集物证、书证,可能严重影响司法公正的,应当予以补正或者做出合理解释;不能补正或者做出合理解释的,对该证据应当予以排除。(自证其罪)

思考:为什么不能自证其罪?

解析:不被强迫自证其罪规则(privilege against self-incrimination)又被称为沉默权规则(the right to silence),指的是在刑事案件中,犯罪嫌疑人、被告人不能被强迫自己证明自己有罪,不能被迫成为反对自己的证人。从佘祥林案到赵作海案,冤案错案让人们对刑讯逼供深恶痛绝。为了从制度上防止、遏制刑讯逼供和其他非法收集证据的行为,刑事诉讼法修正案草案在原有"严禁刑讯逼供"的规定后,增加"不得强迫任何人证实自己有罪"的规定。

以佘祥林案为例,他曾在一份申诉材料中陈述:"当时我已被残忍体罚毒打了十天十夜,精神麻木,早已经处于昏睡状态,且全身伤痕累累,根本无法行走站立,我只有一个愿望就是希望能尽快地休息一会儿,只要能让我休息一下,无论他们提出什么要求,我都会毫不犹豫地顺应。"这种违背人的生理规律、强制犯罪嫌疑人自证其罪的做法,犯罪嫌疑人怎么能不招呢?

案例 2

三鹿奶粉事件

2008年9月11日,石家庄三鹿集团发表声明,承认婴幼儿奶粉受到三聚氰胺污染,全部召回"问题奶粉"。

河北省和石家庄市公安机关紧急行动,刑事拘留36人,其中27人被依法逮捕。三鹿集团原董事长总经理田文华被依法刑事拘留。依照《中华人民共和国刑法》,2009年1月23日石家庄市中级人民法院做出判决:被告人张玉军犯以危险方法危害公共安全罪,判处死刑,剥夺政治权利终身;被告人耿金平犯生产、销售有毒食品罪,被判处死刑,剥夺政治权利终身,并处没收个人全部财产;被告单位石家庄三鹿集团股份有限公司犯生产、销售伪劣产品罪,判处罚金人民币4 937.482 2万元;被告人田文华犯生产、销售伪劣产品罪,判处无期徒刑,剥夺政治权利终身,并处罚金人民币2 468.741 1万元。

另悉,这批宣判的三鹿系列刑事案件中,生产、销售含有三聚氰胺的"蛋白粉"的被告人高俊杰犯以危险方法危害公共安全罪被判处死缓,被告人张彦章、薛建忠以同样罪名被判处无期徒刑。其他15名被告人各获2年至15年不等的有期徒刑。

思考:上述材料体现了依法治国的哪些基本要求?

解析:依法治国的前提和基础:有法可依(立法)形成符合改革开放和现代化建设需要的、比较科学完备的中国特色社会主义法律体系。三鹿奶粉事件就充分体现了这一点。依法治国的前提是有法可依。《中华人民共和国刑法》规定,"在生产、销售的食品中掺入有毒、有害的非食品原料的,或者销售明知掺有有毒、有害的非食品原料的食品的,处五年以下有期徒刑或者拘役"。

案例3

所罗门判案

据希伯来传说,神赐给所罗门王极大的智慧,"如同海沙不可测量"。天下列王都差人听他的智语。《圣经·列王纪上》记载了这样一件事:一日,两女争夺孩子,久执不下。所罗门王令人将孩子一劈为二,各与半,一女愿劈,一女不愿,宁送子与彼。王遂判子归后者。而相同的智慧故事也在中国上演。在《管锥编》中,钱钟书先生举了很多相同的例子,如《风俗通义》中的黄霸判子案、《魏书·李崇传》中断子案、《灰栏记》第四折中的包拯断子案等等。裁判者与所罗门王使用的技巧完全相同。

思考:在故事中,所罗门王判案依据什么呢?

解析:所罗门王依据的是一种生活常识与生活经验——生母一般比其他人对孩子有更深厚的感情,舍不得让孩子被劈而死。这种生活常识与生活经验是世世代代积累下来的,可以超越时空岁月,为后世人们所用。

但今天还能这样断案吗?答案显然是不能的。这则故事告诉我们:法律与我们的生活息息相关,伴随我们从摇篮走向坟墓。从出生时起我们就穿上法律的外衣,直到临近死亡脱下法律的外衣并通过遗嘱加以处置,法律伴随我们人生的始终。因此,那些觉得法律离自己比较遥远,"法律与我何干?学法干什么?不犯法就行"的想法在现实社会生活中是不成立的。

案例4

"法无禁止即自由"与"法无授权不得为"

——凡是不禁止停车的地方公民都有停车权

原告:河南王城律师事务所、张水山

被告:洛阳市公安局交通警察支队四大队

事实与理由:原告王城律师事务所律师张水山诉称,2007年7月16日上午,张水山驾驶该所豫C32958轿车到老城区人民法院办案,把车停在了既不是人行道,也不是慢车道和快车道的空地上,并没有违反道路交通安全法律、法规的有关规定。但当张水山从法院出来时,发现汽车上夹着一张交警四大队的交通违法通知单,通知单上没有加盖单位公章,执勤民警的署名潦草看不清,且只有姓没有名,后原告到指定银行缴纳了罚款。原告认为,自己停车并没有违反道路交通安全法律、法规的有关规定,也不影响人行道上行人通行,对任何人均没有带来危害和不利,交警队的行为显属滥用职权、乱罚款,请求法院依法撤销处罚决定书,判令被告承担诉讼费用,维护原告的停车权利。为了维护原告及其他有车民众合法的停车权利,原告特依法向被告所在的老城区人民法院提起公益诉讼,希望通过此诉讼引起公众对有关问题的关注和讨论,借此督促有关部门完善停车管理制度。

老城法院以不方便审理为由让原告向洛阳市中级人民法院提起诉讼,河南省洛阳市中级人民法院(2007)洛行初字第158号行政裁定书作出裁定如下:一、起诉人张水山、河南王城律师事务所诉洛阳市公安交通警察支队四大队作出的410304-04055039号《公安交通管理简易程序处罚决定书》一案,本院予以受理。二、本案指令涧西区人民法院审理。2007年8月,涧西区人民法院接受洛阳市中院的指令审理了该起公益诉讼。

思考:公民在不是规定停放点但也不是禁停点的地方停车是否属于违章停车?

解析:关于这个问题,可以从以下三个方面来理解:

(1)公民"法无禁止即自由"、政府"法无授权不得为"的法制理念,通过报纸、电视台等媒体的广泛宣传已深入人心,这将对老百姓依法维权和政府依法行政产生深远的影响。

(2)老城区、瀍河区、涧西区等区的交警部门都新划了大量的停车位,方便了车辆停放,节省了老百姓的时间,提高了老百姓的办事效率。

(3)交警同样应该树立司法为民的服务理念和服务意识,不应该为罚款而罚款,这样才能建立和谐社会。政府职能部门人员的一言一行,都会影响公民的一举一动,作为交警同志,一定要坚持依法办事,执法为民,不但要正确适用法律,更要便民、为民、亲民,坚持以人为本的理念,构建和谐执法的良好局面,坚决彻底的放弃罚款第一的执法目的,牢固树立"人民交警为人民"的服务理念和服务意识,在执法中规范自己的行为,才能有利于构建和谐的警民关系,构建和谐的新社会。

案例5

萝卜该不该赔

某年山东省日照市一次110特别行动中,公安人员追歹徒到男青年甲的菜园里,并发生了搏斗。公安人员最终制服了歹徒。正当公安人员押着歹徒准备离开时,甲对着众多记者和摄影机突然提出,要求公安人员赔偿被损害的20多棵萝卜。此事经媒体报道后,社会舆论一遍哗然,邻居谴责说:"公安人员是为了抓坏人,是为了大家,甲作为新时代的青年,不应当要求赔偿20多棵萝卜。"当事公安人员也表示不可理解,说:"当时我们一个同事身负重伤,鲜血直流,可甲居然提出赔偿他20多棵萝卜。"甲所在单位专门召开了一周的批判会,批判甲。在当年日照市评选精神文明先进单位中,甲所在单位也因此而失去了资格。甲在社会舆论的重压下,不得不离家住到姐姐家中,并且对记者产生了严重的不信任和反感。

思考:人们为什么对甲的行为都只有从道德而没有从法律视角去评价呢?

解析:人们的意识和观念还局限于道德领域,没有法律意识和法制观念;学习法律后,就应当树立相应的法律意识和法制观念。以法律为准绳思考与处理法律问题,这就是法治思想。

案例 6

有效劳动合同

职工沈某2009年8月1日入职广州某贸易公司,双方签订一年书面劳动合同。2010年6月双方协商变更工作地方为上海办事处,并签订书面协议。2010年7月31日沈某合同到期,广州总部通过邮件的方式向沈某提出续订劳动合同,并在电子合同中明确:岗位为销售工程师、工作地点在上海办事处;基本工资5 000元另外计算提成,享受年底双薪;工作时间为8:30至17:00;三年合同期限。邮件注明如沈某同意回复邮件,该续订即生效。沈某表示同意,并且当日回复邮件。今年4月沈某以公司未签订书面劳动合同为由提出解除劳动合同,并要求公司支付经济补偿金和未签订劳动合同双倍工资赔偿。

思考:广州贸易公司与沈某所续订的劳动合同是否有效?

解析:这一劳动合同是有效的。《最高人民法院关于行政诉讼证据若干问题的规定》指出,下列证据材料不能作为定案依据:严重违反法定程序收集的证据材料;以偷拍、偷录、窃听等手段获取侵害他人合法权益的证据材料;以利诱、欺诈、胁迫、暴力等不正当手段获取的证据材料;当事人无正当事由超出举证期限提供的证据材料;不能正确表达意志的证人提供的证言等。规定指出,以违反法律禁止性规定或者侵犯他人合法权益的方法取得的证据,不能作为认定案件事实的依据。

《最高人民法院关于行政诉讼证据若干问题的规定》第六十四条:以有形载体固定或者显示的电子数据交换、电子邮件以及其他数据资料,其制作情况和真实性经对方当事人确认,或者以公证等其他有效方式予以证明的,与原件具有同等的证明效力。第十条:法律、行政法规规定或者当事人约定数据电文需要确认收讫的,应当确认收讫。发件人收到收件人的收讫确认时,数据电文视为已经收到。

案例 7

录音资料的效力

原告许某某于2013年5月19日上午骑三轮车去天地商店,将12 380元装在一红色女式提包内,放在车上。许某某骑车至商店后,发现提包丢失,便返回顺路寻找。期间,邻居赵某某告知原告,他看见本案被告王某某的五岁儿子王某拣到了提包。邻居杨某某也看见王某某的儿子拣到一红色女式提包。原告多次找王某某讨要丢失的提包,并答应可以给几千元酬谢,但是,王某某拒不交还其儿子王某拣到原告丢失的提包。在这之后,原告又一投向被告讨要提包并将对话偷偷录了音。庭审中,原告出示了这盒录音带,并有证人赵某某出庭作证称:"我是王某某的邻居。5月19日上午7时许,我正在抹墙,听到王某某的儿子王某喊:爸爸,我拣到一兜子钱,这时,我爬在墙头看见王某拎着一个红色女式提包。"另外,原告还当庭出示了证人杨某某的证言:"5月19日13早上,我在光明胡同王某某家附近,看到一个小孩喊:爸爸,我拣到一兜子钱,说着,跑进王某某院子里。装钱的包是红色女式提包。"王某某对上述证人的证言未提出不同意见。法院最后判决被告将所捡提包返还原告。

思考:根据本案的情况,请说明录音资料的效力如何?

解析:录音资料是视听资料的一种,它是以录音带所记录储存的声音信息来证明案件事实的证据方法。本案最终判令原告胜诉并不取决于录音资料中被告对见到提包一事的陈述,而是因为被告对原告提供的两个证人证言的认可。本案中,录音资料的可采性是我们要讨论的问题。证据的"三性"中,第三个特性为合法性。只有合法取得的证据才有可能具有法律效力,为法院所采信。在法定的七种证据种类中,由于视听资料的特殊性(易被删改、变造),最高人民法院曾就视听资料的合法性问题做出过批复。1995年最高人民法院在《关于未经对方当事人同意私自录制其谈话取得的资料不能作为证据使用的批复》(以下简称《批复》)中规定,"证据的取得必须合法,只有经过合法途径取得的证据才能作为定案的依据。未经对方当事人同意私自录制其谈话,系不合法行为,以这种手段取得的录音资料,不能作为证据使用。"这就明确了录音资料的可采性标准,只要是未经对方同意的录音资料就不具有合法性,不得作为证据采信。本案中,原告提供的录音资料是在被告不知情的情况下录制的,不符合最高人民法院的《批复》的规定也就不能采信。

社会案例链接

案例1

侵入地震局网站散布强地震假消息 电脑黑客一审获刑一年半

凭着自己所学的计算机知识,西安欧亚学院计算机专业的大四学生贾志攀,在好奇心的驱使下,先后多次非法侵入陕西地震局信息网,并发布将有强烈地震发生的假消息,引起社会上较大恐慌,严重扰乱社会秩序。2008年8月29日,西安雁塔区法院对该案进行了公开审理,并当庭宣判。贾志攀因编造、故意传播虚假恐怖信息罪,一审被判处有期徒刑一年零六个月。

5月29日20时许,西安欧亚学院计算机专业大四学生贾志攀在宿舍上网时,利用其所掌握的计算机知识,通过个人电脑控制了欧亚学院的电脑网络服务器后,在浏览陕西省地震局信息网时,意外地发现该网站存在漏洞。在好奇心的驱使下,他立即使用专业工具非法侵入陕西省地震局信息网,并很快破解了管理该网站的用户名和密码,接着,进入该网站汶川大地震应急栏目,对其中内容进行浏览。

非法侵入该网站时,贾志攀只是想从中了解一些地震信息。在浏览了一会准备退出时,他突然在好奇心的驱使下,准备在该栏目内发布一条虚假信息,制造一次恶作剧。接着,他立即编造了一条题为"今晚23时30分陕西等地有强烈地震发生!"的虚假消息。该消息的具体内容为:"根据我省和四川地质学家研究,四川汶川地震带板块频繁剧烈活动,并朝东北方向移动,地质学家告知2008年5月29日晚23时30分左右,有6到6.5级强烈地震发生,甘肃天水、宝鸡、汉中、西安等地将有强烈震感,请大家做好防范准备。"

在编好假信息后,他立即将该虚假信息通过陕西地震局信息网进行发布,并将该条信息编辑到网页头条的位置。该虚假信息发布2分钟后,贾志攀将页面刷新,发现浏览人数只有几十人。当时他也没有在意,就去了一趟厕所,回来后随意地刷新了一下地震局信息网。他吃惊地发现,在短短10分钟内自己所发的假强地震消息的浏览量达到700多次。当意识到自己发布假地震消息的严重性后,贾志攀立即将该消息删除。

与此同时,陕西省地震局信息网的工作人员也发现有黑客侵入网站并发布虚假消息,虽然该黑客已主动删除了该条虚假信息。为了确保安全,网站工作人员还是关闭了该网页的信息浏览。该虚假信息发布后,不断有群众向陕西省地震局打电话询问关于该条假信息的情况,严重扰乱了社会秩序,造成了社会恐慌。为了辟谣,陕西省地震局立即在网上发布了辟谣信息,防止社会恐慌扩大,安定民心。

事发后,陕西省地震局立即向省公安厅和西安市公安局报警。接到报警后,陕西省公安厅立即安排西安市公安局网监支队成立专案组,迅速展开侦破工作。民警在对陕西省地震局信息网进行现场勘察后,基本上锁定犯罪嫌疑人IP地址。在进一步的侦破过程中,专案组确认非法攻入陕西地震信息网并编造散布虚假恐怖信息的黑客为西安欧亚学院2号楼218宿舍的贾志攀。

6月3日,经过西安公安网监支队和公安雁塔分局电子城派出所的密切配合,将贾志攀抓捕归案。

8月29日9时许,经西安雁塔区检察院起诉后,西安雁塔区法院依法对大学生贾志攀非法侵入陕西省地震局信息网编造、故意传播虚假恐怖信息一案进行了公开审理。

"对不起国家的培养、对不起学校的栽培、对不起父母的养育之恩、对不起因这条虚假信息带给大家的影响……"在庭审过程中,面对法官、赶来旁听的亲人和群众,贾志攀悔恨地连说了四个对不起。"唉!多聪明的一个小伙子,真是可惜了!学的知识都不往正道上用。"

检察院的公诉人惋惜地说,作为一名大学生,贾志攀本应利用自己所学的知识,在为社会做贡献的过程中,实现自己的人生价值,而他却利用自己所学的计算机知识,非法侵入陕西省地震局网站,编造、故意散布虚假恐怖信息,这一无知的行为令人非常痛心。

在经过两个多小时的审理后,该案的审判长当庭宣判,法院认为,被告人贾志攀为满足自己的好奇心,明知在强烈地震后余震不断的情况下,发布虚假强烈地震的信息会造成社会恐慌,仍利用掌握的计算机技术,非法侵入陕西省地震局官方网站,编造并发布了虚假的地震消息,其犯罪事实清楚,证据确实充分,应当以编造、故意传播虚假恐怖信息罪追究其刑事责任。鉴于贾志攀在此案审理过程中能如实交代自己的犯罪过程,并对自己的犯罪行为有悔过表现,同时,其又是涉世未深的大学生,故本庭依法从轻宣判,贾志攀因犯编造、故意传播虚假信息罪,依法判处有期徒刑一年零六个月。

——案件来源:搜狐网,2008 年 8 月 30 日

案例 2

黄仲华诉刘三明债权人撤销权纠纷案

原告黄仲华在被告刘三明处工作中受伤,被告已为原告申请工伤认定,但原告和被告于工伤认定做出前自愿达成协议:原告自愿放弃工伤认定和伤残等级鉴定,被告赔偿原告 6 927 元,双方签订协议后就此事项做一次性了断,原告保证今后不得以任何理由以此事项向被告提出任何经济赔偿。协议签订后,德阳市劳动和社会保障局做出工伤认定,德阳市劳动能力鉴定委员会鉴定原告为十级伤残。根据规定,黄仲华应获得的工伤保险待遇为:一次性补助金:7 个月本人工资、一次性工伤医疗补助金和一次性伤残就业补助金(金额为 10 个月统筹地区上年度平均工资,5 万元左右)。被告赔偿原告的金额显著低于工伤保险待遇。

原告向德阳市中级人民法院提起上诉。法院审理后认为:①上诉人在一审中起诉的是广汉市亿达胶合板加工厂,列明的案由为工伤事故损害赔偿纠纷,广汉市人民法院擅自将被告变更为刘三明,将案由变更为撤销权纠纷,严重侵犯上诉人的合法权益;②上诉人不知被上诉人刘三明提交了工伤认定申请,故广汉市人民法院认定"原告在广汉市亿达胶合板厂已向德阳市劳动和社会保障局提交了工伤认定申请的情况下,自愿放弃工伤认定和伤残等级鉴定"系认定事实错误;③上诉人十级伤残依法获得的各项赔偿应在 5 万元左右,签订的协议显失公平,且违反法律强制性规范,以合法形式掩盖非法目的,当属无效。

本案说明,用人单位与劳动者就工伤事故达成赔偿协议,但约定的赔偿金额明显低于劳动者应当享受的工伤保险待遇的,应当认定为显失公平。劳动者请求撤销该赔偿协议的,人民法院应予支持。

——《中华人民共和国最高人民法院公报》2013 年第 1 期

案例 3

从薄熙来案看我国反腐和司法公正

2013 年 8 月 22 日,济南市中级人民法院一审公开开庭审理被告人薄熙来受贿、贪污、滥用职权案,薄熙来出庭受审。本案引发了国人的集体关注。案件在审理过程中首次引入了微博直播的方式,济南中院采用文字、图片相结合的方式,及时、充分、客观、准确地披露庭审重要信息。济南中院官方微博最初的粉丝仅为 9 万左右,庭审两天后已经超过 45 万,足以看出人们对此案的关注热情。

公开审理薄熙来案,微博直播庭审过程,一方面彰显了法治精神,实现了审判活动应有的程序正义与实体正义;另一方面,也体现了中央反腐败工作的力度与自信,在强大的证据事实面前,任何腐败分子都难逃法网。

公开审判薄熙来案彰显法治精神

《中华人民共和国宪法》第一百二十五条规定:"人民法院审理案件,除法律规定的特别情况外,一律公开进行。被告人有权获得辩护。"我国刑事诉讼法第十一条也规定:"人民法院审判案件,除本法另有规定的以外,一律公开进行。"由此可见,公开审判是法律的应有之义。相比于之前的秘密审判,公开审判是诉讼制度文明进步的表现,同时对于社会发展和司法进步有着积极、深远的影响。

公审薄熙来案,一方面有利于保障庭审现场各方的利益。在社会监督下,有利于辩护人合法行使辩护权利,有利于被告人合法保障自身权益,同时也可以督促公诉方及审判人员正确行使公诉权和审判权。这样的审判是正义的,是经得起历史考验的。

另一方面,公审薄熙来案,是一节生动的法律课。人们在关注庭审过程中认识到了法律程序、法律规定等知识,极大地增强了民众的法律信仰,有利于法律知识的普及与推广。

公开审判薄熙来案彰显中央反腐自信

新一届党中央领导集体主政之后,我们看到了中央反腐的决心和力度。包括刘志军、刘铁男、雷政富等在内的一大批贪官纷纷落马。党中央提出的"让权力在阳光下运行""反腐要坚持老虎、苍蝇一起打"等观念极大地鼓舞了反腐士气,有效地震慑了腐败分子。

此次公开审理薄熙来案,并通过微博现场直播,充分体现了反腐的决心,也彰显了反腐的信心。

薄熙来曾位居高官,享有丰富的权力资源,但他没有把这种权力用到老百姓手里,而是当成满足私欲、滥用职权的工具,这是一只名副其实的"大老虎"。对待如此高官,党中央果断采取各种措施,冲破各种阻挠,用充分的证据和确凿的事实将其"收网",这直接地告诉我们,不管多大的官,只要存在贪腐行为、危害人民,必然受到法律的严惩。

另外,对于薄熙来案这样的大案,能够采取公开审理、微博直播,充分彰显了党中央的反腐自信。对于反腐,我们采取了行之有效的侦查手段,我们搜集了各种无可辩驳的证据,我们有信心保障公正的司法审判,我们也有信心彻底打掉腐败分子。

公审薄熙来案,在司法史和反腐史上必然会留下重重一笔,它让我们看到了法治的希望与信心,也让我们看到反腐的决心与真实。"一切权力必须在阳光下运行",这是反腐的强硬姿态,也是法治的必然要求。

——法制网,2013 年 8 月 26 日

案例4

医疗事故鉴定注重程序公正

对医疗事故的鉴定结果,是事故处理最直接同时也是最重要的依据。以往的办法关于鉴定的规定仅为5条,新《医疗事故处理条例》相关规定则多达12条,且多数条文里都有多达6、7项的详细规定。对比新、旧规定可以看出,新条例在鉴定主体和鉴定程序上有了较为详细的合理规定,其中很多体现了"程序公正"。

首先,新规定将鉴定主体由过去卫生行政部门设置的"医疗事故技术鉴定委员会"改为"医学会"。科学公正的医疗事故鉴定是处理医疗事故的关键,鉴定结论是判定是否为医疗事故及事故等级的依据。因此,负责鉴定的专家组织应当是中立的。现有78个专科分会、43万名会员的中华医学会成立于1915年,是我国医学界的最高学术团体。有关人士指出,由于医学会地位的相对独立性,由它来负责医疗事故鉴定,不仅可以克服以往医疗机构实质上的"自我鉴定弊端",还可以发挥医学会会员众多、技术权威的优势,有助于提高事故鉴定的权威性和公正性。

其次,新规定对鉴定中可能涉及公正问题的程序做了明确规定。这些规定体现在:一是建立鉴定专家库,鉴定成员从专家库中随机抽取。条例还规定,专家库的成员不受地域限制,这就防止了纠纷双方利用熟人优势或者拉拢个别专家的可能性。二是规定鉴定委员会的组成人员应该是单数,实行合议制。这样能有效防止个别"权威专家"的一言堂,更具公平色彩。三是对原有《办法》的鉴定成员回避制度做了更完备的明确规定,增加了"与医疗事故争议当事人有其他关系,可能影响公正鉴定的"应当回避的规定。

患者及其家属有权要求复印病历

病历一直是医疗纠纷中的一个敏感话题。按照以往的惯例,医疗机构不向患者及其家属提供病历或者复印件,病历无一例外都被医疗机构保存。由于病历是记载病员患病情况和诊疗过程中所有详细事项的载体,如果发生医疗纠纷或者事故,病历就成了处理事故和纠纷最重要的直接证据。但是,医疗事故的受害人都是患者,当患者没有病历在手时,显然无法提供足够的可靠证据。

虽然最高人民法院最新的关于民事诉讼证据规则的司法解释为医疗纠纷中的患者免除了许多举证责任,但是,这毕竟不能从根本上解决问题。换句话说,如果医疗机构提供了伪造的病历,由于患者在病历的制作和保存过程中无权参与,因此对病历的真伪的判断束手无策。因此,即使实行举证责任倒置,医疗机构仍然可能利用单独掌管病历的机会,用篡改的病历赢得官司。

针对这些弊端,新条例一方面规定,患者有权复印或者复制其门诊病历、住院志、体温单、医嘱单、化验单(检验报告)、医学影像检查资料、特殊检查同意书、手术同意书、手术及麻醉记录单、病理资料、护理记录以及国务院卫生行政部门规定的其他病历资料。患者依照前款规定要求复印或者复制病历资料的,医疗机构应当提供复印或者复制服务并在复印或者复制的病历资料上加盖证明印记,复印或者复制病历资料时,应当有患者在场。

另一方面,条例还规定医疗机构应当按照国务院卫生行政部门规定的要求,书写并妥善保管病历资料。因抢救危急患者,未能及时书写病历的,有关医务人员应当在抢救结束后6小时内据实补记,并加以注明。严禁涂改、伪造、隐匿、销毁或者抢夺病历资料。此外,对于医疗机构没有正当理由,拒绝为患者提供复印或者复制病历资料服务以及未按照规定要求书写和妥善保管病历资料等情形,应当由卫生行政部门责令改正,情节严重的,对负有责任的主管人员和其他直接责任人员依法给予行政处分或者纪律处分。这些规定无疑为患者获得病历资料、保存医疗事故证据提供了重要的保障。

——http://china.findlaw.cn/,2011年4月20日

案例5

王老汉杀死亲生儿子

王老汉的儿子是一个横行乡里的恶霸,在乡里民愤极大,而在家里他对王老汉也是动辄打骂。一次,他向王老汉要钱出去赌博未果,将王老汉暴打一顿,然后扬长而去,晚上又喝得大醉回家。这时王老汉越想越气,用菜刀将其儿子砍死,然后去公安机关自首。从公安机关立案开始,一直到法院审判阶段,乡民们都在不断为王老汉请愿,要求对其从轻处罚,并且认为王老汉的行为是大义灭亲之举。

——来源:百度文库

思考:请问法院该不该对王老汉从轻判决?他的行为是不是大义灭亲?

解析:不是大义灭亲而是故意杀人行为,但是鉴于王老汉杀他儿子有其长期遭受儿子打骂、出于义愤的因素,所以可以对他从轻处罚。

这个案例从一方面看是法与情的冲突,王老汉受到刑罚可能违背了乡民的愿望;但是从另一个角度来看,我们的法律在制定的时候同样也考虑到了相关的情与理的因素。就故意杀人罪而言,我国刑法第232条规定了四个法定刑幅度,"故意杀人的,处死刑、无期徒刑或者十年以上有期徒刑;情节较轻的,处三年以上十年以下有期徒刑"。我们一直都说"杀人偿命",但是为什么法律却给故意杀人罪规定了四个法定刑幅度呢,这就是因为法律考虑到了情与理的因素。通过审判,法庭认定被告人的行为有立法者以及法律的精神所包容的情与理的,那么他可以在法律规定的刑罚范围内给予其较轻的处罚。

案例6

开胸验肺事件

2004年8月河南新密市人张海超被多家医院诊断出患有"尘肺",但由于这些医院不是法定职业病诊断机构,所以诊断"无用"。而由于原单位拒开证明,他无法拿到法定诊断机构的诊断结果,最终只能以"开胸验肺"的方式进行验肺,为自己证明。这个事件被称为"开胸验肺

事件"。

开胸验肺事件始末

2007年10月,X胸片显示张海超双肺有阴影;此后经多家医院检查,诊断其患有尘肺病。

2009年1月,北京多家医院确诊其为尘肺病。

2009年5月25日,郑州职业病防治所的诊断结果为"合并肺结核"。

2009年6月,张海超主动爬上手术台"开胸验肺"。

2009年7月15日,媒体介入报道。

2009年7月23日,郑州市振东耐磨材料有限公司否认公司有责任。

2009年7月24日,卫生部督导组介入。

2009年7月27日,确诊张海超为三期尘肺病。河南省新密市劳动局认定为工伤,张海超已开始申请伤残鉴定。

2009年7月28日,河南省卫生厅追究郑州市职业病防治所、新密市卫生防疫站等相关单位和人员责任,郑州市委对相关责任人做出处理决定。

2009年8月,河南省卫生厅通报批评诊断出张海超"尘肺合并感染"的郑州大学第一附属医院,并对其立案调查。通报称,郑大一附院在不具有职业病诊断资格的情况下,进行职业病诊断,违反了《职业病防治法》。此举迅速引起网络舆论热潮。人民日报、中国青年报等主流媒体发表文章,称问责"开胸验肺"无助"制度尊严",惩罚开胸验肺的医院是自取其辱。

开胸验肺事件影响

张海超,新密市刘寨镇老寨村村民。曾在当地振东耐磨材料公司上班3年,染上尘肺,但由于原《职业病防治法》要求用工企业"自证其罪"的规定,以及职业病鉴定机构的瓶颈限制等问题,张海超在企业拒绝为其提供相关资料,且郑州职业病防治所也为其做出了"合并肺结核"诊断的情况下,无奈跑到郑大一附院,"开胸验肺"以求真相。2009年7月10日,《东方今报》独家刊发了记者申子仲采写的新闻《工人为证明患职业病坚持开胸验肺》。

随后,"开胸验肺"被网络疯传。在全国媒体的集中关注下,张海超被认定为"尘肺三期",获赔61.5万元,张家的低保问题也于当时解决。

张海超事件引起了郑州市、河南省乃至国家有关部门的高度重视。

2010年初,全国人大常委会表决通过了关于修改职业病防治法的决定:针对公众普遍关注的劳动者求诊无门而被迫"开胸验肺"等情况,新法明确规定,"劳动者可以在用人单位所在地、本人户籍所在地或者经常居住地依法承担职业病诊断的医疗卫生机构进行职业病诊断","承担职业病诊断的医疗机构不得拒绝劳动者进行职业诊断的要求"。

"开胸验肺"这一轰动全国的新闻事件,被作家潦寒在尊重事实的基础上创作成了长篇小说《歇斯底里》。小说中张海超被塑造成一个民间诗人的形象,吟唱着《肺 呼吸》——"百花盛开的春天,人人都有的权利,呼吸,我却一天天的逝去。奔向未来的幻想中,别人数着钞票与艳遇,我却无奈地,数着仅余的日子"四处维权。集中反映了底层社会的人面对庞大的不合理的制度机器时绝望的抗争与悲壮的牺牲精神。

"开胸验肺"最终是靠法律来解决的,也推动了相关法律的修改。实践证明,树立法制理念,推进依法治国,对于全面建设小康社会,推进社会主义现代化建设具有重大意义。

——百度百科

案例7
"唐慧上访被劳教"案

2012年4月12日庭审之时,控辩双方交锋激烈,而其争论焦点主要有三:

唐慧因上访被劳教是否合理

原告辩护律师认为,唐慧作为"遭轮奸并被逼卖淫的一个11岁小女孩"的母亲,通过上访要求追究违法分子的法律责任,即便在此过程中有拦车、发传单等行为,仍属依法维权。

永州市劳教委则指出,有充分的事实依据证明唐慧曾多次扰乱社会秩序,被行政处罚后仍不悔改,继续无理取闹、闹访、缠访,严重扰乱了单位秩序和社会秩序,据此才对唐慧实施劳教,而该劳教决定完全合法。

唐慧一方要求永州市劳教委拿出唐慧严重扰乱单位秩序和社会秩序的证据,被告律师以"此次庭审的焦点是唐慧应否获得国家赔偿,而非是对唐慧的劳教是否合理"为由拒绝。

劳教决定被撤是否表明其不合法

原告律师认为,永州市劳教委劳教唐慧的决定满足《行政复议法》中"主要事实不清、证据不足和适用依据错误、违反法定程序等"的规定,且后又被湖南省劳教委依法撤销,可见该"劳教决定违法,当属无疑"。

对此,永州市劳教委方回应称,湖南省劳教委撤销劳教唐慧的决定,是根据《行政复议法》第28条第一款第三项中的第5项"具体行政行为明显不当的"做出的,但"不当"并非违法,是在合法范围内的不当。此外,湖南省劳教委的撤销决定是基于人道主义,湖南省劳教委在行政复议中,只是认为训诫教育比劳教更适宜,并没认可劳教唐慧是不合法的。

永州市中院审理认为:永州市劳教委根据唐慧的违法事实,对唐慧决定劳教的事实清楚、证据确凿、程序合法、适用法律正确,只是在行政处理的具体方式上存在是否合理的问题;湖南省劳教委的复议决定书虽然撤销了市劳教委的劳动教养决定,但该复议决定书并未确定永州市劳教委做出的劳教决定违法。

唐慧应否获得行政赔偿

原告律师表示,永州市劳教委对唐慧的劳教决定不合法,即便"合法",也存在"不当"。鉴于近年国内曾发生过多起因"不当"被撤销的劳教决定,而那些被不当劳教者也皆获得了赔偿,永州市劳教委应向其学习。

对此,被告方认为,根据国家赔偿法的相关规定,只有违法才应承担国家赔偿责任,因此,原告的赔偿请求并不属于国家赔偿范围,永州市劳教委没有义务对原告予以国家赔偿。

4月12日下午,经过合议庭评议,永州市中院评审委员会以"唐慧要求行政赔偿的请求没有事实根据和法律依据"为由,驳回其请求。同时,永州市中院表示,唐慧若如不服这一判决,可在判决书送达之日起,15日内向湖南省高院提起上诉。

近年来,呼吁劳教制度改革的声音此起彼伏,劳教制度似乎将在对其成因和存在的质疑声中走向拐点。而发生于2012年的"上访母亲"唐慧被劳教事件,堪称是劳教制度改革进程中的标志性事件。近日,几经波折的唐慧案又有新进展。4月12日,唐慧起诉湖南省永州市劳教委案在永州市中院开庭。唐慧认为,永州市劳教委2012年8月对她作出的劳教决定违法,向法院提出书面道歉、支付赔偿金、精神损害抚慰金等诉求。经过庭审,永州市中院以"唐慧要求行政赔偿的请求没有事实根据和法律依据"为由,一审判定唐慧败诉。消息传出,舆论鼎沸。公众普遍认为,唐慧案一审判决,捍卫的是劳教,而非公民的权利、司法公正和法律精神,并有媒体直言:每一个判例,都是公众法治信仰的基石,而每一次失误,都可能导致信仰的崩塌;若让公民信仰法律,法律须给公民以信心。

唐慧诉永州市劳教委行政赔偿案终审判决

2013年7月15日上午9时,湖南省高级人民法院对"上访妈妈"唐慧诉永州市劳教委行政赔偿案二审做出判决。根据判决结果,撤销永州市中级人民法院做出的一审判决,永州市劳教委须赔偿唐慧被限制人身自由9天的赔偿金、精神损害抚慰金,共计2 641.15元,但不必再进行书面赔礼道歉。本判决为终审判决。

——摘自新京报长沙讯

案例8

子告父刷爆9张信用卡　父怨子谁叫你不常回家

前不久,小张因为父亲刷爆其9张信用卡且不归还所欠款项,前来法院提起诉讼。案子开庭前,小张听取了诉前联调人民调解员的建议,决定先进行调解。小张在电话中颇为激动地说,父亲是在他出差期间,未经他同意而擅自使用信用卡,并先后将9张信用卡都刷爆,至今未归还所欠款项,故一气之下来到法院,对父亲提起诉讼。

得知上述情况,调解员在安抚小张情绪之后,告知他这样做不可取,理由有二:一是就算父亲擅自使用其信用卡,但毕竟是父亲;二是父亲年纪较大,且老人家大多好面子,若此案进入审判程序,担心父亲经受不住左邻右里的流言飞语。挂下小张的电话,调解员立即与小张父亲取得联系,细心询问起事情的来龙去脉。原来,作为家中独子的小张自参加工作以来,由于业务上的原因,需要经常出差。父母与小张相处交流的时间日趋减少,父母抱怨儿子不回家,儿子怪父母不体谅,长此以往,双方相互埋怨的程度日趋加深。小张希望父母能多体谅其工作的艰辛,给予自己多一些的独处空间;父母则希望儿子能在工作之余,多抽时间常回家看看,让老两口享享天伦之乐。多次与儿子沟通未果之后,父亲便趁小张出差之际,采用刷爆其9张信用卡并拒不还款的方式来引起儿子的注意。调解员促使小张在被模拟出的情景中换位思考,以此来体会老年人晚年生活的寂寞及渴望子女关心的心情。还帮小张回想起童年时代,父母如何在工作之余兼顾家人,做到事业家庭两不误。

几经调解,小张撤销了对父亲的起诉,从法院取回了材料,父子俩冰释前嫌。"渐渐地,他开始经常回家看望我们,两父子之间的隔阂少了,感谢你在我们父子间搭建了一座沟通桥梁。"小张的父亲对回访调解员说。

专家说法:"在这个案例里,从法律层面而言,儿子可以告父母,父母其实也可以告儿子,因为儿子对其情感关怀、抚慰不够。"广东省心理学会心理咨询与治疗专委会副秘书长张小璃说,父母采取极端的方式来引起子女的关注,子女首先应该从道德伦理上反省自己。他认为,案例也影射了一些社会问题。我国计划生育政策实行至今已逾30年,当时响应计划生育政策号召的独生子女父母现在有的已经或者陆续地进入老年,第一代独生子女也大多已经就业并且即将或已经组建了新的家庭。伴随独生子女的成家立业,"四二一"家庭的大量出现,子女养老压力大,生活压力大,只能更多地从物质层面上关心父母。他建议,经常出差在外的年轻人应该经常电话问候父母,或者与父母进行视频聊天。家中独子小张(化名)因工作太忙,长期不回家看望父母。父亲盛怒之下生出一计,悄悄刷爆了小张9张信用卡且拒不还款,以引起儿子关注逼其回家。小张也火了,将父亲告上了法庭。好在有人民调解员巧施妙招,父子俩终于冰释前嫌,"化干戈为玉帛"。

——南方日报,2013年8月16日

案例9

孙某小偷小摸

孙某系北京某重点大学工科学生,聪明好学且家境非常优越,他的爱好是喜欢"钻研"侦探小说。为了检验与警察较量的结果,他开始盗窃学生宿舍的财物,每次行动他有一个原则,即控制财物的价值,不要达到数额较大(1 000元以下),以免构成盗窃犯罪。他认为小偷小摸警察抓不到,何况自己行动时都戴手套,抹去痕迹。即使破获了案,也最多拘留几天。孙某先后作案十多起,最后被抓获,以盗窃罪追究刑事责任。这时孙某才如梦初醒,可悔已迟矣。

在本案例中,孙某以为小偷小摸并控制盗窃数额的行为会逃脱法律的制裁,殊不知:

(1)盗窃罪虽达到数额较大才构成犯罪,但该罪的构成可分为:①次数较多可构成;②16周岁以上的人犯罪,前后盗窃财物数额应累加。孙某先后作案十多起,累计金额已超过1 000元这一数额较大的起点。

(2)孙某知道一点法律,但只是皮毛,是一知半解。

(3)孙某之所以盗窃是要与警察较量,这也说明其法律心理的扭曲,缺乏一个健康的法律心理。

所以,"知法"绝不是对法律的一知半解,它不仅要求对法律条文有完整准确的理解,而且要求对法律精神、法律原则等有一个正确的认识,同时要求有一个健康的法律心理。"守法未必知法"或"知法未必守法"都不是必然的、普遍的现象,不能成为"不必学法"的论据和理由。

——资料来源:百度文库

案例 10

伊朗门事件

美国著名的伊朗门事件就很好地体现了法治社会的特点。美国是一个典型的法治社会,尽管它的法治有很多缺点,但严格依法办事是其优点。当时,在伊朗有一些人把美国人劫持为人质,美伊两国政府秘密谈判,双方达成协议,由伊朗政府帮助解救人质,而美国政府向伊朗出售先进武器。尽管这一做法的目的是为了解救美国人的生命,但却是违法的,因为当时议会有禁止向伊朗出售武器的法律规定。在人质事件解决完毕后,议会开始进行调查,结果又发现了另一个违法的问题,即美国政府把出售武器的这笔钱用来资助尼加拉瓜的反共游击队。因为当时尼加拉瓜由社会主义政党掌权,该政党上台之后就开始建立公有制,没收资本家和地主的财产。使美国人在那儿的投资受到了侵犯。美国很恼火,但又不好出兵干涉,于是就资助当地的反共游击队。但因为议会又有法律规定资助国外武装也必须经议会授权,美国政府没有经议会授权而资助国外武装,这也是违法的。议会最后追查到签字做出决定的责任人身上,签字人是诺斯上校。后来斯诺上校被提交法院审判,一审被判有罪,到了二审,由于法官考虑其他一些因素才最终改判无罪。

因此,好心办事也会违法,这就是法律思维,合法性永远是其中心。

——资料来源:百度文库

案例 11

章某是否无罪

被告人章某于某年春节在某市一居民小区趁被害人林某一家出去串亲戚之际,撬开林家的门入室盗窃,窃取现金 1 000 元及贵重物品价值 6 000 元。在其盗窃得手即将离去之际,林某儿子的同学赵某(小学生,男,10 岁)来林家找林某的儿子,章某谎称自己是林家的亲戚来帮林某看家。赵某相信无疑,没有进屋就离开了。章某趁机溜走。林某回家后发现被盗,遂向公安机关报案。公安机关根据赵某提供的情况追查到章某。在讯问时,章某否认自己实施了盗窃行为。公安机关侦查终结后,认为章某虽否认犯罪,但有目击证人赵某的证人证言和起获的赃物证明章某的盗窃行为,遂将案件交检察院审查起诉。检察院经审查起诉也认为章某犯盗窃事实清楚,证据充分,于是在法定期限内向人民法院提起诉讼。人民法院在庭审的过程中,被告人章某的辩护人提出本案的主要证人赵某年仅 10 岁,不具备作证资格,因此检察院指控被告人章某犯盗窃罪证据不足,要求人民法院判决章某无罪。

关于作证问题,任何知道案件事实的人,包括限制行为能力人在内,都可以作证,并且这是一种义务。另外需要指出的是,虽然赵某年仅 10 岁,但是只要是和他智力相适应的证言,是可以作为证据使用的。例如赵某说见过被告人,这完全符合他的智力理解范围。

——资料来源:百度文库

案例 12

程序违法案例

90年代初,四川省夹江县发生一起造假行为,是非法使用别人商标的侵权行为。四川省技术监督局进行打假,按照法律做出了处罚,处罚决定在实体上没有问题。但被处罚人以打假者程序违法为由提起行政诉讼,主张商标侵权应由工商局进行查处,技术监督局是越权行政,程序违法。夹江法院原本准备支持原告主张,判打假者败诉。但当地的人大常委会实行个案监督,让法院院长去汇报。院长说准备判打假者败诉,人大的同志就不理解,认为好人不应败诉。但是按照法治观念,法律面前人人平等,法官不应预设立场,而只能依法裁决,而人大的同志显然持的是人治的观念。后来,该法院逐级请示直到最高法院,最高法院做出了越权行政无效,应判打假者败诉的批复。批复刚下来,还没宣判时,发生一个戏剧性的事件,焦点访谈对该案进行采访报道,并分析认为程序违法不碍实体正确,不能判打假者败诉,这是舆论监督。最后,据说最高院把批复给追了回来。

这就是典型的人治社会,其结果只会导致人们对法律、制度、规则的不信任,而相信青天大老爷。不讲究程序,梁山好汉,路见不平一声吼,该出手时就出手。

经济性裁员程序违法败诉案件分析裁员已经成为众多用人单位无奈的选择,但是裁员涉及人数多,稍有不慎则会产生严重的法律后果及社会后果。如何正确履行裁员的程序,用人单位必须予以重视。

——资料来源:百度文库

案例 13

经济性裁员程序违法败诉案

2005年3月12日,张某应聘某电器公司工作,双方概括性约定工作岗位为技术工程师,合同期为5年(从2005年3月12日起至2010年3月11日止)。合同签订后,张某立即到电器公司上班,工作兢兢业业,深得同事和领导赞许。2007年年底,由于受到同行业无序竞争的冲击,某电器公司海外订单减少,经营发生严重困难,公司高层虽已采取种种挽救措施,亏损却越来越大,某电器公司决定裁员。

2008年1月,某电器公司制定并颁布了《某电器公司裁员规定》。该《规定》要求各部门主管对本部门员工进行业务考核,以考核结果为参考按原有员工数的40%上报裁员名单。《规定》称,"在公司经营状况发生严重困难时,公司可以裁减人员,但应提前30日通知被裁员工,并按照有关法律规定发给相应的经济补偿金。"2008年3月,上述规定正式公布,各部门均裁掉了40%的员工,张某是本部门被裁员工中的一员。企业人事管理干部找张某谈话,解释裁员是迫于公司的经济状况,属于经济性裁员。他告知张某,30天后双方解除劳动关系,公司会按有关法律规定发放相应的经济补偿金。张某不服,认为某公司裁员程序不合法,未向相关部门申报,遂向当地劳动争议仲裁委员会提出仲裁申请,请求仲裁委员会裁决撤销某电器公司的解除劳动合同决定,继续履行与张某的劳动合同。

某劳动争议仲裁委员会经审查认为,某公司的裁员虽符合法律规定的经济性裁员的条件,但公司裁员时既没有提前向员工说明情况,也没有就裁员方案征求工会意见,更没有向当地劳动行政部门报告,这种不按照法律规定程序进行的裁员是无效的,该行为属于任意裁员,因此张某所在公司应当撤销其裁员决定,继续履行与张某的劳动合同。

这起劳动争议并不复杂,关键就在裁员程序的合法性。经济性裁员是用人单位克服经营困难的内在需要的通常做法,法律予以允许。张某服务的用人单位生产经营发生严重困难,符合法律规定的裁员实体条件,问题在于没有按法定程序裁员,因此败诉。

——资料来源:百度文库

阅读链接

案例1

佘祥林获国家赔偿

佘祥林,又名杨玉欧,湖北省京山县雁门口镇人。1994年1月2日,佘妻张在玉因患精神病走失,张的家人怀疑张在玉被丈夫杀害。同年4月28日,佘祥林因涉嫌杀人被批捕,后被原荆州地区中级人民法院一审被判处死刑,剥夺政治权利终身。后因行政区划变更,佘祥林一案移送京山县公安局,经京山县人民法院和荆门市中级人民法院审理。1998年9月22日,佘祥林被判处15年有期徒刑。2005年3月28日,佘妻张在玉突然从山东回到京山。4月13日,京山县人民法院经重新开庭审理,宣判佘祥林无罪。2005年9月2日佘祥林领取70余万元国家赔偿。

案例2

民主制度的不健全是法治缺陷的深层原因

新中国成立以来,由于对法制的认识存在一些误区,导致法制建设相对落后。十一届三中全会以来,法制建设快速发展,法律体系逐渐完善,并确立了"依法治国",建设社会主义法治国家的治国方略。在法制建设取得可喜成就的同时,也存在一些令人忧心的问题:法律制度的过程化严重不足。如果将法治看成是法律规范制度及其机构的建立(制度化)与这些制度规范在实际过程的有效运作(过程化)两方面的有机结合,那么相对于"制度化"而言,法制的"过程化"显得匮乏,有法不依、执法不严、违法不究的现象比较普遍,实际工作中"以言代法、以权代(压)法、以钱代法、执法犯法"的现象仍时有发生,执法问题已成为我国法制建设中急需改进的一个极端重要的问题。为何我国的法制会出现这种缺陷?法律"制度化"本身存在的一些问题,诸如法律体系不完善,立法质量不高,法律缺乏统一性、稳定性和可操作性等原因会影响法律的"过程化"不足。认识到这一点非常重要,但法制建设上的缺陷不仅仅只是一个法律问题,在深层次上,它是一个民主问题,反映了民主政治建设的不完善。人民代表大会制度和共产党的领导是我国的根本政治制度和基本政治制度,是我国民主政治的基本结构。然而,由于初级阶段的局限性,我国民主政治生活具体环节上的缺陷使得民主机制的运转存在一些不理想的局面,没有充分发挥社会主义民主制度的优越性,由此引发出一系列问题。在实践中这些问题主要以破坏法制的形式表现出来。

案例3

我国法治建设的成绩

新中国成立以来特别是改革开放的伟大成就,得益于民主法治的有力保障。建国后仅半年,就颁布了《婚姻法》。1954年制定宪法,4亿国民中有1.5亿人参加讨论,提出118万条修改建议。建立了"人民代表大会"制度、"中国共产党领导的多党合作和政治协商制度"和"民族区域自治制度",后来又建立了"基层群众自治制度",开创了一条符合中国国情的社会主义民主法治道路,奠定了共和国的基础。

改革开放后,我们党大力推进社会主义民主法治建设。用30多年的时间,解决了10多亿人的吃穿住行,2亿多人摆脱贫困,人民最基本的生存权、发展权得到切实保障。人大代表普遍实行差额选举,县及县以下人大代表完全实行直接选举,人民民主得到广泛体现。党的"十五大"提出"依法治国"的基本方略,并被写入宪法。30多年来,制定了240部法律,706部行政法规,8 600多部地方性法规,形成了中国特色的社会主义法律体系。

思想精华

法律如果没有法院来阐说和界定其真正含义和实际操作就是一纸空文。

——汉密尔顿

在一个秩序良好的国家中,司法部门应得到人民的信任和支持。从这个意义出发,公信力的丧失就意味着司法权的丧失。

——马丁

法律的调整对象是行为,而所谓社会关系不过是人与人之间的行为互动或交互行为。没有人们之间的交互行为,就没有社会关系。法律通过影响人们的行为而实现对社会关系的调整。

——张文显

法律用惩罚、预防、特定救济和代替救济来保障各种利益,除此之外,人类的智慧还没有在司法行动上发现其他更多的可能性。

——罗庞德

法律的目的是创造一个稳定的、可以理解的行动结构,在这个结构中个人能够执行其计划并多少意识到可能产生的结果。

——斯蒂芬

明智的创智者也并不从制订良好的法律本身入手,而是事先要考察一下,他要为之而立法的那些人民是否适宜于那些法律。

——卢梭

辅助练习

一、单项选择题

1. 法律的一般含义是( )。
   A. 法律是国家创制并保证实施的行为规范
   B. 法律是被统治阶级意志的体现
   C. 法律由社会物质生活条件决定
   D. 法律是凌驾于道德之上的

2. 关于建设社会主义法治国家,正确的说法有( )。
   A. 完善市场经济秩序　　　　　　B. 建立法治政府
   C. 完善中国特色社会主义法律体系　D. 提高各党派执政的水平

3. ( )是社会主义民主与法制建设的根本保证( )。
   A. 社会主义民主与法制　　　　　B. 党的领导
   C. 民主集中制　　　　　　　　　D. 人民代表大会制

4. 我国社会主义法律所体现的意志是( )。
   A. 工人阶级的意志　　　　　　　B. 农民阶级的意志
   C. 共产党的意志　　　　　　　　D. 广大人民的意志

5. 维护社会的公平与正义,协调人与自然地关系,体现了法律的( )。
   A. 政治建设方面的作用　　　　　B. 文化建设方面的作用
   C. 社会建设方面的作用　　　　　D. 对外建设方面的作用

6. 全部现行法律规范按照一定的标准和原则划分为不同的门类,称为( )。
   A. 法系　　　　　　　　　　　　B. 法律体系
   C. 法律部门　　　　　　　　　　D. 法律渊源

7. 在法治国家建设过程中,作为法治发展内在动力的是( )。
   A. 法律传统　　　　　　　　　　B. 法律文化

C. 法治精神 D. 法治理念

8. 下列选项中,属于社会主义法治的核心内容的是( )。
   A. 依法治国 B. 执法为民
   C. 服务大局 D. 党的领导

9. 下列选项中,属于社会主义法治的本质要求的是( )。
   A. 依法治国 B. 执法为民
   C. 服务大局 D. 党的领导

10. 下列选项中,属于社会主义法治的根本保障的是( )。
    A. 依法治国 B. 执法为民
    C. 服务大局 D. 党的领导

11. 下列选项属于我国宪法和法律的基本价值取向的是( )。
    A. 自由平等 B. 公平正义
    C. 民主法制 D. 权利与义务

12. 按照法律的规定、原理和精神,思考、分析、解决法律问题的习惯与取向是( )。
    A. 法律意识 B. 法治观念
    C. 法律思维 D. 法治理念

13. 法律区别于道德规范、风俗习惯等其他社会规范的首要之处在于( )。
    A. 由国家创制并保证实施 B. 统治阶级意志的体现
    C. 内容由社会物质生活条件决定 D. 以权利义务为内容

14. 最终决定法律的内容的根本因素是( )。
    A. 国家政策 B. 最高统治者的言论
    C. 统治阶级的道德 D. 物质生活条件

15. 下列选项一直被认为是法律所追求的主要价值目标的是( )。
    A. 自由平等 B. 公平正义
    C. 民主法治 D. 权利与义务

16. 我国社会主义法治的核心和精髓是( )。
    A. 依法治国 B. 社会主义法治理念
    C. 社会主义法律体系 D. 执法为民

17. ( )是社会主义法治的核心内容。
    A. 依法治国 B. 执法为民
    C. 公平正义 D. 党的领导

18. ( )是社会主义法治的本质要求。
    A. 党的领导 B. 执法为民
    C. 依法治国 D. 人民当家做主

19. ( )是社会主义法治建设的根本价值追求。
    A. 依法治国　　　　　　　　B. 执法为民
    C. 公平正义　　　　　　　　D. 党的领导

20. ( )是社会主义法治的重要使命。
    A. 依法治国　　　　　　　　B. 执法为民
    C. 服务大局　　　　　　　　D. 党的领导

21. 依法治国的根本保证是( )。
    A. 人民当家做主　　　　　　B. 党的领导
    C. 司法独立　　　　　　　　D. 依法办事

22. ( )是社会主义法治的根本保证。
    A. 依法治国　　　　　　　　B. 执法为民
    C. 公平正义　　　　　　　　D. 党的领导

23. 依法治国的客体及其对象是( )。
    A. 中国共产党领导下的人民群众
    B. 实现宪法和法律在治理国家中的权威性和稳定性
    C. 国家社会、政治、经济、文化等各项事务
    D. 以宪法和法律为根本依据

24. "依法治国,建设社会主义法治国家"的基本方略是在( )上被载入宪法的。
    A. 九届全国人大二次会议　　B. 党的十一届三中全会
    C. 党的十三大　　　　　　　D. 党的十五大

25. 作为法治理念的公平正义是指( )。
    A. 社会成员之间的社会地位、经济收入、消费水平接近
    B. 每个人拥有平等的生存、发展的权利和机会
    C. 社会成员能依法公平地实现权利和义务,并受法律的保护
    D. 人们享有的权利和承担的责任相一致

26. 法律主要体现的是( )。
    A. 社会成员的公共意志　　　B. 统治阶级的全部意志
    C. 执政党的意志　　　　　　D. 国家意志

27. 法律区别于道德的重要特征之一是( )。
    A. 法律是统治阶级意志的体现　　B. 法律对全社会具有普遍的约束力
    C. 法律是由社会物质生活条件决定的　D. 法律是由国家强制力保证实施的

28. 法律最本质的属性是( )。
    A. 社会性　　　　　　　　　B. 规范性
    C. 阶级性　　　　　　　　　D. 强制性

29. "正义不仅应当实现,而且应当以人们看得见的方式实现",这就是( )的重要价值所在。

A. 实体公正　　　　　　　　B. 司法公正

C. 时间效率　　　　　　　　D. 程序公正

30. 社会主义法治国家的公民应当具有的最基本的法治观念是( )。

A. 社会主义民主法治观念　　B. 自由平等观念

C. 公平正义观念　　　　　　D. 权利义务观念

二、多项选择题

1. 下列选项,在保证法律的实施过程中发挥着重要作用的有( )。

A. 国家强制力　　　　　　　B. 法律意识

C. 道德观念　　　　　　　　D. 纪律观念

2. 下列关于我国社会主义法律的本质,表述正确的有( )。

A. 具有广泛的人民性,而不再强调阶级性

B. 坚持了辩证唯物主义和历史唯物主义的世界观和方法论

C. 善于借鉴我国传统法和外国法的成功经验

D. 中国特色社会主义事业顺利发展,社会主义和谐社会建设的法律保障

3. 下列属于法律的运行环节的有( )。

A. 法律制定　　　　　　　　B. 法律遵守

C. 法律执行　　　　　　　　D. 法律适用

4. 下列选项,属于社会主义法治理念基本要求的有( )。

A. 健全完善立法,坚持科学立法、民主立法,坚持法制统一,不断完善社会主义法律体系

B. 切实做到合法行政、合理行政、高效便民、权责统一、政务公开

C. 自觉诚信守法,在全社会培养以自律为基础的守法意识,使人们把法律内化为行为准则,主动积极地遵守宪法和法律

D. 繁荣法学事业,坚持法学研究正确的政治方向,不断提高法学教育质量和水平,培养优秀的法律人才

5. 下列关于我国社会主义法治理念的表述,理解正确的有( )。

A. 它是我国法治发展的内在动力

B. 它是社会主义法治的精髓和灵魂

C. 它根植于我国的法治实践之中,反映法治现实,对我国的法治实践起着指导和推动作用

D. 它是对我国社会主义法治的性质、功能、目标方向、价值取向和实现途径等重大问题的系统化认识和反映

6. 下列属于建设社会主义法治国家基本要求的有（　　）。
   A. 提高党依法执政的水平　　　　B. 加快建设法治政府
   C. 完善权力制约和监督机制　　　D. 培植新型的社会主义法律文化
7. 下列表述能正确体现社会主义民主与法治关系的有（　　）。
   A. 社会主义民主是社会主义法治的前提和基础
   B. 社会主义民主决定着社会主义法治的性质和内容
   C. 社会主义法治是社会主义民主的体现和保障
   D. 社会主义法治是社会主义民主的重要实现途径
8. 下列选项属于"法律面前人人平等观念"内涵的有（　　）。
   A. 公民在立法上一律平等　　　　B. 公民在守法上一律平等
   C. 公民在执行法律上一律平等　　D. 公民在适用法律上一律平等
9. 下列属于法律公正观念内涵的有（　　）。
   A. 立法公正　　　　　　　　　　B. 执法公正
   C. 实体公正　　　　　　　　　　D. 程序公正
10. 下列能够体现执法公正要求的有（　　）。
    A. 坚持合法合理原则　　　　　　B. 坚持及时高效原则
    C. 坚持实体公正优于程序公正　　D. 坚持程序公正优于实体公正
11. 我国法律规定的公民维护国家安全的义务有（　　）。
    A. 依法服兵役　　　　　　　　　B. 依法参加民兵组织
    C. 保守国家秘密　　　　　　　　D. 及时报告危害国家安全的行为
12. 下列属于培养法律思维的途径有（　　）。
    A. 学习法律知识　　　　　　　　B. 掌握法律方法
    C. 参与法律实践　　　　　　　　D. 从事法律职业
13. 法律权威的树立,依赖于（　　）。
    A. 对违法行为的制裁　　　　　　B. 法律合乎情理
    C. 执法公平　　　　　　　　　　D. 司法公正
14. 从个人角度来说,自觉维护法律权威的表现有（　　）。
    A. 努力树立法律信仰　　　　　　B. 积极宣传法律知识
    C. 踊跃从事法律职业　　　　　　D. 敢于同违法犯罪行为作斗争
15. 在我国"法律面前人人平等"主要是指（　　）上的平等。
    A. 立法　　　　　　　　　　　　B. 守法
    C. 执法　　　　　　　　　　　　D. 司法

三、简答题

1. 简述社会主义法治理念的内涵。
2. 简述《中华人民共和国国家安全法》规定的公民和组织在维护国家安全方面的主要义务。

3. 简述依法治国和以德治国的关系。
4. 简述"公民在法律面前一律平等"的内涵。

四、论述题
1. 试述社会主义法治理念的内涵。

五、材料分析题
1. 材料1
2012年党的十八大报告中强调:"提高领导干部运用法治思维和法治方式深化改革、推动发展、化解矛盾、维护稳定能力。党领导人民制定宪法和法律,党必须在宪法和法律范围内活动。任何组织或者个人都不得有超越宪法和法律的特权,绝不允许以言代法、以权压法、徇私枉法。"

材料2
2012年12月习近平总书记在首都各界纪念现行宪法公布施行30周年大会上的讲话中指出:"各级党组织和党员领导干部要带头厉行法治,不断提高依法执政能力和水平,不断推进各项治国理政活动的制度化、法律化。各级领导干部要提高运用法治思维和法治方式深化改革、推动发展、化解矛盾、维护稳定能力,努力推动形成办事依法、遇事找法、解决问题用法、化解矛盾靠法的良好法治环境,在法治轨道上推动各项工作。"

问题:
(1)什么是法治思维方式,它有哪些基本特征?
(2)联系学习和生活实际,谈谈大学生如何培养法治思维方式?

2. 材料1
2007年11月9日,宁波数百名货运出租车从业人员因对有序放开货运市场政策不满,在个别人的组织策划下,手持标语、呼喊口号,在解放南路、开明街、中山东路等城区主要道路未经申请与批准就进行集会游行示威,沿途阻拦过往车辆,致使城区道路交通严重堵塞,数千辆车辆受堵,并围堵市政府机关大门数小时,严重影响了城区道路交通管理,严重扰乱了社会秩序。

部分货运出租汽车从业人员未经批准,非法进行集会游行示威,已经违反了《中华人民共和国集会游行示威法》。公安机关立即在现场发布通告,责令非法集会游行示威人群自行解散并离开,并依法采取措施,现场强制带离了翁某某等4名犯罪嫌疑人,并依据《集会游行示威法》第二十七条、第二十九条规定,对4名犯罪嫌疑人实施刑事拘留。经公安机关现场采取强制措施后,城区道路秩序逐步恢复。

材料2
近日,日本蓄意挑起钓鱼岛争端,据凤凰卫视2012年9月16日报道,中国几十个城市爆发了反日抗日的爱国游行示威活动。数以万计的各阶层民众自发走上街头,声讨日本当局的恶劣行径。但是大多数游行示威没有经过政府的批准和同意。部分地方传出民众闯入、破坏日资商店的事件,在有些地方,甚至有人当众焚烧或打砸日系车,还发生了袭击日本人的过激行为。

深圳还有少数群众推翻日系汽车,并高喊谴责日本的口号。一些人赤手打碎了一辆白色本田警车的窗玻璃,其他人则在一片欢呼声中将车推翻,并用脚踹,还高喊着并挥舞中国国旗。深圳警方在示威结束后逮捕了若干名抗议者。

问题:

(1)结合材料谈谈如何看待法律权利与义务的关系,如何树立正确的法律权利与义务观念?

(2)结合材料谈谈法律自由和平等观念的内涵,如何树立正确的法律自由和平等观念?

【参考答案】

一、单项选择题

1．A　2．C　3．B　4．D　5．C　6．C　7．D　8．A　9．B　10．D　11．A　12．C　13．A　14．D　15．B　16．B　17．A　18．B　19．C　20．C　21．C　22．D　23．C　24．D　25．C　26．B　27．D　28．C　29．D　30．D

二、多项选择题

1．ABCD　2．BCD　3．ABCD　4．ABCD　5．ABCD　6．ABCD　7．ABCD　8．BCD　9．ABCD　10．AB　11．ABCD　12．ABC　13．ABCD　14．ABD　15．BCD

三、简答题

1．社会主义法治理念的内涵包括依法治国、执法为民、公平正义、服务大局、党的领导五个方面。依法治国是社会主义法治的核心内容,执法为民是社会主义法治的本质要求,公平正义是社会主义法治的价值追求,服务大局是社会主义法治的重要使命,党的领导是社会主义法治的根本保证。

2．(1)机关、团体和其他组织应当对本单位人员进行维护国家安全的教育,动员组织本单位的人员防范、制止危害国家安全的行为。

(2)为国家安全工作提供便利和协助。

(3)发现危害国家安全的行为向国家安全机关和公安机关及时报告。

(4)遇调查,公民有如实提供情况的义务。

(5)保守国家秘密的义务。

(6)不得非法持有属于国家秘密的文件、资料和其他物品。

(7)不得非法持有、使用窃听、窃照等专用间谍器材等。

3．(1)依法治国是最根本的治国方略,以德治国是在依法治国的基础上,对人们的思想道德提出的更高的要求。

(2)以德治国与依法治国二者本质上是一致的,但属于不同范畴。前者属于思想建设、精神文明,后者属于政治建设、政治文明。

(3)以德治国与依法治国相互促进。依法治国方略的充分实现,有利于社会主义道德的推行,社会主义道德水平的普遍提高又必然促进社会主义法治的有效实现。

4.(1)中华人民共和国公民不分民族、种族、性别、职业、家庭出身、宗教信仰、教育程度、财产状况、居住期限等,都平等地享有宪法和法律规定的权利,平等地履行宪法和法律规定的义务。

(2)任何组织和个人都没有超越宪法和法律的特权,任何组织和个人的违法行为都必须依法受到追究。

(3)不允许有不受法律约束或凌驾于法律之上的特殊公民。

四、论述题

社会主义法治理念的内涵主要包括五个方面的内涵:

(1)依法治国。依法治国是社会主义法治的核心内容,是我们党治国理政观念的重大转变,是实现国家长治久安的重要保障,是发展社会主义民主政治的必然要求。

(2)执法为民。执法为民是社会主义法治的本质特征,是中国共产党始终坚持立党为公、执政为民宗旨的必然要求,是"一切权利属于人民"的宪法原则的具体体现,是社会主义法治始终保持正确政治方向的根本保证。执法为民的基本内涵包括以人为本、保障人权、文明执法。

(3)公平正义。公平正义是社会主义法治理念的价值追求,是社会主义法治建设的根本目标,是新时期广大人民群众的强烈愿望,是立法、执法和司法工作的生命线,是社会主义和谐社会的基本特征。公平正义的基本内涵包括法律面前人人平等、合法合理、程序正当、高效及时。

(4)服务大局。服务大局是社会主义法治工作的重要使命,是社会主义法律的本质要求,是法治工作的地位和性质所决定,是社会主义法治实践的经验总结。服务大局的基本内涵包括把握大局、围绕大局、立足本职。

(5)党的领导。党的领导是社会主义法治的根本保证,是党的先进性决定的,是人民的历史选择,是法治建设的艰巨性决定的。党的领导的基本内涵包括党对社会主义法治的思想领导、政治领导、组织领导。

五、材料分析题

1.(略)

2.(略)

实践活动方案

尽量创造条件组织学生去市人民法院听法院的庭审过程,了解法律案件的审判过程。

第七章
Chapter 7

遵守行为规范　锤炼高尚品格

学习目标

公共生活、职业生活与婚姻家庭生活,是人们社会生活的重要领域,也是个人品格形成的重要领域。大学生学习和掌握社会生活领域的道德规范和法律规范,自觉加强道德修养和法律修养,锤炼高尚品格,可以为应对和解决走向社会、立业成家等人生重大课题打下良好基础。

核心问题解析

1. 公共生活的含义及其主要内容

公共生活中的道德规范,即社会公德,是指人们在社会交往和公共生活中应该遵守的行为准则,是维护社会成员之间最基本的社会关系秩序、保证社会和谐稳定的最起码的道德要求。文明礼貌、助人为乐、爱护公物、保护环境、遵纪守法为社会公德的主要内容。

2. 职业道德的含义及其主要内容

职业道德,是指从事一定职业的人在职业生活中应当遵循的具有职业特征的道德要求和行为准则,涵盖了从业人员与服务对象、职业与职工、职业与职业之间的关系。爱岗敬业、诚实守信、办事公道、服务群众、奉献社会为职业道德的主要内容。

3. 家庭美德的含义及其主要内容

家庭美德是调节家庭内部成员以及与家庭生活密切相关的人际关系的行为规范,是每个公民在家庭生活中应该遵循的行为准则。尊老爱幼、男女平等、夫妻和睦、勤俭持家、邻里团结为家庭美德的主要内容。

4. 爱情的本质

所谓爱情是一对男女基于一定的社会基础和共同的生活理想，在各自内心形成的相互倾慕，并渴望对方成为自己终身伴侣的一种强烈、纯真、专一的感情。

5. 如何加强个人品德与修养

个人品德的养成既要加强个人道德修养的自觉性，也要采取正确有效的道德修养方法。
(1)加强个人道德修养的自觉性。
(2)采取积极有效的道德修养方法。
(3)自觉向道德模范学习。
(4)积极参与社会实践。

案例共享

案例1

未毕业不能签劳动合同？

小何是一名全日制高校应届毕业生，明年6月即将从大学毕业。由于如今的就业市场竞争激烈，学校也允许应届生在最后一学年尽快找到工作。今年11月，通过大型招聘会，小何得到了一家大型外企的青睐。可是公司的招聘负责人告诉小何，还不能签劳动合同，要等他明年6月毕业后才能签。小何常听说一些学长在求职时由于没有及时签订劳动合同权益受到侵害的例子，于是非常疑惑，如果公司不与自己签订劳动合同，那明年6月前这段时间的工作公司是否会给自己购买医疗保险等社会保险呢？

思考：你如何理解？

解析：我国现行的劳动用工制度和档案管理制度绝大多数是一一对应的模式，除了一些特殊情况，一人只能在一家单位工作或学习。小何今年还是全日制大学的在校学生。全日制学校学生入学时需要将档案转入学校，如果是外地学生，甚至连户籍都需要转入就读学校，无法在外与其他用人单位建立劳动关系。只有当小何从学校毕业之后，才可以办理《劳动手册》，开始与其他用人单位签订劳动合同，这样社会保险、公积金等也可以开户缴纳。

案例2

生女4月送人养女儿去世争遗产

26年前，一对夫妇将出生年仅4个多月大的女儿送给他人抚养，26年后女儿在穗打工时遭遇车祸不幸身亡，夫妇俩凭一纸加盖村委会公章的村民证明书，以"收养关系"已解除为由，

第七章 遵守行为规范 锤炼高尚品格

与女婿争夺死亡赔偿金。

1985年4月9日,林廷富、沈东兰夫妇生下女儿林尾娟。同年8月,夫妇俩将女儿送给邻村村民赖干芳、陈月兰夫妇收养,当时并未办理相关的收养手续,但赖干芳、陈月兰夫妇将林尾娟的户口登记到他们家里,改名为赖美玲,并一直抚养其长大成人。

2004年,赖美玲在广州打工时,因交通事故受伤后无法从事体力劳动,回养母陈月兰家养伤。两年后经人介绍,赖美玲与陈永宏相识相恋并顺利步入婚姻殿堂。2011年2月6日晚,陈永宏驾驶摩托车搭乘妻子在探亲途中发生交通事故,造成妻子受伤,经医院抢救无效死亡。

获知亲生女儿死亡的消息后,林廷富、沈东兰夫妇要求得到女儿的死亡赔偿金21万余元,遭到女儿丈夫陈永宏的拒绝。林廷富、沈东兰夫妇便向法院提起诉讼,要求判决陈永宏返还21万余元死亡赔偿金。

本案庭审中,林廷富、沈东兰夫妇称,早在2004年赖美玲发生交通事故后便与养父母解除了收养关系,并提供了盖有村委会公章的村民证明书作为证据。此外,林廷富、沈东兰夫妇强调作为赖美玲的亲生父母,理所应当享有亲生子女的遗产继承权。

思考:林廷富夫妇是否有继承权?

解析:法院经审理后认为,死亡赔偿金虽不属于遗产,但可以视为遗产进行处理。根据《收养法》,收养关系的解除可以分为协议解除和法定解除。但无论是协议解除还是法定解除,都应遵循一定的法律程序方能生效。本案中,原告林廷富、沈东兰夫妇仅凭村委会一纸证明便声称收养关系已解除,显然是不符合法律规定的。据此,驳回原告的诉讼请求。

案例3

一大学生用2元钱进著名外企

在一次招聘会上,某著名外企人事经理说,他们本想招一个有丰富工作经验的资深会计人员,结果却破例招了一位刚毕业的女大学生,让他们改变主意的起因只是一个小小的细节:这个学生当场拿出了两块钱。事情是这样的,因为该女生没有工作经验,不是他们的预期人选,经理决定收兵,对女生说:"今天就到这里,如有消息我会打电话通知你。"这时,女孩从座位上站起来,向经理点点头,从口袋里掏出两块钱双手递给经理:"不管是否录取,请都给我打个电话。"经理从未见过这种情况,问:"你怎么知道我不给没有录用的人打电话?""您刚才说有消息就打,那言外之意就是没录取就不打了。"经理对这个女孩产生了浓厚的兴趣,问:"如果你没被录取,我打电话,你想知道些什么呢?""请告诉我,在什么地方我不能达到你们的要求,在哪方面不够好,我好改进。""那两块钱……"女孩微笑道:"给没有被录用的人打电话不属于公司的正常开支,所以由我付电话费,请您一定打。"经理也笑了,"请你把两块钱收回,我不会打电话了,我现在就通知你:你被录用了。"

案例点评:

大家想一想这个公司为什么最终录用了这个女孩呢?我认为是其中的一些细节反映了她

作为财务人员所具有的良好的素质和人品,所以公司才录用了她。

其一,她能坦白地告诉公司自己没有工作经验,说明她很诚实,不会弄虚作假,而这对搞财务工作尤为重要。

其二,她告诉招聘人员,即使不被录取,她也希望接到电话,然后搞清楚自己的不足之处,这说明她有直面不足的勇气和敢于承担责任的上进心。作为财务人员不可能把每项工作都做得很完美,其实我们任何人都是,无论做什么工作都不可能做得十全十美,只要我们敢于承认和面对自己的过失,并加以改正,这就足够了。

其三,女孩自掏电话费,反映出她公私分明,这可能是让公司录用她的很重要的一点。所以通过这件事情我们可以看出,找工作的时候没有经验并不可怕,因为人品和素质有时比资历和经验更为重要。

案例4
两个中国留学生的遭遇

一个留学德国名牌大学的中国学生,获得博士学位,专业是热门的计算机软件设计,却在德国找不到工作。他每到一个企业应聘,人家看了他的材料,都很满意,但是一打开电脑查询他的信用记录,马上表示"很遗憾,我们不能用您"。原来,这个博士生有一次坐车"逃票"记录,他初到德国时,因经济紧张,时常坐车"逃票",反正德国的公交车也不查票,只是偶尔有稽查员上车检查,被查到的概率很小。可是有一次很巧,他还真被查到了,人家也没怎么样他,补交票款后,只是看了看他的证件,记下号码。可是,想不到,这就使他有了"不良信用记录",哪怕你学历再高,技术再精,也没有企业会用你,只得老老实实打道回府。

一个中国留学生,为日本餐馆洗盘子。日本餐饮业规定,盘子必须洗七遍。这位留学生却很"聪明"地少洗两遍,工钱自然也挣了不少。餐馆老板发现了问题,把他辞退。他又到该社区的另一家餐馆应聘洗盘子。这位老板打量了他半天,才说:"你就是那位只洗五遍盘子的中国留学生吧。对不起,我们不需要!"第二家、第三家……他屡屡碰壁。不仅如此,房东不久也要求他退房,原因是他的"名声"对其他住户的工作产生了不良影响。他就读的学校也专门找他谈话,希望他能离开学校,因为他影响了学校的生源……万般无奈,他只好搬家走人,一切重新开始。

思考:这两个学生的行为和结局给你什么启发?他们知道诚信吗?为什么做不到?

解析:仔细阅读下面的对话,总结答案。

"先生,我们并不是歧视你,相反,我们很重视你。因为公司一直在开发中国市场,我们需要一些优秀的本土人才来协助我们完成这个工作。所以你一来求职的时候,我们对你的教育背景和学术水平很感兴趣,老实说,从工作能力上,你就是我们所要找的人。"

"那为什么要拒绝我?"

"因为我们查了你的信用记录,发现你有3次乘公车逃票被处罚的记录。"

"我不否认这个。但谁会相信,你们就为这点小事而放弃一个自己急需的人才?"

"小事？我们并不认为这是小事。我们注意到你第一次逃票是在你来到这里后的第一个星期，检查人员相信了你的解释，因为你说自己还不熟悉自助售票系统，因此只是给你补了票。但在这之后，你又两次逃票。"

"那时刚好我口袋中没有零钱。"

"不，先生，我不同意你这种解释，你在怀疑我的智商。我相信在被查获前，你可能有数百次逃票的经历。"

"那也罪不至死吧？干吗那么较真？我以后改还不行？"

"不，先生。此事证明了两点：一是你不尊重规则，不仅如此，你还长于发现规则中的漏洞并恶意使用；二是你不值得信任，而我们公司的许多工作是必须依靠信任进行的，如果你负责了某个地区的市场开发，公司将赋予你许多职权。为了节约成本，我们没有办法设置复杂的监督机构，正如我们的公共交通系统一样。所以我们没有办法雇用你，可以确切地说，在这个国家甚至整个欧盟，你可能找不到雇用你的公司，因为没人会冒这个险的。"

案例5

小李在郑州某饭店上班。去年1月20日，公司安排大家中午聚餐。聚餐期间小李饮酒过量，被同事送到员工宿舍休息。当晚8时许，同事回宿舍发现小李趴在床上，叫他也没反应，后小李经抢救无效死亡。经鉴定，小李为酒精中毒死亡。为此，其父母将公司告上了法庭，要求该公司赔偿死亡赔偿金、丧葬费、精神抚慰金等共计53万余元。

被告公司辩称，根据司法鉴定，小李是酒精中毒死亡，而公司聚餐时是中午，下午还要上班，因此公司不让员工喝酒，小李却违反规定私自喝酒。另外，小李作为成年人，知道自己能喝多少酒，应该对自己的行为承担责任。此外，小李喝完酒后，公司领导安排同事将他送回宿舍，期间还有同事去看他。出事后，公司及时联系家属，并拨打120、110，已经尽到应尽的义务和责任，不应该承担侵权责任。

思考：饭店是否要对小李死亡承担赔偿责任？

解析：法院审理后认为，公司在小李醉酒后，没有证据证明其尽到了安全保障义务，公司应承担侵权责任。但小李作为完全民事行为能力人，对自己行为可能导致的后果应该有足够的认知，其本人应当承担主要责任。法院遂依法做出判决，公司担责20%，精神损害抚慰金酌定为1万元。

案例6

2003年6月30日晚，被告人宋福祥酒后回到家中，因琐事与其妻李霞发生争吵并厮打。李霞说："三天两头吵，活着倒不如死了算了。"宋福祥说："那你就去死吧。"当李霞在寻找准备自缢的凳子时，宋福祥喊来了邻居叶宛生对李进行规劝。叶走后二人又发生吵骂厮打。李又找来了自缢用的绳子。宋福祥意识到李要自杀，但却无动于衷，直到听到李踮脚用的凳子响声后，宋才起身过去，但却未采取任何措施，而是离开现场到一里以外的父母家中告诉自己的父母,待其家人到时,李已经无法抢救而死亡。经河南省南阳市卧龙公安分局刑事鉴定:李霞系机械性窒息死亡(自缢)。

思考:被告人宋福祥是否应当承担法律责任?

解析:被告人宋福祥与其妻关系不和,在争吵厮打中用语言刺激李霞,以致其产生自缢轻生的念头与决心。被告人宋福祥是负有特定作为义务之人,被告人宋福祥目睹其妻李霞寻找工具准备自杀时,应当预见李霞会发生自缢后果,但对李霞的自缢行为采取放任的态度,致使李霞在其家中的这种特定的环境下自缢身亡,其行为已构成故意杀人罪。

案例7

王某于2006年11月向于某借款人民币10万元,约定2007年11月还付,借款时未出具借据。借款到期后,王某分文未还,于某遂将王某告上法庭,王某当庭否认借款一事,后又称借款已归还。原告仅提供2007~2008年经公证的双方往来手机短信,以证明被告借款及催款事实。

思考:手机短信可否作为直接证据使用?

解析:第一种意见认为,手机短信具有易灭失、易修改、易编辑等特性,与证据"三性"相抵触,手机短信内容不应作为证据。正如,被告在法庭上答辩所述,在互发手机短信之后,如果被告还付了款,并因为借款没有出具借据时而没有向原告索要收据的话。第二种意见认为,应作为间接证据使用,在没有其他证据,如证人证言、书证,形成完整证据链的情况下,不能单独证明案件主要事实,应判决驳回原告诉请,否则,有悖于公平。第三种意见认为,应作为直接证据使用,因为,手机短信内容原、被告能够说明案件的主要事实,即原、被告之间的借款数额、原告催收和被告答复经过。

法院审理认为,于某与被告王某之间互发有关双方欠款数额、是否应出具欠据及如何还款等方面内容的手机短信过程中,于某已明确表示被告王某拖欠其人民币10万元,并要求其出具欠据或归还欠款。被告王某未否认欠款事实的存在,并表示一定还款。此意思表示是对欠款事实的客观存在以及欠款金额的认可。故判决,被告王某于本判决生效后十日内一次性给付原告于某欠款10万元。

社会案例链接

案例1

"公共文明"标注社会成熟度

"中国人为什么会这样?"前段日子,一张中国游客卢浮宫前水池泡脚的照片,曾引来关于国人文明素养的热烈讨论。耐人寻味的是,当人们发现许多金发碧眼的游客也在同样行事,就有声音立即"再反思":为什么外国人可以泡,中国人泡就要背上"低素质"的污名?

"别人可以,我为什么不行?"这样的提问方式,显示了国人个体意识、权利意识的觉醒。但放在卢浮宫的语境下,却少了些说服力:景观水池里泡脚,既有碍观瞻,也难言卫生,何况旁边还有禁止戏水的标牌。即便有一些"同道",充其量证明别人和我都错了,而非我做得对。遇事只逞一己之愿,不求反躬自身,强调个人而忽略他人、强调自己而忽略社会,这样的思维方式,实乃阻碍国人提升公共意识、形塑公共文明的重要原因。

可叹的是,一些令人反感的陋习,往往被理解成与他人无关的个人选择,甚至被视为不可侵犯的"权利"。殊不知,走入公共场合,再彪悍的个人权利也有边界,绝非可以随心所欲、"我的地盘我做主"。大声说话固然是你的权利,但安静显然是更多人所需;开车打远光灯能看得更清,但对面来车也要有同样的视野。视恶习为权利,恰恰是弄反了权利的概念:权利不仅是"我可以",更是作为"我"的他人也可以。只有认识到这一点,"人人相善其群",才能涵养人们的公共意识。

公共意识的背后,是在现代化之路上困扰中国百余年的国民素质大考题。传统中国遭遇现代文明时,早有外国传教士写成《中国人的素质》一书,提出中国人缺乏公德、不守时间、不懂礼貌诸般弱点,更有前贤先哲痛心疾首于"国人的词典里没有公共精神",痛定思痛于"为未来改造国民性"。遗憾的是,直到今天,我们还在为景观水池中泡脚争论,为颐和园绿地上小便辩护。当我们自豪地宣称"用100年走过了欧美国家300年的路",也应该更深切地记住美国社会学家英格尔斯在《人的现代化》一书的论断:国家的现代化,首先是国民的现代化。我们所追求的现代化,不应仅是经济现代化,更应当是现代文明秩序的构建。

"欲维新吾国,当维新吾民",从梁启超到孙中山再到中国共产党,所有社会的进步力量,无不把"国民素质"作为发展的根本。正如梁启超所说,"苟有新民,何患无新制度,无新政府,无新国家"。而所谓"素质",并不仅是会英语、会电脑的现代技能,更不是会穿衣、会玩乐的现代生活,而是价值尺度、思维方式、行为规则的"观念现代化"。处理个人和社会关系的公共意识,可说是最根本的现代公民意识。在个人之外,谨记还有社会;在私人领地之外,敬畏公共空间。当我们全力以赴孜孜于从传统社会向现代社会转型之际,不能忘了只有培育规则意识、提升文化追求、涵养公共精神,才能获得几代国人梦寐以求的"现代性",重塑一个文明古国的时代尊严。

经过多年追赶,我们终于可以和世界"坐在一起喝咖啡"了。2012年,内地居民出境人数达到8 300多万人次,而英国人口也不过6 000多万,可说"凡有井水处,皆能闻汉语"。然而,如果只是抢购打折奢侈品、当世界的"金主",得到的将只是"可以从后门进出做生意,但不要从前门进出用晚餐"的待遇。说到底,只有遵循现代文明的普遍性规则,才能更好地融入世界。如果我们留给世界的,只是加塞排队的混乱,只是"中国人就餐区"的标牌,这样的文明形态不但不能"对人类有较大贡献",或有可能面临"开除球籍"的危险。

鲁迅先生曾言,"列国是务,其首在立人,人立而后凡事举"。在五千年中华迈向现代社的关键节点,"立人"之要在于培育公共精神、涵养公共文明。公共文明的程度,标注着现代社会的成熟程度。只有公共意识这一观念的水位越来越高,曾让先贤们横眉冷对的"国民性"才会向"现代性"不断进发,走向复兴的"中国梦"也才能重塑一个民族的精神高地。

——人民网-人民日报 2013-08-07

案例2

9.11事件中的两件事

第一件,世贸大楼顶部被飞机撞击之后,烈焰奔腾,形势千钧一发。楼上的人们通过EXIT向下逃生的时候,并不特别慌乱。人往下走,消防队员往上冲。互相让道,并不冲突。有妇女、小孩、盲人到时,人们都自动地让出一条道来,让他们先走,甚至还给一条宠物小狗让道。一个民族的精神不强悍到一定的程度,断然做不出这种举动。面对死亡,冷静如斯,恐怕不是圣人也接近圣人了吧。

第二件事,"9.11"的第二天,世界就知道这是阿拉伯恐怖分子所为。很多阿拉伯商店、餐馆被愤怒的美国人砸了。一些阿拉伯商人也受到袭击。这个时刻,有相当一批美国人自发地组织起来,到阿拉伯人的商店、饭馆为他们站岗,到阿拉伯人居住区巡逻,阻止悲剧的进一步发生。这是一种怎样的精神啊。我们自古就有报复的传统。我住在成都,邓艾破成都后,庞德的儿子把关羽一家老幼全杀光了。血腥报复,斑斑点点,不绝于史籍。

——刘亚洲《信念与道德》

案例3

最美司机

2012年5月29日,杭州司机吴斌生命中的最后一个职业行为,震撼、感动了无数人。他驾驶的客车在途中遭到对向车道突然飞来的铁块的袭击,之后,他强忍疼痛让车缓缓减速,稳稳地停车,打起双闪灯,拉好手刹,最后解开安全带挣扎着站起来,打开车门,保全了车上24名乘客的安全。安全停车、疏散乘客,吴斌忍住剧痛,完成生命中最后一次履职。或许只是一个司机本来就应该要做的工作。但是看看现场送别的市民的沉痛表情,看看网络、微博等平台上网民们的深情告白,人们对吴斌的怀念和感动,就可知道,如此履职高于一切的精神又是多么弥足珍贵。对这样一个平凡英雄的赞美,其实也是对自己的鞭策,也是对这个社会道义的呼喊。千万个普通个体,如果都能在点点滴滴中干好自己的工作,履行好自己的职责,哪怕是最简单的不断重复的动作和规范,整个社会就能少一些意外,多一些正向的力量。

——凤凰网,《最美司机》专栏

案例4

"一米线"内有公德

"嗨,我早上5点钟就去火车站排队买车票,却被几个加塞的人越过'一米线'抢了先,连上班都迟到了。"2月15日,宁夏银川市邮政储汇局的一名职工在她的办公室对记者埋怨说。

火车站是这样。日前,一位在银川河东机场工作的机场员工告诉记者,机场候机大厅的值机柜台前,就设有"一米线",可有的乘客就是视而不见,扎着堆儿越过"一米线"抢着、嚷着办理乘机手续,生怕自己赶不上飞机。

记者在采访中了解到,"一米线"作为一种人文关怀,目前已在银川市的服务窗口,包括火车站(汽车站)、机场、医院、银行和大型商业网点等人口稠密的地方画出一道又一道,以提醒人们按序排队,买票购物。可在这些服务窗口,有的人根本不知道"一米线"的用意,随意加塞已排起的长队;有的干脆越过"一米线",直接将头伸进售票、购物、办手续的柜台窗口;有的则不听服务人员的劝阻和群众的指责,公然辱骂服务人员和按序排队群众。

——重庆邮电大学思修精品课案例教学资源

案例5

网络反腐典型案例

2008年关键词:天价烟。南京市江宁区房产局原局长周久耕发表"将查处低于成本价卖房的开发商"的言论,引来人肉搜索。网友发现其开会时抽天价烟。周久耕被调查,移送司法机关,因受贿罪被判11年。

2009年关键词:最牛团长夫人。 公车私用旅游,手摸千年壁画,只因19岁讲解员出言制止,便连扇讲解员两个耳光。2009年10月,网络曝光新疆生产建设兵团"最牛团长夫人"于富琴掌掴讲解员,新疆生产建设兵团农十二师221团党委常委、副团长陈伟及其妻221团医院党支部书记于富琴均遭免职。

2010年关键词:性爱日记。 广西来宾市烟草专卖局原局长韩峰的性爱日记被网友曝光,后被撤职并移交司法部门,一审以受贿罪判处其有期徒刑13年,并处没收个人财产人民币10万元。

2011年关键词:微博开房。 "房卡怎么给我?我不到前台拿。""宝贝,我上午一直在市长那汇报工作"……2011年6月20日,"为了你5123"微博直播邀约开房。微博被大量转发,有记者证实微博中男主人公正是江苏省溧阳市卫生局局长谢志强。次日,谢志强被停职接受调查。

2012年关键词:不雅视频,雷公。因网上曝出不雅视频,重庆市委研究决定,免去雷政富北碚区区委书记职务,并对其立案调查。网友因其长相有特点,赐名雷公。

——新华网

案例6

刻章救妻

北京下岗男子廖丹,为救患上尿毒症的妻子,找人刻了医院的收费章,为妻子进行免费透析治疗,4年间以此方式骗取医院治疗费17万余元。事发后,廖丹被检方以诈骗罪起诉,面临3至10年的刑责。"她病成这样,我总不能掐死她,哪怕有一点钱给她治病,我何必去刻假章?"在法庭上,被告人廖丹掩面而泣。

有感人肺腑的真情,有性命之危的焦虑,有铤而走险的无奈,有制度不足的暴露……这样一个集合诸多电影元素的故事,注定会引发关注。当众多媒体蜂拥而至的时候,故事的走向也就可以预期。好心人的捐款解决了他们金钱上的困顿,法院也在法律范围内从宽判决,有期徒刑3年,缓刑4年。

制度上也并非毫无进展,八月底,《关于开展城乡居民大病保险工作的指导意见》出台,大病患者发生的高额医疗费用,报销比例将不低于50%。

不过,"刻章救妻"所揭示的最大问题,还是社保制度地方各自为政、缝隙太大。在流动人口日益增多的当前,期待各种社保制度能够尽早"全国联网",公民可以任意漫游都能享受"服务"。

——中国网,中国观察,2012年7月18日

案例7

一群荷兰商人的故事

16世纪末,一个名叫巴伦支的荷兰船长,为了避开激烈的海上贸易竞争,他带领17名船员出航,试图从荷兰往北开辟一条新的到亚洲的航行路线。他们到了三文雅,进入北极圈。

就在一天清晨,他们突然发现自己的船已航行在海面的浮冰里,想退已来不及了。最终,他们不得不把船停泊在岛屿旁边。迎接他们的是接踵而来的各种恶劣天气。北极圈是地球上最寒冷的区域之一,三文雅岛上常年覆盖着10至12英尺的雪,厚厚的积雪被零下40至50度的严寒冻结,变得像花岗岩一样坚硬。巴伦支船长和17名荷兰水手将必须在这种条件下度过漫长的8个月。为了御寒,他们拆掉了船上的甲板做燃料。食物就靠打猎来勉强维持生存。在这样极端恶劣的环境中,有8个人死去了。

但巴伦支船长他们却做了一件令人难以置信的事情:在死亡的威胁下,他们丝毫未动别人委托给他们的货物,而这些货物中就有可以挽救他们生命的衣物和药品。8个月后,幸存的巴伦支船长和9名荷兰水手终于把货物完好无损地带回荷兰,送到了委托人手中。

结果,巴伦支船长和船员们的诚信震动了欧洲,也为荷兰商人赢得了宝贵的信誉,海上运输业务随后源源不断地地涌入荷兰人手中,最终使荷兰成为当时的世界第一强国,外号"海上马车夫"。

——百度文库

案例8

产科医生贩婴击穿的是制度和伦理底线

近日,陕西富平县曝出产科医生涉嫌拐卖婴儿,此事令人惊惧。基层医卫制度及传统人际伦理由此蒙上的阴影,短时间内恐难消除。唯有严查、法办,并以此契机建立广泛而周全的预警防范机制,方能修复被击穿的底线。

可怕之处在于，其一，据当地百姓说，"县上就这一个专科医院，不在这生孩子又去哪里呢？"而在保健院许多人看来，张淑侠是富平县妇产科"最权威的专家"。这样一位"专家"告诉家属，孩子感染了梅毒、乙肝，"不是正常人，不如趁早了结"，甚至以"会传染病毒"为由不让父亲靠近新生儿。同样，在2006年，她告诉一名新生儿的家属，"你的娃有病，生殖器有问题，治不好"，从而诱使家属签字"自愿放弃孩子"。2007年，她让人放弃新生儿的理由则是"先天性心脏病"。

可怕之处之二，一个产科副主任居然能"只手遮天"。在专业的妇幼保健院内，对新生儿的诊断、处理，对家属的告知，包括最后说服家属签字，这一系列环节，基本由张淑侠一人就能完成——竟然没有其他医护人员的介入和监督。院领导，不知情；科主任，不知情；同事，不知情："此前确实没发现蛛丝马迹。"

可怕之处尚有其三。媒体采访多个受害家庭，发现他们均与张淑侠有密切交集。最新的受害家庭中，新生儿的爷爷是张的同村小学同学，因此对她"比较信任"。产妇分娩当晚，张淑侠并不值班，是这位爷爷打电话叫她来医院的。2006年的两桩旧案中，一名婴儿的奶奶是张的同学，同窗4年；另一名产妇的邻居是张的妹妹，妹妹还专门给姐姐"打了招呼"；2007年的一桩旧案，受害家庭也是托了张的"关系"才进保健院的。

在县域"熟人社会"中，这样的人际关系本是让人放心、感到安全的伦理纽带，然而张淑侠的行为彻底颠覆了这种温情，撕裂了人际间的基本信任。由此造成的恶劣影响，恐不亚于医卫制度失守。这固然是一起极端个案，但它击穿了制度和伦理两条底线的设防，因而其警示必须超越个案，开启一种更具普遍性的反省。

——中国青年报，2013年8日

案例9

80元"小处方"医生

被群众亲切称为"小处方医生"的汉口医院副主任医师王争艳，是武汉市民"海选"出来的"百姓心目中的好医生"。作为一名社区医生，她心系患者。"不能让患者等一分钟。"虽然工作时间只半天，她通常到下午1时才能看完。最晚一次看到下午3时还没吃饭，患者看不过去了，给她送来了生煎包和牛奶，逼着她吃下。"她每次接诊都不会少于15分钟。"退休干部、患者鲍玉珍说，"每次接诊，无论问什么她都耐心回答。有次看完病，还想帮妹妹咨询病情，王争艳毫不推辞，同样细心地帮助分析。"王争艳对病人的耐心，源自她"让病人用最小的代价治好病"的行医理念。在基层行医26年，她所开处方平均不超过80元。有人抽查她2008年和2009年的处方，平均单张处方值55元，最小处方值只有2毛7分，是为一名胃炎患者开出的一支2毫升的胃复安。这是一种止吐药，在具有同样功效的药品中最便宜。王争艳服务的社区，多是收入水平不高的居民。这恰如她自己多年的生活境遇。多少年来，王争艳月收入2 300元，丈夫是铁路上一名车工，每月交完各种保险到手的只有600多元。一家3口至今"蜗居"在不到 50 平方米的小屋,儿子在直不起腰的小阁楼上长到了 22 岁。"在基层医院做一个全科医生虽然清苦,但能为各种病人解除痛苦,却很自豪。"

——中国文明网,道德模范频道,2011 年 9 月 21 日

案例 10

公司能否终止怀孕女工徐某的劳动合同?

　　1996 年 3 月,女工徐某进入深圳市宝安区某公司担任业务部副经理。劳动合同每年一签,最后一次签订的劳动合同的期限为 2003 年 3 月 13 日至 2004 年 3 月 12 日。2004 年 3 月 12 日,公司以劳动合同到期终止为由,决定终止与怀孕 6 个多月的徐某的劳动合同,并不给徐某任何补偿或赔偿。公司终止徐某的劳动合同,并不予补偿或赔偿的理由是:根据《劳动法》第 23 条和原劳动部《关于贯彻执行中华人民共和国劳动法若干问题的意见》第 38 条的规定,劳动合同期满,劳动合同即行终止,用人单位可以不支付劳动者经济补偿金。徐某不服公司的决定,经协商未果后向宝安区劳动争议仲裁委员会申请仲裁,要求公司支付终止劳动合同的经济补偿金和怀孕期、产期、哺乳期的工资。结果,劳动争议仲裁委员会支持了徐某的仲裁请求。公司对仲裁裁决不服,向宝安区人民法院提起诉讼,请求法院判决公司无须支付徐某终止劳动合同的经济补偿金和怀孕期、产期、哺乳期的工资。结果,法院驳回了公司的诉讼请求,同样判决公司支付徐某终止劳动合同的经济补偿金和怀孕期、产期、哺乳期的工资。

——110 法律咨询网

案例 11

冬吴相对论之世上最难就业季

　　英语、法学、会计、计算机、国际贸易这些曾经的大学热门专业现如今都成为失业率最高的专业之一。很多人读硕士、博士不是因为热爱学习,而是因为害怕工作,所以现在很多企业不要博士,宁肯要本科、高职。就业市场为什么不能接受月薪 6 000 的博士,却能接受月薪 6 000 的月嫂,甚至最高的有 1 万多元,大学生就业难和企业用工荒同时并存说明我们大学生不愿意去从事所谓护理学的直接的服务性,认为低人一等,而愿意从事所谓生产性的服务行业,我们整个社会都在为虚荣买单。

　　未来 5 到 10 年内最有市场价值的专业是什么? 其一,中国正在老龄化的必然趋势,并且在未来会越演越烈。如果你的工作是和老龄化有关的,其实会越走越宽。其二,随着产业升级,服务业尤其是现代服务业会带来越来越多的机会。不管从事什么服务业哪怕是生产型的服务业,也要建立起所谓的服务的心性。有服务精神的人,就是有福气的人。其三,要走窄门。你找一个冷门专业学一学,也许出来之后,你反而有一个更好的竞争壁垒优势。第四,不管你学什么专业,一定要有一些基础的知识。比如说历史的知识,文学的知识,以及沟通的能力,表达的能力。鲍威尔说:"人一定不要把自己和自己所在的这个位置绑得太紧,要不然有一天你不在那个位置上的时候,你将一钱不值。"选专业的时候,你也要有这种胸怀,不要把自己跟自

第七章 遵守行为规范 锤炼高尚品格

己的专业绑得太紧,一旦那个专业不流行、不热门的时候,你可能在就业市场上就会很煎熬。

——《冬吴相对论》第 363 期

案例 12

汽车业界的苹果公司——特斯拉电动跑车

特斯拉推出的超级电动跑车,时速从 0 到 100 公里只需要 4 秒,传统的燃油汽车,能在 8 秒钟内提速到 100 公里已经很不错了。其实,美国人的买车成本和用车成本都比中国低,大部分的豪华车在美国卖 4 万美元左右,美国的停车成本更低,除了纽约等大城市,其他的中小城市都不收停车费。美国人仍然认为,有必要开发一款更好的电动车。特斯拉就是从 2003 年开始研发的。

现在,追捧特斯拉电动车的是一些热衷于环保,喜欢绿色、节能生活方式的人群。虽然这些人数量不算很多,但这些人的话语权越来越大。实际上,强调环保的生活方式早已在欧美各国形成一股风潮。穿兽皮、吃鱼翅的人越来越少,甚至在美国大学宿舍中,如果用空调会被认为是很没品的事情。

特斯拉的创始人马丁看到了其中的商机,将特斯拉电动车定位为时尚、环保的奢侈品,销售对象指向高端人群。马丁把创业地址放到硅谷,这样有两个好处,一是容易找到互联网人才,二是天生具有互联网基因。

苹果最早认识到,做互联网产品不仅要有互联网化的思考方式,还得有高精尖的制造工艺配合,让产品具有时尚感。而谷歌带给业界的启示是:必须懂得如何把分布式的数据转化为产品模式,还得有开放的心态。马丁或许受到了苹果和谷歌的启发,特斯拉走的是奢侈品路线,车内看起来就像一个巨大的 PAD,中控台触摸式的键盘和用户体验让人惊叹。

特斯拉的创始人马丁从一开始就打算做一款完全不一样的跑车,功能强大、设计出众,还有互联网的智能系统。接着,马丁从设计到加工生产,整合了各种优质资源,做出了让人耳目一新的特斯拉。

——环球网

案例 13

由鸟巢现象说"素质"

奥运之后,北京的鸟巢与水立方成了旅游的热门景区,在"十一"黄金周,报载最高的旅游人数一天达 50 多万,超过故宫与八达岭长城。然而,接着就爆出一条新闻,说一些不自觉的游人把"鸟巢变成了垃圾场",网上贴出的图片也显示,确有一些人在草地席地而坐,一些废弃的包装纸或塑料袋散落在青青的草地上,显得格外扎眼。这一照片勾起了许多人对国民素质的感叹:"国人的素质啥时候能提上去?"

对于"素质问题",过去不是这么提的。过去的说法叫"不自觉"——"你这人怎么不自觉?"今天,当人们说素质问题的时候,其实还隐含这层意思。因而,一旦出现素质问题,人们就把批评的焦点指向个人,指向每一个老百姓。这实在有失偏颇。

这幅照片,我在第一眼之后,心底就有疑问,鸟巢是怎样迎接50万人的?有足够的休息场所与设施吗?有足够的垃圾筒、卫生间以及导向标志吗?有足够的管理人员、保洁人员、服务人员吗?

素质问题,其从某种意义上说是管理问题、教育问题、服务问题。素质不但是一种道德取向,更是围绕有关管理、教育、服务的一种社会机制,是一种法制,然后才是一种习惯。

我也曾到过那种号称国民素质极高的国家,但我看到,在高素质的背后,是完善的社会服务与浏览设施,是尽善尽美的服务。你看到的一方面是永久的笑脸,一方面是严厉的管理制度。素质就是在这么个环境里,形成的一种自然而然的自觉行为。而我们见到的情况,往往是有缺陷的文明管理。有的有严厉的管理,却没有服务,有的有服务,却没有宣传教育。要把国人的素质提上去,看来还得从尊重国人开始。

——陆士华,《中学生阅读(高考版)》2009年第2期

案例14

用互联网基因改造传统产业

雷军从来没做过手机,为什么能推出小米手机,而像诺基亚这样的大公司却做不出同样的产品?根本原因在于诺基亚不具备互联网基因。小米用预售的方式解决了资金的难题,观念一变,很多难题就迎刃而解了。

再比如,有朋友想开电影院,大的影院成本很高,但如果只开小包间成本并不高,很多人看电影并不是为了欣赏影片,只是为了享受两个人在一起的感觉。这就是重新定义并发掘了新的需求。

对于一款车来说,不仅仅是一个代步工具,也是一种身份标志。过去,有钱人买豪车觉得有面子,现在有品位、追求绿色环保更受人尊敬。这时候,特斯拉应运而生。首先,它是一款绿色产品,且性能不亚于传统汽车,最高时速高达300公里,充一次电可以跑400公里。现在,这家公司开始扩建充电站,等到麦当劳餐厅都能充电时,将会何等方便。

特斯拉是一个很生动、鲜活的案例,在最传统的汽车行业中,优秀的设计、良好的用户体验及环保概念,加上互联网基因,这些因素共同促成了特斯拉的诞生,而且这种趋势将在所有的传统行业中出现。

——新浪网

案例15

安,要记得你心里的梦想

1978年,当我准备报考美国伊利诺大学的戏剧电影系时,父亲十分反感,他给我列了一个资料:在美国百老汇,每年只有两百个角色,但却有五万人要一起争夺这少得可怜的角色。当时我一意孤行,决意登上了去美国的班机,父亲和我的关系从此恶化,近二十年间和我说的话

不超过一百句。

但是,等我几年后从电影学院毕业,我终于明白了父亲的苦心所在。在美国电影界,一个没有任何背景的华人要想混出名堂来,谈何容易。从1983年起,我经过了六年的漫长而无望的等待,大多数时候都是帮剧组看看器材、做点剪辑助理、剧务之类的杂事。最痛苦的经历是,曾经拿着一个剧本,两个星期跑了30多家公司,一次次面对别人的白眼和拒绝。

那时候,我已经将近30岁了。古人说:三十而立。而我连自己的生活都还没法自立,怎么办?继续等待,还是就此放弃心中的电影梦?幸好。我的妻子给了我最及时的鼓励。

妻子是我的大学同学,但她是学生物学的,毕业后在当地一家小研究室做药物研究员,薪水少得可怜。那时候我们已经有了大儿子李涵,为了缓解内心的愧疚,我每天除了在家里读书、看电影、写剧本外,还包揽了所有家务,负责买菜做饭带孩子,将家里收拾得干干净净。还记得那时候,每天傍晚做完晚饭后,我就和儿子坐在门口,一边讲故事给他听,一边等待"英勇的猎人妈妈带着猎物(生活费)回家"。

这样的生活对一个男人来说,是很伤自尊心的。有段时间,岳父母让妻子给我一笔钱,让我拿去开个中餐馆,也好养家糊口,但好强的妻子拒绝了,把钱还给了老人家。我知道了这件事后,辗转反侧想了好几个晚上,终于下定决心:也许这辈子电影梦都离我太远了,还是面对现实吧。

后来,我去了小区大学,看了半天,最后心酸地报了一门计算机课。在那个生活压倒一切的年代里,似乎只有计算机可以在最短时间内让我有一技之长了。那几天我一直萎靡不振,妻子很快就发现了我的反常,细心的她发现了我包里的课程表。那晚,她一宿没和我说话。

第二天,去上班之前,她快上车了,突然,她站在台阶下转过身来,一字一句地告诉我:"安,要记得你心里的梦想!"

那一刻,我心里像突然起了一阵风,那些快要淹没在庸碌生活里的梦想,像那个早上的阳光,一直射进心底。妻子上车走了,我拿出包里的课程表,慢慢地撕成碎片,丢进了门口的垃圾桶。

后来,我的剧本得到基金会的赞助,我开始自己拿起了摄像机,再到后来,一些电影开始在国际上获奖。这个时候,妻子重提旧事,她才告诉我:"我一直就相信,人只要有一项长处就足够了,你的长处就是拍电影。学计算机的人那么多,又不差你李安一个,你要想拿到奥斯卡的小金人,就一定要保证心里有梦想。"

如今,我终于拿到了小金人。我觉得自己的忍耐、妻子的付出终于得到了回报,同时也让我更加坚定,一定要在电影这条路上一直走下去。

因为,我心里永远有一个关于电影的梦。

——李安

案例16

让舆论归舆论、司法归司法

著名歌唱家李双江之子李某某涉嫌其中的轮奸案,自案发以来的半年时间里,一直"新闻"不断,保持着烫手的"热度"。由于涉及未成年人,且事关受害人隐私,因此该案属于法定不公开审理案件。这样,司法机关的权威信息发布渠道几乎被关闭,而本案又因事涉名人子弟,公众对案件能否公正处理形成集体焦虑。在这种环境下,各种小道消息频出,拨弄着公众的神经。从"轮流发生性关系"的乌龙,到某法学教授"强奸陪酒女社会危害小"的言论,再到如今李某某是否第一个实施强奸的报料和"辟谣"。

归根结底,讨论本案,最值得关注的要点有二:一是如何避免舆论操纵审判,二是如何杜绝司法可能的暗箱操作。此外,更要在保障司法独立、保障当事人合法权利、保障民众知情权之间做微妙的平衡。法治是一套精密的正义运行方式,公众对于法治内涵应有正确的理解:司法机关依法办案,是以事实为依据、以法律为准绳,而不是以舆论满意不满意为判案标准。"小贩杀城管必须无罪,官二代犯罪必须死刑"的所谓"正义",绝不是法治。

总之,让司法的归司法,舆论的归舆论。法院独立行使审判权意味着判决不应屈从于口水,也不应屈从于长官意志。阳光司法要求法院必须经得起围观,积极回应民间的诉求。"闭门关窗"、动辄指责"舆论干涉"的司法,既无法保证独立,也无法赢得公信。

——百度文库

案例17

南京彭宇案

2007年9月5日,南京市鼓楼区法院主审法官王浩对彭宇案做出了一审判决,称"彭宇自认,其是第一个下车的人,从常理分析,他与老太太相撞的可能性比较大",并判断"如果被告是见义勇为做好事,更符合实际的做法应是抓住撞倒原告的人,而不仅仅是好心相扶;如果被告是做好事,根据社会情理,在老太太的家人到达后,其完全可以说明事实经过并让老太太的家人将她送到医院,然后自行离开。但彭宇未做此等选择,他的行为显然与情理相悖"。对此案的结论是"本案中,发生事故时,老太太在乘车过程中无法预见将与彭宇相撞;同时,彭宇在下车过程中因为视野受到限制,无法准确判断车后门左右的情况,故对此次事故,彭宇和老太太均不具有过错。""本案应根据公平原则合理分担损失,本院酌定被告补偿原告损失的40%较为适宜。"

彭宇案使社会认知到,做好事可能遭遇被一审"常理"甚至被二审终审"常理"的巨大威胁。自此,一审法官所用之"常理"在逐步成为新的社会规范,社会道德风气剧烈滑坡。

另外,次要争议来自民事诉讼是否可以无证据仅凭常理推断。中国民事诉讼准则明确规定"谁主张谁举证",而法院却在原告方未能提出有力证据的情况下,运用"自由心证"的逻辑推理分析判定彭宇应承担责任。为彭宇作证的陈先生在得知结果后激动地说"朋友们,以后还有谁敢做好事?"。

另一些观点则认为"疑罪从无"适用于刑事案件中,证据不充分则是无罪,而民事诉讼不适用"疑罪从无""无罪推定"。民法中即使理由证据不充分,法官也可从职业道德、职业素养出发,依照逻辑推理和日常生活经验,推定案件中各方的责任,民事审判追求高度的概然性。

——百度文库

案例 18

辛普森杀妻案

1994年6月12日深夜11点50分,在洛杉矶市西区邦迪街,一条名贵的纯种日本狼狗狂吠不已,爪子上沾满血迹。这使一对散步的美国夫妇心生疑惑,便尾随这条狼狗来到一座西班牙式高级公寓楼前,结果发现了两具鲜血淋漓的尸体。他们吓得魂不附体,立刻狂敲隔壁住家大门想借电话报警。但是,深更半夜的敲门声却把宅主吓得半死,以为来了劫匪,便立刻打911电话报警。洛杉矶市警署两位警官接警后火速赶到现场,发现是一宗恶性人命案,便呼叫重案处的刑警前来增援。

大批刑警赶到现场后,经初步调查,证实被害的白人女子35岁,名叫妮可,是黑人橄榄球明星辛普森的前妻;被害的白人男子25岁,名叫戈德曼,是附近一家意大利餐馆的侍者。两人皆因利刃割喉致死。妮克的脖子几乎被割断,咽喉和颈椎骨都裸露在外,刀口喷着鲜血;戈德曼身中30余刀,死于颈部静脉断裂和胸腹腔大出血。凶杀现场血腥弥漫,惨不忍睹。辛普森与妮可的两个孩子尚在二楼熟睡,没有目睹这可怕的场面。

案发后,洛杉矶警方出动了大批警力进行侦查,由此引发了本案一系列争议的问题。尽管辛普森案是所谓世纪大案,但是从这个凶杀案的刑事调查过程来看,洛杉矶市警方在侦破案件、搜集罪证、遵循正当程序等方面漏洞百出。根据已公开的刑事调查记录和涉案当事人的回忆,警方在办案过程中至少出现了三个重大失误,对这个谋杀案的结局产生了极大影响。

(1)忽视现场勘查常识,布歇局长应当派几位压根儿就没进入过第一现场的警官去通知辛普森,防止第一现场的血迹与后来被警方宣布为第二现场的辛普森住宅的血迹发生交叉沾染;但法医却姗姗来迟,在案发10小时后才到达现场,错过了准确地鉴定被害人死亡时间的最佳时机;不但没对尸体进行X光检查和采集妮克的右手指纹,而且对妮可死亡前是否受到性侵犯未作任何医学鉴定;可尸体裸露的肩膀上有七点血滴,从这些血滴的形状和滴落方向看,它们不可能是妮可本人滴落,妮可的尸体在解剖前已进行冲洗,这些血滴永远消失了。

(2)警方涉嫌非法搜查,没有搜查许可证进入民宅国宪法第四条修正案明文规定,人民的人身、住宅、文件和财产不受无理搜查和扣押的权利,不得侵犯;没有面临迫在眉睫危险和非紧急情况下,福尔曼警官独自一人迫不及待地在辛普森宅内继续搜查,某些人命关天的特殊情况下警官可以用电话或其他现代化通信手段与法官取得联系,法官了解现场情况后可以口头授权警察进行搜查。

(3) 警官携带血样返回现场,得到辛普森的血样后瓦纳特警长并未将它立即送交一步之遥的警署刑事化验室,反而携带血样回到了 32 公里以外的凶杀案现场。

通过辛普森一案,人们会注意到,美国司法制度对程序公正和确凿证据的重视程度远远超过了寻求案情真相和把罪犯绳之于法。美国最高法院大法官道格拉斯(任期 1939—1975)精辟地指出:"权利法案的绝大部分条款都与程序有关,这绝非毫无意义。正是程序决定了法治与随心所欲或反复无常的人治之间的大部分差异。坚定地遵守严格的法律程序,是我们赖以实现法律面前人人平等的主要保证。"

事实证明,在很多情况下,注重程序公正不一定总是导致公正的审判结果,有时抄家搜查、刑讯逼供反而有助于及时破案、伸张正义。但是,这种做法只是饮鸩止渴,虽然得益一时,但却助长官府和警察滥用权力和胡作非为,从根本上损害宪政法治的千秋大业。应当强调的是,美国司法制度和诉讼程序虽然存在很多缺陷,但是,人世间不存在完美无缺、值得人们奋斗终身的伟大制度,也不可能有那种不枉不纵、绝对公正的诉讼程序。人们只能是两害相权取其轻。美国最高法院大法官霍姆斯(任期 1902—1932)认为:"罪犯逃脱法网与政府的卑鄙非法行为相比,罪孽要小得多。"

——摘自:《美国宪政历程:影响美国的 25 个大案》,任东来、陈伟、白雪峰著

案例 19

王斌余案的启示

今年 28 岁的打工者王斌余,至今未婚,不过,他再也没有这个机会了。今年 5 月 11 日晚,这个来自甘肃省甘谷县盘安镇一个偏僻小山村的年轻人,激愤之下一连捅死 4 个人。

这本是一起简单的凶杀案件,王斌余也只是一个普通的罪犯,和其他凶杀案一样,等待他的将是法律的严惩。

然而,透过王斌余被贫富差距和社会不公所扭曲的心灵,这又不是一起简单的凶杀案件。它折射出,在王斌余的背后,许许多多的农民工,有着相似的困惑与挣扎。

只上过小学四年级的王斌余,没有什么文化与技能,为此他只能靠出卖苦力维生。在外出打工的八九年,他总是在屈辱中挣扎,最终也因无法承受屈辱而成了杀人犯。

"我杀了他们,是被他们逼的。"

那个夜晚王斌余并没有想杀人。

5 月 11 日晚,因为没有要来工资,他和弟弟王斌银又被拒绝住到宿舍,他们便到外面找个住所。

就在这时,王斌余又遇到了白天没有给自己工资的吴某某,以及苏志刚、吴华等人。"我就是想问他们要点生活费。"

据警方事后调查,王斌余兄弟两人来到吴某某位于惠农区河滨工业园区的住处后,再次向吴某某索要工资,但吴某某没有开门,于是双方发生争执。之后,苏志刚、苏文才(苏志刚之父)、吴华、苏香兰(女)先后到来,也和王斌余兄弟争吵了起来。

提起那天的事，王斌余有点激动，"苏志刚说我告他的状，可我从来没有。苏文才还打了我弟弟一个耳光。我告诉他们，我们只是来要工钱，并不是来打架的，可是他们父子俩又来打我。"

也许正是苏文才打了王斌余弟弟一个耳光，让王斌余长期压抑在心中的愤怒爆发了，"为什么我们活着总是让人欺负？！"

王斌余的愤怒变成了疯狂。他掏出身上的一把折叠刀，将苏志刚、苏文才、吴华、苏香兰相继捅倒在地，又见吴某某之妻汤晓琴扶着被捅伤的苏志刚蹲在墙根处，王斌余持刀又将汤晓琴捅伤，后又看到吴某某，王斌余追了上去。

王斌余没有追上吴某某。此时已由疯狂重新回到理智的王斌余又回到事发现场，对4个被害人再次进行捅刺，"他们这样欺压民工，却受不到法律的制裁，我就是要杀了他们。我杀了他们，并不是我想的，这是命运的安排吧。"对于自己的所为，王斌余没有后悔，"反正我也不想活了，我这样活着太累了！"

王斌余杀了人后没有逃跑，而是到惠农区公安分局自首，"我是被他们逼得没法活了。"

在王斌余一案的司法审判中，至关重要的是以事实为依据，以法律为准绳，正确履行司法职责，维护法律的权威。

对王斌余杀人案的司法审判引发社会各界关注和讨论。应当注意的是，王斌余杀人前的遭遇与他杀人的行为虽有一定的关联，但我们没有理由得出王斌余除了杀人别无选择的结论。更值得注意的是，许多议论把王斌余看作是全国上亿农民工处境的缩影，从改善所有农民工境遇的善良愿望出发谈论对王斌余如何定罪量刑，这显然隐含着情绪化的危险。以不适当的方式影响未决案件的司法裁判，是不可取的，也是与法治原则相悖的。

王斌余案件是一个惨痛的悲剧。王斌余在杀人犯罪之前，不是一个罪大恶极之人，犯杀人重罪有深刻而又复杂的原因，被王斌余杀死、杀伤的人也同样不是十恶不赦之徒，对公民的生命权，我们都应当给予足够的尊重和依法保护。我们有理由相信，公诉人和法官会掌握所有能够得到的人证物证，充分而全面地了解案情，让判决具有坚实的事实和法律基础，经得起历史的检验。

进城务工人员是工人阶级的新鲜血液和重要组成部分，是社会财富的创造者和共和国的建设者。各级党委和政府要把进城务工人员问题列入重要议事日程，完善相关的法律法规和政策措施，加大劳动执法检查力度，切实保障进城务工群体的合法权益。广大进城务工人员要努力做到自信、自立、自强、自律，争做学习的模范、创业的先锋、守法的公民、致富的骨干。全社会要尊重、理解、关心和帮助进城务工群体，努力形成平等友爱、团结互助的社会主义新型人际关系。

国家通过司法审判有效地捍卫社会公平和正义，必须建立在维护法律权威的基础之上。无论何种原因和形式的有法不依、执法不严，都是现代社会管理的大忌。落实依法治国的基本方略，不仅包括司法、行政机关在实践中逐步改进工作，也包括全体国民对于法律权威的尊重和维护。现在我们议论王斌余案件的审判，无疑应该有更高的觉悟来维护法律的权威，相信法律最终会给我们一个公正的答案。

——百度文库

阅读链接

案例1

朝鲜人的社会公德

平壤多雪,每逢一夜大雪过后,次日清晨,居民不用动员自觉拥向马路,清扫积雪。排长队上公共汽车。街道干净整洁,不见杂物。戴着红领巾的学生向身边驶过的外宾车辆举手行礼或鞠躬致意,使人感到,朝鲜确实堪称礼仪之邦、文明之国。

案例2

有人找上帝辩论有关天堂和地狱问题。上帝说:"来吧,我让你看看什么是地狱。"他们走进一个房间,里边有一群人围着一大锅肉汤。每个人看起来都营养不良,饥饿而绝望。他们每个人都有一只足以够到肉汤的汤匙,可汤匙的柄比手臂还长,难以把肉汤送到自己的嘴里去。看上去他们是那样的悲苦。接着,上帝又把这个人领到另一个房间:"来吧,我再让你看看什么是天堂。"奇怪的是这里也同样是一锅肉汤,一群人,每人一个长柄汤匙,可是大家都在快乐地歌唱。"我不明白",这个人说:"为什么同样的条件和待遇,这一群人快乐,而另一群人却很悲惨?"上帝微笑着说:"很简单,在这里他们都会喂别人。"

案例3

四川女子微信诈骗男网友被杀

2013年8月1日,24岁的女青年仇某,在四川宜宾宾翠屏区南岸会馆路被一男子捅伤后不治身亡。经过宜宾警方22小时侦破,犯罪嫌疑人落网。据了解,该案还牵出了一个在宜宾从事"酒托"的团伙,本案受害人仇某就是涉嫌诈骗团伙的成员之一,她通过微信QQ约男子见面,吃高价饭喝高价茶酒,男子事后找仇某要钱引发纠纷后动手杀人。

案例4

一百多年前,曾经有个叫威廉·布朗号的船队,在航海中撞到了纽芬兰附近的冰山上,船队开始下沉。一部分船和船员很快得救,而一条载有1名大副、7名海员和33名乘客的船因严重超载和大雨的袭击,被困在汹涌的海浪中。大副命令大部分男人跳海,他们不从。一位名叫霍姆斯的海员,把那些男子扔下了大海。其余人最终得救。后来霍姆斯被指控犯有凶杀罪,在审判过程中两种观点针锋相对:一种认为,霍姆斯的行为是罪恶的凶杀;另一种认为,这是勇敢的犯罪,是善行。

案例5

十大职业当选"最好的工作"

近日,前程无忧以其网站在2012年1~5月招聘需求最大50个职位为候选,发布了2012年10个最好职业排行,其中"软件工程师"荣登榜首。其他9个职业为设计师、机械工程师、销售总监、教师、采购经理、理财顾问、网络市场营销、店长/楼面经理和财务经理。此次评选设立了收入、职业前景、工作环境和设备、体面、专业度要求和趣味性六大正向维度,又以压力、体力、风险和工作强度为四大负向维度。前程无忧首席人力资源专家冯丽娟说,最好职业的排行反映了今天的求职者对工作的价值取向,也反映了2012年雇主的人才需求。

案例6

美国心理学博士艾尔森对世界100名杰出人士做了一项问卷调查,结果让他十分惊讶:其中61%的人承认,他们所从事的职业,并非是他们所喜欢的,至少不是最理想的。一个人竟然能够在自己不大理想的领域里,取得那样辉煌的业绩,除了聪颖和勤奋,还靠什么呢?纽约证券公司的金领丽人苏珊的经历极具代表性。出生于中国台北的一个音乐世家,她从小就热爱音乐,但她阴差阳错地考进了大学的工商管理系。尽管不喜欢这一专业,但她学得很认真,各科成绩均很优异,毕业时被保送到麻省理工学院,并拿到了经济管理专业的博士学位。如今已是美国证券业界风云人物的她,依然心存遗憾地说:"至今为止,我仍说不上喜欢自己所从事的工作。如果能够让我重新选择,我会毫不犹豫地选择音乐……"

艾尔森博士问她:"你不喜欢你的专业,为何你又做得那么优秀?""因为我在那个位置上,那里有我应尽的职责,我必须认真对待。对工作认真负责,也是对自己负责。"

案例7

上海公布网曝上海高院法官夜总会娱乐事件调查结果

有关部门决定:给予赵明华、陈雪明、倪政文开除党籍处分,由市高院提请市人大常委会按法律规定撤销其审判职务,开除公职。给予王国军留党察看两年处分,提请免去审判职务,撤职处分。给予郭祥华开除党籍处分,相关企业给予其撤职处分解除劳动合同。

有句法律名言是,"在法律帝国里,法院是帝国的首都,法官是帝国的王侯。"这是对法律权威、法官地位的高度赞美。如果法官陷入"集体招嫖"这样的丑闻,又让人如何对这种权威和地位信服呢?这当然就不是私德、公德又或者纪律问题那么简单。

——腾讯网

案例8

男小三砍伤情妇劫持其女儿 警察为救人手掌被砍

昨天早上8时许,兰溪市经济开发区某工厂,上演了一起因婚外情引发的凶案,"男小三"在持刀砍伤情妇后,又劫持了情妇的女儿,并欲置其于死地。就在砍刀即将落到孩子身上时,兰溪市公安局刑侦大队副大队长吴宪军挺身而出,用手掌替孩子挡下了那致命一刀。被劫持的小女孩获救了,但吴宪军的左手掌却被歹徒砍断了一半。事发后,吴宪军已被紧急送往医院救治。

——2013年08月07日15:15今日早报

案例9

快餐店老板老秦的守护

2013年8月2日,上海下了一场大雨,开快餐店的老秦没想着怎么做生意,反倒穿着皮鞋趟着水,看护井盖。雨下得很大,积水倒灌进附近商户,眼看好几家都要被淹了,老秦跑到窨井盖边,打开井盖,让水流得更快,免得大家店里的货物遭殃。守在井盖旁的老秦说,他必须守着,井盖是他打开的,得对它负责,不能让人掉下去。老秦一守就是一下午。直到积水排得差不多了,他才盖上井盖,收拾了一下周围的垃圾,回到自己的小店,帮着排自家店里的水。那个下午,老秦大概赚不到什么钱。但是我想,那天他做了一笔世上最昂贵的买卖。他出售的是无法用金钱衡量的稀罕物,而受益者是往来的每一个人,他用自己的善良和担当,完成了一次最有价值的守护。

案例10

第一千零十次推销

凡是去过"肯德基"店的人,都会看见店门口有座雕塑:一位外国老人,身穿白西装,态度和蔼可亲,他就是桑德斯上校。他是全世界最大的速食炸鸡连锁店的创办人,一个65岁才开始创业的人!桑德斯上校退役后,身无分文,拿到平生第一笔救济金只有105美元。他问自己:我到底还有什么资源可以利用呢?我还能对人们做出什么贡献呢?他冥思苦想,突然想起自己有一份秘方,那是一种炸鸡的秘方,人人都可能喜爱它。我何不把这份秘方卖给哪家餐馆,教他们如何制作?在后来的两年里,桑德斯驾着自己的那辆"老爷车",穿着可笑的白西装,足迹遍及美国的每一个角落,逢人便叫卖他的秘方。他被拒绝了1 009次!直到1 010次,才听到第一声"同意"。多少年后,"肯德基"成了世界上最大的炸鸡连锁店。

案例11

人在年轻的时候,并不一定了解自己追求的,需要是什么,甚至别人的起哄也会促成一桩婚姻。等你再长大一些,更成熟一些的时候,你会明白你真正需要的是什么,可那时,你已经干了许多悔恨得让你感到锥心的蠢事。

——张洁:《爱是不能忘记的》

案例12

微爱情

相爱5年。他对她说分手。她发誓恨他一辈子。某天,她途经一个小巷子遇见他被人殴打。她疯了般捡起地上的石头、棍子没命地朝那几人扑去。那几人被震慑,落荒而逃。他问她,既已恨入骨髓,何必出手相救?她摸着仍狂抖不止的双腿说,因为爱比恨多。

到站了,广播响起"请带好你的贵重物品下车",然后一个男生对女朋友说:"走啦,贵重物品!"这个细节,真是好幸福……

他在床边护理临产的妻子。妻子问:"你希望是男孩还是女孩?"他答:"如果是男孩,我们爷俩保护你;如果是女孩,我保护你们娘俩。"

她下班回家。他坐在沙发上。面无表情地抽着烟,突然他开口了:"喂,我说,我们像这样同居两年了,你不觉得厌倦吗?"她停下了正换着拖鞋的手,转过身愣愣地看着他:"你说……什么?"他还是一样面无表情:"我说,我厌倦了。"她的眼泪流了出来,无助地背过身擦拭。一个温暖的身体突然抱住她:"不如,我们结婚好吗?"

案例13

大学生爱情观

某网站进行的关于"大学生爱情观"的网上调查显示:大学生谈恋爱并非都是为了爱。参加调查的共有560名大学生,其中男性358人,女性202人。结果显示,有26.61%的学生恋爱是因为一见钟情,36.07%是为了摆脱压抑感,16.25%是为了证明自己的魅力,14.64%是为了满足好奇心,还有6.43%是为了赶潮流。

案例14

英文谚语 I love you not for who you are, but for who I am before you. 我爱你并不是因为你是谁,而是因为在你面前我可以是谁。

案例15

男子爬高压铁塔求爱 不幸遭电击焚身

2013年8月9号下午四点多,在江苏常州新北区吕墅一名男子爬上了高压线塔,无论大家怎么相劝就是不肯下来,并要求民警把一个女子带到现场来跟他对话。那名女子正是他的暗恋对象,民警将女子请到了现场进行劝说,在该男子下来的时候发生了意外。

案例16

爷爷为救坠井孙子倒挂一夜身亡

8月5日,河南爷孙二人不慎坠井。为了救孩子,爷爷倒挂金钩双手紧抓孩子双臂坚持了一夜。直到6日上午,才有过往路人发现并报警。救援官兵到达现场后发现,老人一丝不动,已停止了呼吸,但仍抓着孩子,最终孩子获救。

案例17

陶行知:"道德是做人的根本。根本一坏,纵然你有些学问和本领,也不甚用处。"

"德为才之帅,才为德之资。德器深厚,所就必大;德器浅薄,虽成亦小。"

(墨子)但丁:"道德常常能弥补智慧的缺陷,而智慧却永远弥补不了道德的缺陷。"

案例 18

2008年3月13日《大学生周刊》刊登了一份名为"当代女大学生最应具备什么"的调查,列出了"美貌、善良、孝顺"等25个词,让男生投票选出他们最看重的女生品质。结果,超过半数的男生选择"善良"和"孝顺"两个词语,紧随其后的是"自尊"、"自信"和"独立",而"美貌"则受到男生们的冷落,没能进入前十位。通过这份调查我们就可以很清楚地了解到,男生在选择自己的终身伴侣时最看重的还是人的良好的品质。

案例 19

何谓直系血亲和三代以内旁系血亲

我国《婚姻法》第7条规定,直系血亲和三代以内的旁系血亲禁止结婚。

直系血亲是具有直接血缘关系的亲属,即生育自己和自己所生育的上下各代亲属。包括己身从出的直系长辈血亲和从己身所出的直系晚辈血亲。如父母与子女、祖父母与孙子女、外祖父母与外孙子女等。

旁系血亲是具有间接血缘关系的亲属,即非直系血亲而在血缘上和自己同出一源的亲属。三代以内旁系血亲是在血缘上和自己同出于三代以内的亲属。这里的三代是从自己开始计算为一代的三代。即以己身为一代,从己身往上数,父母为二代,祖父母、外祖父母为三代,依此类推,据此,可将三代以内旁系血亲的范围列举如下:(1)同源于父母的兄弟姐妹。包括同父同母的全血缘的兄弟姐妹,同父异母或同母异父的半血缘的兄弟姐妹。异父异母的兄弟姐妹虽然在名义上也以兄弟姐妹相称,但实际并无血缘关系。(2)同源于祖父母、外祖父母的上下辈旁系亲属,包括叔、伯、姑与侄儿、侄女,舅、姨与外甥、外甥女。(3)同源于祖父母、外祖父母的平辈旁系亲属,包括堂兄弟姐妹、表兄弟姐妹。

按照我国婚姻法的计算方法,三代以内旁系血亲是指:伯、叔、姑、舅、姨、侄子(女)、外甥(女)、堂兄弟姐妹、姑舅表兄弟姐妹、姨表兄弟姐妹等。

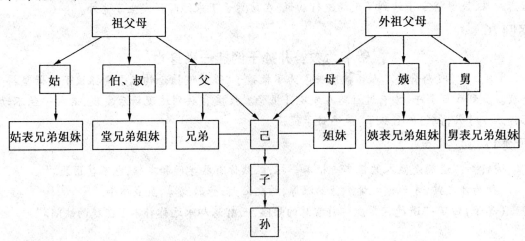

附图以自己为中心,所列血亲均在婚姻法禁止结婚的范围之内

案例 20

郭明义公益广告

"30年来,我经历了很多,但我的信念一直很明确:一个共产党员,要为党、为国家、为人民的事业奉献自己的一切,这是天经地义的,不需要任何理由!""接触不同的社会群体,就会有不同的人生思考。我经常接触孤儿院的孤儿、上不起学的孩子、生活困难的职工,和他们相比,我就感觉自己非常富足,我就非常想去帮助他们。""雷锋的道路就是我的人生选择,雷锋的境界就是我的人生追求"。"让爱自然地流淌,它自然而然地流淌在上海这片红色的热土上。"

思想精华

人的吸引有三个来源:心灵、智能和肉体。心灵吸引产生友谊,智能吸引产生尊重,肉体吸引产生情欲。这三种吸引的结合产生爱情。

——尤·留里科夫

爱情是一本永恒的书,有人只是信手拈来,浏览过几个片段。有人却流连忘返,为它洒下热泪斑斑。

——施企巴乔夫

真正的爱情世上只有一种,而模仿出来的爱情却有千种万种。

——拉罗什科夫

实际上,每一个阶级,甚至每个行业,都有各自的道德。

——恩格斯

道德教育的核心问题,是使每个人确立崇高的生活目的……人每日好似向着未来阔步前进,时时刻刻想着未来,关注着未来。由理解社会理想到形成个人崇高的生活目的,这是教育,首先是情感教育的一条漫长的道路。

——苏霍姆林斯基

谁遇到缺德事不立即感到厌恶,遇到美事不立即感到喜悦,谁就没有道德感,这样的人就没有良心。谁做了缺德事而只害怕被判刑,不由于自己行为不轨而责备自己,而是由于想到痛苦的后果才胆战心惊,这种人也没有良心,而只有良心的表面罢了。但是,谁能够意识到行为本身的缺德程度,而不考虑后果如何,却是有良心的。

——康德

道德常常能填补智慧的缺陷,而智慧却望远填补不了道德的缺陷。

——但丁

应该热心地致力于照道德行事,而不要空谈道德。

——德谟克利特

我们大家要学习他毫无自私自利之心的精神。从这点出发,就可以变为大有利于人民的人。一个人能力有大小,但只要有这点精神,就是一个高尚的人,一个纯粹的人,一个有道德的人,一个脱离了低级趣味的人,一个有益于人民的人。

——毛泽东

真理和美德是艺术的两个密友。你要当作家,当批评家吗?请首先做一个有道德的人。

——狄德罗

有两种东西,我们愈是时常愈加反复地思索,它们就愈是给人的心灵灌注了时时翻新,有加无已的赞叹和敬畏——头上的星空和心中的道德法则。

——康德墓碑铭文

最有道德的人,是那些有道德却不须由外表表现出来而仍感满足的人。

——柏拉图

知识欲的目的是真,道德欲的目的是善,美欲的目的是美。真善美,即人间理想。

——黑田鹏信

教师真正的教养性表现为:学生能从他身上看到一个引导他们攀登道德高峰的引路人,从他的话里听出他在号召他们成为忠于信念,对邪念不妥协的人。

——苏霍姆林斯基

没有任何东西比人类的爱更富有智慧、更复杂。它是花丛中最娇嫩的而又最质朴、最美丽和最平凡的花朵,这个花丛的名字叫道德。

——苏霍姆林斯基

辅助练习

一、单项选择题

1. 公共秩序是由一定的规则体系维系的人们公共生活的一种有序状态,随着时代和科技的发展,公共秩序也有了新的领域,最能体现时代特征的是(   )。

   A. 工作秩序   B. 教学秩序
   C. 交通秩序   D. 网络秩序

2. 全体社会成员都必须遵守的道德规范,具有最广泛的群众基础和适用范围的是(   )。

   A. 基本道德   B. 社会公德
   C. 职业道德   D. 家庭美德

3. 根据我国《治安管理处罚法》的规定,行政拘留处罚按照不同的违法行为的性质,合并执行最长不得超过( )。
   A. 7 日   B. 10 日
   C. 15 日   D. 20 日

4. 下列选项,属于社会公德最基本的要求,维护公共生活秩序的重要条件的是( )。
   A. 助人为乐   B. 保护环境
   C. 爱护公物   D. 遵纪守法

5. 我国社会主义道德建设的核心是( )。
   A. 为人民服务   B. 为小群体阶层服务
   C. 为特权阶层服务   D. 为先富起来的人服务

6. 社会主义道德建设的基本原则是( )。
   A. 为人民服务
   B. 集体主义
   C. 爱祖国、爱人民、爱劳动、爱科学、爱社会主义
   D "八荣八耻"

7. 社会主义思想道德体系,必须( )。
   A. 以崇尚志向为重点   B. 以诚实守信为重点
   C. 以开拓创新为重点   D. 以遵纪守法为重点

8. 下列选项中,符合社会主义道德的基本规范的是( )。
   A. 投机取巧,不劳而获   B. 爱国守法,明礼诚信
   C. 人人为自己,上帝为大家   D. 君为臣纲,父为子纲,夫为妻纲

9. 人类在长期的社会生活中逐渐积累起来的,为社会公共生活所必需的最简单、最起码的行为准则是( )。
   A. 生活规律   B. 劳动纪律
   C. 社会公德   D. 法律规定

10. 遵守职业道德是对每个从业人员的要求。从业人员在职业工作中信守诺言、表里如一、言行一致、遵守劳动纪律,这是职业道德中( )。
    A. 办事公道的基本要求   B. 爱岗敬业的基本要求
    C. 诚实守信的基本要求   D. 服务群众的基本要求

11. 国家公务员履行公务应遵纪守法,照章办事,不论亲疏一视同仁,这是( )。
    A. 办事公道的职业道德的要求   B. 助人为乐的社会公德的要求
    C. 尊老爱幼的家庭美德的要求   D. 服务群众的基本要求

12. 爱情的本质是( )。
    A. 男女双方才与貌互相吸引   B. 男女之间性的相互吸引
    C. 天上爱神的启示   D. 男女双方的互相爱慕、担当责任的精神

13. 男女双方的恋爱行为,客观上是对社会负有相应的道德责任的行为。下列选项中,违背男女恋爱中基本道德要求的是(　　)。
    A. 尊重双方的情感和人格　　　　B. 以寻找爱情、培养爱情为目的
    C. 有高尚的情趣和健康的交往方式　D. 一方强迫或诱骗另一方接受自己的爱

14. 下列选项中,属于家庭美德基本要求的是(　　)。
    A. 诚实守信　　　　　　　　　　B. 遵纪守法
    C. 文明礼貌　　　　　　　　　　D. 邻里团结

15. 公民在行使集会、游行、示威权利的时候,不得反对宪法所确定的基本原则,不得损害国家、社会、集体的利益和其他公民的合法的自由和权利。这体现了我国《集会游行示威法》所确立的(　　)。
    A. 和平进行原则　　　　　　　　B. 文明进行原则
    C. 权利义务相一致原则　　　　　D. 政府依法保障原则

16. 社会主义职业道德中最高层次的要求是(　　)。
    A. 诚实守信　　　　　　　　　　B. 办事公道
    C. 服务群众　　　　　　　　　　D. 奉献社会

17. 在劳动者与用人单位签署劳动合同的同时,国家还会规定劳动的基本条件,保护劳动者的合法权益,这体现了我国《劳动法》基本原则中的(　　)。
    A. 按劳分配与公平救助相结合的原则
    B. 劳动行为自主与劳动标准制约相结合的原则
    C. 劳动者平等竞争与特殊劳动保护相结合的原则
    D. 维护劳动者合法权益与兼顾用人单位利益相结合的原则

18. 在提起劳动争议诉讼之前,必须要经历的劳动争议解决程序是(　　)。
    A. 劳动复议　　　　　　　　　　B. 当事人协商
    C. 劳动调解　　　　　　　　　　D. 劳动仲裁

19. 如果劳动争议的一方当事人在法定期限内不起诉又不履行仲裁裁决的,另一方当事人可以(　　)。
    A. 提起劳动诉讼　　　　　　　　B. 申请重新仲裁
    C. 申请法院强制执行　　　　　　D. 申请仲裁委员会强制执行

20. 下列情形一方可以向婚姻登记机关或者人民法院请求撤销婚姻的是(　　)。
    A. 有禁止结婚的亲属关系的
    B. 未到法定婚龄的
    C. 因胁迫而结婚的
    D. 婚前患有医学上认为不应当结婚的疾病,婚后尚未治愈的

21. 在公共场所,人人都有可能遇到一些突发性灾祸,如车祸、火灾、溺水、急病等。这就需要人们见义勇为,临危不惧,积极为他人排忧解难,甚至不怕牺牲生命。这是社会生活中( )。
　　A. 社会公德的要求　　　　　　　B. 职业道德的要求
　　C. 家庭美德的要求　　　　　　　D. 环境道德的要求

22. 人们在社会生活中形成和应当遵守的最简单、最起码的公共生活准则是( )。
　　A. 职业道德　　　　　　　　　　B. 社会公德
　　C. 家庭道德　　　　　　　　　　D. 政治道德

23. 在社会公共生活中,尊老爱幼,尊重妇女,对待老人、儿童、残疾人员,特别予以尊重、照顾、爱护和帮助;尊师敬贤,对待师长和贤者,示以尊重和钦佩。这是社会公德中( )。
　　A. 遵纪守法的要求　　　　　　　B. 保护环境的要求
　　C. 诚实守信的要求　　　　　　　D. 文明礼貌的要求

24. 下列选项中,体现了人际交往中互助原则的是( )。
　　A. "我今天帮助你,你明天必须报答我"
　　B. "各人自扫门前雪,莫管他人瓦上霜"
　　C. 一人有难,众人相帮;一方有难,八方支援
　　D. 平等相待,一视同仁,自尊自爱,不卑不亢

25. 社会道德体系的基础是( )。
　　A. 社会公德　　　　　　　　　　B. 职业道德
　　C. 家庭美德　　　　　　　　　　D. 个人品德

26. 个人的言行合乎社会的要求和礼节的规定,尊老爱幼,孝亲敬长,说话和气,以礼待人,服饰朴素大方,举止端庄文雅。这是良好道德品质中( )。
　　A. 文明礼貌的体现　　　　　　　B. 正直无私的体现
　　C. 谦虚谨慎的体现　　　　　　　D. 敬业好学的体现

27. 游行、示威、集会是宪法赋予革命的权利,因此,公民可以( )。
　　A. 没有任何限制的行使　　　　　B. 必须依法行使
　　C. 其中没有任何义务　　　　　　D. 活动中和平、暴力的手段都可以使用

28. 下列选项中,属于职业道德要求的是( )。
　　A. 尊老爱幼　　　　　　　　　　B. 助人为乐
　　C. 爱岗敬业　　　　　　　　　　D. 文明礼貌

29. 教师平等地对待每个学生,没有智力差别和家庭贫富贵贱之分;售货员公平地对待每位顾客,服务热情,不以貌取人,欺叟骗童。这是( )。
　　A. 助人为乐的社会公德的要求　　B. 办事公道的职业道德的要求
　　C. 尊老爱幼的家庭美德的要求　　D. 完善自我的人际吸引的要求

30. 遵守职业道德是对每个从业人员的要求。从业人员在职业工作中慎待诺言、表里如一、言行一致,这是职业道德中(　　)。
   A. 办事公道的基本要求　　　　　B. 爱岗敬业的基本要求
   C. 诚实守信的基本要求　　　　　D. 服务群众的基本要求

二、多项选择题

1. 为人民服务之所以是社会主义道德建设的核心是因为(　　)。
   A. 它是社会主义本质特征的集中表现
   B. 它反映了社会主义公有制经济基础的客观要求
   C. 它是社会主义道德的集中体现
   D. 它是建立市场经济体制,保证市场经济沿着社会主义方向健康发展的内在要求

2. 社会主义集体主义原则具有多层次的道德要求,它包括以下几个层次(　　)。
   A. 全心全意为人民服务、无私奉献的最高层次
   B. 先公后私、先人后己的层次
   C. 主观为自我,客观为别人层次
   D. 公私兼顾,不损公肥私层次

3. 社会主义道德建设,必须为集体主义为原则。下列选项中,体现了集体主义道德原则的有(　　)。
   A. 强调个人本身就是目的,社会只是达到个人目的的一种手段
   B. 在个人利益和集体利益发生矛盾时,个人利益要服从集体利益
   C. 只强调个人的权利,不考虑个人对他人、对社会的责任和义务
   D. 集体要关心个人利益,创造条件使每个人的个性和才能得以充分发展

4. 以下选项中,属于社会公德内容的有(　　)。
   A. 爱护公物　　　　　　　　　　B. 爱岗敬业
   C. 文明礼貌　　　　　　　　　　D. 遵纪守法

5. 社会主义道德建设之所以要以诚实守信为重点,因为它是(　　)。
   A. 为人之本,成事之基
   B. 社会主义市场经济健康发展的基础
   C. 构建社会主义和谐社会的道德基础
   D. 集体主义的理论基础

6. 下列表现属于爱岗敬业的有(　　)。
   A. 在本职工作中勤奋努力,不偷懒,不怠工
   B. 为了求得未来自己理想职业,利用现有职业劳动时间全力为新职做准备
   C. 虽不愿从事现有职业,但在未调离之前仍坚守岗位履行职业责任
   D. 把自己从事的工作视为生命存在表现方式,尽心尽力地去工作

7. 男女双方的恋爱行为,客观上是对社会负有相应道德责任的行为。下列选项中,属于恋爱中男女应遵循的基本道德要求的有(　　)。
   A. 恋爱应以寻找爱情、培养爱情为目的
   B. 恋爱过程中要有高尚的情趣和健康的交往方式
   C. 恋爱应尊重对方情感和人格,平等履行道德义务
   D. 恋爱中男女应拒绝同恋爱对象以外的其他任何人进行交往
8. 下列选项中,属于现代社会个人品德修养的正确途径有(　　)。
   A. 坐而论道　　　　　　　　　B. 提高道德认识
   C. 完善道德品质　　　　　　　D. 加强道德行为训练
9. 《集会游行示威法》的基本原则主要是(　　)。
   A. 自觉自愿原则　　　　　　　B. 政府依法保障原则
   C. 权利义务一致原则　　　　　D. 和平进行原则
10. 遵守职业道德是对每个从业人员的要求。从业者在职业工作中的下列行为,符合职业道德要求的有(　　)。
    A. 干一行爱一行,热爱自己的工作岗位
    B. 尊重职业对象的利益,满足他们的需要
    C. 遵守规章制度,秉公办事,不滥用职权
    D. 主动承担社会义务,为社会、为他人做出贡献
11. 下列处罚措施中,属于我国治安管理处罚种类的有(　　)。
    A. 警告　　　　　　　　　　　B. 罚金
    C. 行政拘留　　　　　　　　　D. 限期出境
12. 下列属于我国《劳动法》规定的劳动者的基本权利的有(　　)。
    A. 平等就业和选择职业的权利　B. 取得劳动报酬的权利
    C. 休息休假的权利　　　　　　D. 罢工权
13. 大学生应当树立的正确创业观包括(　　)。
    A. 要有积极创业的思想准备　　B. 要有敢于创业的勇气
    C. 要提高创业的能力　　　　　D. 要有雄厚的学历背景
14. 大学生应当树立的正确择业观包括(　　)。
    A. 打下坚实基础,做好充分准备　B. 服从社会需要,追求长远利益
    C. 实现个人理想,满足物质需要　D. 树立崇高职业理想,重视人生价值实现
15. 当代公共生活的特征有(　　)。
    A. 活动内容的公开性　　　　　B. 活动范围的广泛性
    C. 交往对象的复杂性　　　　　D. 活动方式的多样性

16. 建立和维护社会秩序的基本手段是指（　　）。
    A. 纪律　　　　　　　　　　B. 风俗
    C. 道德　　　　　　　　　　D. 法律
17. 社会公德是人类社会生活中最起码、最简单的行动准则。下列行为中，遵守了社会公德的有（　　）。
    A. 语言文明，不恶语伤人
    B. 在公共场所随地吐痰、乱扔果皮杂物
    C. 自觉提高法律意识，用法纪来指导和约束自己的行为
    D. 爱护道路旁的交通设备、电话亭、邮筒等，不损坏、不滥用
18. 爱情是一对男女双方基于一定的社会基础和共同的生活理想，在各自内心形成的相互倾慕，并渴望对方成为自己终身伴侣的一种强烈、纯真、专一的感情。下列选项中，真正属于爱情的有（　　）。
    A. 爱恋双方彼此尊重对方的情感和人格，平等履行道德义务
    B. 相濡以沫，终身对爱侣承担责任
    C. "只求曾经拥有，不求天长地久"
    D. "三角恋爱""多角恋爱""婚外情"
19. 恋爱中的道德包括（　　）。
    A. 尊重人格平等　　　　　　B. 自觉承担责任
    C. 禁止婚前性行为　　　　　D. 文明相亲相爱
20. 择业和创业是每个大学生都要面对的问题。大学生除了要树立正确的择业观外，还应当树立正确的创业观。这就要求大学生（　　）。
    A. 要有积极创业的思想准备　B. 要提高创业能力
    C. 要有敢于创业的勇气　　　D. 打下坚实基础，做好充分准备

三、简答题

1. 简述家庭美德的主要内容及遵守家庭美德的意义。
2. 培养良好个人道德修养的途径和方法有哪些？
3. 在社会主义道德建设中，为什么要提出和倡导公民基本道德规范？
4. 怎样提高职业道德素质？
5. 当代社会公共生活的特征是什么？

四、论述题

1. 联系实际论述如何加强个人品德修养，做一个品德高尚的人。
2. 试述如何自觉遵守职业道德规范的基本要求。

五、材料分析题

材料1

2009年3月3日,一起由网络恋情引发的故意杀人案在河南省新乡市中级人民法院正式开庭审理。

2004年暑假期间,林明与河南科技学院学生周春梅经网上聊天认识后恋爱,后周春梅提出分手,被告人决定报复,多次威胁周春梅家人,并给周春梅父亲发送恐吓短信,表示要让其再也见不到女儿。周春梅家人担心女儿安危,与林明取得联系,并在林明的索要下,给林明1万元的补偿。但林明依然不依不饶,并逐渐产生杀人想法。

2008年10月21日,林明从上海赶到新乡市,在河南科技学院门口的阳光超市买了一把价值2元的水果刀,然后通过学校门口的理发店打听清楚周春梅的班级和宿舍后,让理发店老板去约周春梅,想起相恋4年未给女友送过花,就又赶到花卉市场为女友买了88朵玫瑰花。

2008年10月22日19时许,林明设法将周春梅骗至新乡市华兰大道与东明路交叉路口处,在再次被女友明确告知分手的结果后,持刀朝周春梅颈部、面部等处猛刺数刀,在买来的2元水果刀刀柄脱落后,仍拿起刀身继续向受害人身上猛捅,造成被害人广泛性出血、气管破裂、肺破裂,最终导致创伤失血性休克并窒息而死亡。杀人后,林明并未离去,而是呆在杀人现场,直至接到报案的警察将其带走。

问题:

1. 你如何看待本案中林明的恋爱方式?在恋爱过程中应注意什么?
2. 爱情的本质是什么?

材料2

甲男与乙女是一对恋人。一日,乙在电话中提出要和甲分手,甲说希望能见最后一面,道个别,乙同意了。甲来到乙的寓所,对乙说:"希望你不要和我分手,不然我就喝下这瓶毒药!"说着拿出一瓶液体状东西。乙认为甲是吓唬自己的,于是说:"你爱喝就喝,关我什么事。"甲一口喝光液体,满脸痛苦倒在床上。乙认为甲是假装的,掉头摔门而去。甲中毒身亡。

问题:

如何看待乙的行为?

【参考答案】

一、单项选择题

1. D 2. B 3. D 4. D 5. A 6. B 7. B 8. B 9. C 10. C 11. A 12. D 13. D
14. D 15. C 16. D 17. D 18. D 19. C 20. C 21. A 22. B 23. C 24. C 25. A
26. A 27. B 28. C 29. B 30. C

二、多项选择题

1. ABCD 2. ABD 3. BD 4. ACD 5. ABD 6. ACD 7. ABC 8. BCD 9. BCD

10. ABCD　11. ACD　12. ABC　13. ABC　14. ABD　15. ABCD　16. CD　17. ACD
18. AB　19. ABD　20. ABC

三、简答题

1. 家庭美德的主要内容有：尊老爱幼、男女平等、夫妻和睦、勤俭持家、邻里团结。家庭美德是维护婚姻家庭生活幸福的重要保证。加强家庭美德建设，不仅关系到个人和家庭的利益，也是保持社会稳定和持续发展的根基。

(1)对个体人生的重要意义：加强家庭美德建设，创造温馨和谐的家庭，维护和睦团结的邻里关系是人生幸福的重要内容；加强家庭美德建设，能提高个人生活情趣和道德情操，美化心灵，增进人生价值。

(2)对社会稳定发展的重要意义：加强家庭美德建设是社会稳定的基础；加强家庭美德建设有利于人类社会的健康发展。

2. (1)认真学习，见贤思齐，提高道德认识。

(2)重在践履，加强道德行为训练。

(3)严格要求，持证自律，完善道德品质。

3. 爱国守法、明礼诚信、团结友善、勤俭自强、敬业奉献的公民基本道德规范，体现着我国现代社会生活中的道德精华。在社会主义道德建设中，提出和倡导公民基本道德规范具有重要意义。

其一，公民基本道德规范体现了社会主义道德建设的要求。

其二，公民基本道德规范是对公民道德要求的高度概括。

其三，公民基本道德规范有利于对公民进行道德教育。

4. (1)努力学习，积累和掌握有关职业道德素质的知识，增强职业道德意识。

(2)努力塑造优良的职业品质，形成自觉遵守职业道德的意识和行为。

(3)努力锻炼实行履行职业道德规范的能力，提高自己的职业道德素质。

5. 活动范围的广泛性；交往对象的复杂性；活动方式的多样性。

四、论述题

1. 一个高尚的人，是由内而外的，而不是为了高尚而高尚的包装。"一个人最重要的不是看他所站的位置，而是他朝的方向"人生茫茫路途，不论你现在是健康，是疾病，是贫困，是富有，是悲伤，是快乐，是幸福，不论你处在那个水平，都不能掌握，最重要的是你是面朝阳光，还是面朝黑暗，只要你总是向着阳光，就算你身处困境，你也会无比幸福，但若是你总是朝向黑暗，就算有钱从天上掉下来，你也会害怕砸伤头，世界怎样并不是关键，关键的是你自己的心态。

至于修养，就是：

第一，重学。重学是实现自我修养的首要途径。重学的程度越高，修养的质量就越好，对自我修养的实践就越有益。重学,简单讲就是对学习的重视和自觉。一是知之,这是克服愚昧、求得知识的行为过程;二是好之,这是非智力因素积极参与的学习行为,其外在表现是安贫乐道,笃志好学,学而不厌,虚怀若谷,随地从师,躬行实践,迁善改过;三是乐之,这是学习境界的顶峰,"知之者不如好之者,好之者不如乐之者",这是一种全身心投入的审美体验,是自身人格世界向"善"的升华,是在对"真"的发现与领悟中产生的愉悦,它是建立在全部心理活动基础之上的对学习的快乐与满足,使人进入一种自强不息、欲罢不能、学道相融、浑然而一的境界。重学,就是要加强对这三种境界的理解和遵循,博学之、审问之、慎思之、明辨之、笃行之,奠定自己学识和修养的基础。

第二,内省。内省是自我修养的重要途径。内省亦称自省或自我反思。按照马克思主义认识论的观点,人有两个自我,一个是事实上的自我,一个是自己认识上的自我,这两个自我往往差距较大,因此人们经常说,人贵有自知之明,心理学上把它称为人的自我知觉。这种自我认识的途径,就是我们强调的"内省"。应该说这是大学生进行自我修养的最佳途径,从本质上说,内省是一种发自内心的自觉活动,是一种理性的自我反思,理性反思有助于大学生养成"吾日三省吾身"的习惯,使自我修养达到理想的境界。

第三,慎独。慎独是进行自我修养的又一重要途径。慎独的基本内核是:作为一个人,一定要有坚定的道德信念,不因他人监督而行善,也不因无人监督而作恶,即不管处在明与暗,还是显与幽,都不做坏事,它要求人们必须有高度的自觉性。刘少奇在《论共产党员的培养》中强调对于一个有修养的共产党员来说,他"没有个人的得失和忧患,即使在他个人独立工作、无人监督、有做各种坏事的可能的时候,他能够'慎独',不做任何坏事"。青年大学生应该学会慎独,自觉在"隐"和"微"上下功夫,不因善小而不为,不因恶小而为之。唐太宗曾说:凡是大事都是由小事引起,如果小事不追究,大事就不可挽救。"千里之堤,溃于蚁穴"就是这个道理。

第四,力行。力行是进行自我修养的实践途径。力行也称身体力行。"身体力行"能克服大学生自我修养认知的不足,通过与社会交流、互动,使大学生的自我修养认知更具有全面性、深刻性和准确性。力行能使大学生在实践中坚定进行自我修养的意志,因为自我修养是一个不断反复、不断提升、循序渐进的过程,意志力是自我修养的基础,实践性是意志力的特性,实践越充分,意志力就越会得到磨炼,意志品质就越会得到巩固。通过力行,还能检查到哪些是错的,哪些是对的,以便及时矫正与肯定。

2. 在社会主义现代化建设中,从业人员要自觉遵守职业道德规范的基本要求。

爱岗敬业。爱岗敬业要求从业人员要树立正确的职业观,干一行,爱一行,专一行,如忠于职守,团结协作,钻研业务,艰苦奋斗,争做行家里手等。

诚实守信。诚实守信要求从业人员要老实人、说老实话、办老实事,讲究信用、重视信誉、信守承诺,核心是讲究信用,如言必信、行必果,合理竞争、以质取胜,平等交易、童叟无欺等。

办事公道。办事公道要求从业人员要坚持公平、公正、公开原则,秉公办事,如讲原则、讲规矩、对职业对象一视同仁,清正廉洁、克己奉公等。

服务群众。服务群众要求从业人员要为人民服务,各行各业都是为了改善人民的生活,为人民群众排忧解难,一切工作都要以群众答应不答应、满意不满意为标准。

奉献社会。奉献社会要求从业人员要有社会责任感,在自己平凡的岗位上,为社会发展尽一份心,出一份力,如主动承担社会义务,扶贫济困,顾全大局,艰苦奋斗等。

五、材料分析题

材料1

1. 本案中林明与河南科技学院学生周春梅经网上聊天认识后恋爱,后周春梅提出分手,被告人决定报复,多次威胁周春梅家人,并给周春梅父亲发送恐吓短信,表示要让其再也见不到女儿。我们认为林明在恋爱过程中没有遵从恋爱道德,因为恋爱作为一种人际交往,必然也要受到道德的约束。

恋爱道德要求做到以下三个方面:一是尊重人格平等。恋人间彼此尊重人格的表现,主要是尊重对方的独立性和重视双方的平等。二是自觉承担责任。这是爱情本质的体现。三是文明相亲相爱。文明的恋爱往往是恋爱双方既互相爱慕、亲近,又举止得体,互相尊重,而绝不是在态度、举止、言语等方面的粗俗和放纵。遵从恋爱道德,就是在现实生活中去维护真正的爱情,这是保持爱情长久的秘密所在。没有道德的护佑,爱情也不会长久。

2. 爱情是指一对男女基于一定的社会基础和共同的生活理想,在各自内心形成的相互倾慕,并渴望对方成为自己终身伴侣的一种强烈、纯真、专一的感情。性爱、理想和责任是构成爱情的三个基本要素。性爱把爱情与人世间的其他情感区别开来。理想富裕爱情深刻的社会内涵,是爱情生长的内在依据。责任是对性爱和理想的升华,责任也因此成为爱情得以长久的重要保障,是坚贞爱情的"试金石"。这三个基本要素构成了爱情的有机统一整体,它们的完美结合成就了人世间美好的爱情。

材料2

乙的行为并不违反法律,但其行为应受到道德的谴责。从犯罪主观方面看,乙没有任何伤害或杀死甲的故意和过失;从犯罪客观方面来看,甲的死亡后果是因为自己喝毒药,而这毒药并不是乙给他喝的,乙的行为对甲的死亡不构成因果关系。另外,男女朋友间没有救助的法定义务,救助甲是乙道德上的义务;对甲的死亡乙也不能预见,因为她认为甲是吓唬自己,不是真的自杀,因此,也无救助的可能性,由此也不构成不作为犯罪。但是乙作为甲的女友没有留心注意甲的行为应受到道德的谴责。

实践活动方案

1. 实践活动设计:学生分成若干小组,以小组为单位调研"当代中国社会道德现状"情况,并提交调查报告或制作的视频。

2. 运用"道德之眼"和"法律之眼"看社会：结合所学相关道德、法律理论，发现生活中的不道德现象和违法现象，用照片记录下来，在实践课上与大家分享。

参考文献

[1] 习近平.青年要自觉践行社会主义核心价值观[N].人民日报,2014-05-05(2).

[2] 习近平.共圆中华民族伟大复兴的中国梦[N].人民日报,2014-02-18(1).

[3] 江泽民.在庆祝清华大学建校九十周年大会上的讲话[N].人民日报,2001-04-29[2014-03-20].http://news.xinhuanet.com/ziliao/2001-12/02/content-497800.htm.

[4] 胡锦涛.在共青团十四届四中全会上的讲话[N].光明日报,2000-12-20[2015-05-20].http://www.people.com.cn/GB/shizheng/8198/28774/28793/1970556.htm.

[5] 胡锦涛.牢固树立社会主义荣辱观[J].求是,2006(9):1.

[6] 恩格斯.社会主义从空想到科学的发展[M]//马克思恩格斯选集:第3卷.北京:人民出版社,1995.

[7] 列宁.青年团的任务[M]//列宁选集:第4卷.北京:人民出版社,1995.

[8] 毛泽东.青年运动的方向[M]//毛泽东选集:第2卷.北京:人民出版社,1991.

[9] 邓小平.一靠理想二靠纪律才能团结起来[M]//邓小平文选:第3卷.北京:人民出版社,1993.

[10] 刘宏伟,廉清.思想道德修养教学案例[M].北京:中国人民大学出版社,2004.

[11] 戴艳军,杨慧民."思想道德修养"课教学案例解析[M].北京:高等教育出版社,2004.

[12] 本书编写组.〈公民道德建设实施纲要〉学习读本[M].北京:人民出版社,2001.

[13] 胡锦涛.在纪念中国人民抗日战争暨世界反法西斯战争胜利六十周年大会上的讲话[J].求是,2005(18):3-11.

[14] 罗国杰.为人民服务:社会主义道德建设的核心[J].党建,2002(2):18-19.

[15] 毛泽东.为人民服务[M]//毛泽东选集:第3卷.北京:人民出版社,1991.

[16] 周恩来.我的修养要则[M]//周恩来选集:上卷.北京:人民出版社,1980.

[17] 江泽民.在庆祝中国共产党成立80周年大会上的讲话[M]//论"三个代表".北京:人民出版社,2001.

[18] 中共中央关于加强社会主义精神文明建设若干重要问题的决议[M].北京:中央文献出版社,2002.

[19] 檀传宝.网络环境与青少年德育[M].福州:福建教育出版社,2005.

[20] 乔刚,张乐敏,吴玮,等.大学生职业生涯规划与管理[M].上海:复旦大学出版社,2008.

[21] 钟谷兰,杨开.大学生职业生涯发展与规划[M].上海:华东师范大学出版社,2008.

[22] 邓小平.民主和法制两手都不能削弱[M]//邓小平文选:第2卷.北京:人民出版社,

1994.

[23] 恩格斯.家庭、私有制和国家的起源[M]//马克思恩格斯选集:第4卷.北京:人民出版社,1995.

[24] 中共中央关于加强党的执政能力建设的决定(2004年9月19日中国共产党第十六届中央委员会第四次全体会议通过)[M].北京:人民出版社,2004.

[25] 胡锦涛.在首都各界纪念中华人民共和国宪法公布施行二十周年大会上的讲话[M]//十六大以来重要文献选编:上.北京:中央文献出版社,2005.

[26] 胡锦涛.在首都各界纪念全国人民代表大会成立五十周年大会上的讲话[M]//十六大以来重要文献选编:中.北京:中央文献出版社,2006.

[27] 本书编写组.社会主义荣辱观教育读本[M].北京:人民出版社,2006.

[28] 全国人大.中华人民共和国治安管理处罚法[M].北京:法律出版社,2012.

[29] 全国人大.中华人民共和国集会游行示威法[M].北京:法律出版社,2014.

[30] 全国人大法工委.中华人民共和国环境保护法[M].北京:中国法制出版社,2014.

[31] 国务院法制办公室.中华人民共和国道路交通安全法[M].北京:中国法制出版社,2011.

[32] 全国人大.全国人民代表大会常务委员会关于维护互联网安全的决定[M].北京:中国法制出版社,2000.

[33] 国务院法制办公室.中华人民共和国宪法[M].北京:中国法制出版社,2010.

[34] 国务院法制办公室.中华人民共和国民法通则[M].北京:中国法制出版社,2009.

[35] 国务院法制办公室.中华人民共和国刑法[M].北京:中国法制出版社,2011.

读者反馈表

尊敬的读者：

您好！感谢您多年来对哈尔滨工业大学出版社的支持与厚爱！为了更好地满足您的需要，提供更好的服务，希望您对本书提出宝贵意见，将下表填好后，寄回我社或登录我社网站（http://hitpress.hit.edu.cn）进行填写。谢谢！您可享有的权益：

☆ 免费获得我社的最新图书书目　　　☆ 可参加不定期的促销活动
☆ 解答阅读中遇到的问题　　　　　　☆ 购买此系列图书可优惠

读者信息
姓名_____　□先生　□女士　年龄_____　学历_____
工作单位_____　职务_____
E-mail _____　邮编_____
通讯地址_____
购书名称_____　购书地点_____

1. 您对本书的评价

内容质量　　□很好　　　□较好　　　□一般　　　□较差
封面设计　　□很好　　　□一般　　　□较差
编排　　　　□利于阅读　□一般　　　□较差
本书定价　　□偏高　　　□合适　　　□偏低

2. 在您获取专业知识和专业信息的主要渠道中，排在前三位的是：
①_____　②_____　③_____
A. 网络　B. 期刊　C. 图书　D. 报纸　E. 电视　F. 会议　G. 内部交流　H. 其他：_____

3. 您认为编写最好的专业图书（国内外）

书名	著作者	出版社	出版日期	定价

4. 您是否愿意与我们合作，参与编写、编译、翻译图书？
_____

5. 您还需要阅读哪些图书？
_____

```
网址：http://hitpress.hit.edu.cn
技术支持与课件下载：网站课件下载区
服务邮箱 wenbinzh@hit.edu.cn    duyanwell@163.com
邮购电话 0451-86281013    0451-86418760
组稿编辑及联系方式    赵文斌（0451-86281226）    杜燕（0451-86281408）
回寄地址：黑龙江省哈尔滨市南岗区复华四道街10号  哈尔滨工业大学出版社
邮编：150006  传真 0451-86414049
```